태권도 심판법

상아기획

태권도 심판법

저 자 / 정현도
발 행 / 2024년 2월 29일
발행인 / 문상필
디자인 / 권태궁
발행사 / 상아기획
등록번호 / 제318-1997-000041호
주   소 / 서울시 영등포구 경인로82길 3-4, 715호 (문래동1가, 센터플러스)
대표전화 / 02-2164-2700
팩스번호 / 02-6499-8864
홈페이지 / www.tkdsanga.com
이 메 일 / 0221642700@daum.net

ISBN / 979-11-86196-33-5   13690
가격 / 25,000원

저작권은 개발자에게 있습니다. 저자와 협의로 인지를 생략합니다.
* 잘못 만들어진 책은 구매하신 서점에서 교환해드립니다.

Printed in KOREA

머리말

무술(武術)로 출발한 태권도는 수 많은 경기를 개최해 오면서 올림픽 정식종목으로 채택되어 세계인들로부터 사랑을 받고 있는 자랑스러운 우리의 국기이자, 무예 스포츠입니다. 태권도가 세계적인 국제스포츠로 성공할 수 있었던 것은 경기 규칙 및 심판 규정의 변화입니다. 우선 전자호구 도입으로 판정의 공정성을 확보하고자 부단히 노력해 왔으며, 그 결과 2000년 시드니 올림픽에서부터 2024년 파리올림픽에서까지 7회 연속 정식종목으로 채택되는 쾌거를 이뤘습니다. 필자는 충남태권도협회 심판을 시작으로 대한태권도협회, 대한장애인태권도협회 상임심판으로 또한 중고연맹, 대학연맹, 한마당 심판위원회 부위원장을 역임하며, 현재 국제심판으로 활동하고 있습니다. 그동안 30여 년간 심판으로 활동 해오면서 대한장애인체육회에서 주관한 장애인 스포츠 심판 아카데미 교육을 이수하고, 필자의 심판 논문 7편 등의 결과물 등을 본 서에 녹여냈습니다. 심판은 경륜이 쌓이고 시간이 지날수록 보기 힘들다는 생각을 늘 갖고 있었습니다. 국제대회, 장애인 및 비장애인 대회, 생활체육대회, 세계한마당 대회와 품새대회 등에 심판으로 참가하면서 각 연맹 및 협회마다 경기규정이 상이하고, 시그널도 다르고, 또한 각 대회마다 적용기준이 달라 혼란스러울 때도 있었습니다만 심판으로서의 명예와 자부심으로 공정한 판정을 내리는데 최선을 다했습니다. 이제는 태권도 심판도 직업으로 인정받고 있고, 각 대학 태권도학과에서는 태권도 심판법이 전공과목으로 편성되어 있어 강의용 교재의 필요성이 대두되어 이번에 심판법을 출간하게 되었습니다. 본서는 주심의 위치선정, 사각(斜角)이 발생하는 상황 등은 저자의 주관적인 사고(思考)를 완전하게 통제할 수 없으니 독자 여러분들은 좀 더 많은 관심을 가져주시기 바랍니다. 또한 심판의 역할, 바람직한 감점 및 갈려 선언, 오심의 유형, 주심의 전문성 및 역량 강화 등 심판으로서의 자질 등에 관해 기술하였습니다. 태권도 심판법은 대한태권도협회 경기 규칙을 토대로, 필자의 그동안의 심판 노하우(Know-how) 및 경험, 심판 관련 선행 논문 등을 비교 분석하여 태권도 상임 심판, 지도자, 선수 및 태권도 전공생들에게 유익하고 사랑받는 필독서가 되었으면 좋겠습니다. 끝으로 어려운 여건 속에서도 태권도 심판법을 출간 해 주신 도서출판 상아기획 문상필 대표님께 진심으로 감사드립니다.

2024년 2월 10일
세한대학교 태권도학과 무덕관 연구실에서 저자 무향(無香) 정 현 도

목 차

제1장 태권도의 정의 ··· 7

제2장 태권도사(史) ··· 13

  1. 고대시대(B.C 24C~A.D. 10C.) ··· 14

  2. 중세시대(10C~16C) ·· 16

  3. 근세시대(17C~1945) ·· 18

  4. 현대 태권도사(1946~1960) ·· 20

  5. 태권도 전국체전 정식종목 채택(1961~1970) ················ 23

  6. 태권도 국제경기 총연합회 가입(1971~1985) ················ 26

  7. 아시안게임 정식종목 채택, 올림픽 시범종목 개최(1989~1999) ············ 30

  8. 세계적 무예스포츠(2000~) ·· 34

제3장 태권도 품새 ··· 39

  1. 품새 개론 ·· 41

    태극1장 ·· 46

    태극2장 ·· 52

    태극3장 ·· 58

    태극4장 ·· 64

    태극5장 ·· 70

    태극6장 ·· 78

    태극7장 ·· 84

    태극8장 ·· 90

    고려 ·· 98

　　　　금강 ··· 108

　　　　태백 ··· 114

　　　　평원 ··· 122

　　　　십진 ··· 130

　　　　지태 ··· 138

　　　　천권 ··· 148

　　　　한수 ··· 160

　　　　일여 ··· 170

제4장 태권도 경기 ··· 179

　　1. 경기의 개념 ··· 180

　　2. 태권도 경기의 발달 ··· 181

제5장 태권도 심판의 정의 및 역할 ······································ 183

　　1. 태권도 심판의 정의 ··· 184

　　2. 태권도 클린 심판(Clean Referee)이란? ························· 185

　　3. 태권도 심판의 역할 ··· 185

제6장 태권도 심판의 권위와 기능 ······································ 187

　　1. 태권도 심판의 권위 ··· 188

　　2. 태권도 심판의 기능 ··· 188

제7장 태권도 심판의 자질 및 책임 ···································· 191

　　1. 태권도 심판의 자질 ··· 192

　　2. 태권도 심판의 책임 ··· 194

제8장 태권도 채점의 기준과 원칙 ··················· 195
    1. 태권도 채점의 기준 ····························· 196
    2. 태권도 채점의 원칙 ····························· 197

제9장 태권도 심판 전문성 및 역량 강화 ··················· 199
    1. 태권도 심판이 지켜야 할 원칙 ····················· 200
    2. 태권도 심판이 경기에 임하는 마음 자세 ·············· 201
    3. 심판 판정에 영향을 미치는 요인 ···················· 203
    4. 태권도 경기 오심의 유형 ························ 206
    5. 태권도 영상 판독 ······························· 207

제10장 심판원의 임무 및 구성 ··················· 209
    1. 태권도 심판원의 임무 ···························· 210
    2. 태권도 심판의 구성 ····························· 212

제11장 주심의 위치·감점·갈려 선언 및 사각이 발생하는 경우 ·· 213
    1. 주심의 위치 선정 ······························· 214
    2. 주심의 감점 부여 ······························· 221
    3. 주심의 갈려 선언 ······························· 223
    4. 경기중 선수나 주심에 가려 사각(斜角)이 발생하는 경우 ······ 225

제12장 태권도 심판 수신호 ··················· 227

제13장 태권도 겨루기 경기규칙 ··················· 243

참고문헌 ··················· 305

제 1 장
태권도의 정의

인생은 한권의 책과 같다. 어리석은 사람은 아무렇게나 책장을 넘기지만 현명한 사람은 공들여 읽는다. 왜냐하면 그들은 단 한 번 밖에 그것을 읽지 못함을 알고 있기 때문이다.

-잔 파울(독일작가)-

제1장 태권도의 정의

우리의 역사와 함께 발전해 온 국기(國技) 태권도는 선조들의 지혜와 혼(魂)이 담긴 민족 고유의 무술로서 전신의 근육과 관절, 손과 발을 사용하여 상대의 공격을 피함과 동시에 공격(받아차기)하는 기술 체계를 이룬 격투기이다.

대한민국의 수많은 전통 무술 중에서 전 세계적으로 각광을 받고 있는 태권도는 그 유래에 관한 문헌에서 보면 수박, 택견, 태권, 권법 등으로 불리어 오면서 각 시대별로 무술(武術), 무예(武藝), 무도(武道)의 성격을 갖추고 계승된 우리나라 고유의 무술(박한규, 1993)로 현재에는 세계 212개국에서 1억 5천여만 명 정도가 수련하는 인기 스포츠로 자리 잡았다.

김광성 외(1988)는 철학적인 관점에서 볼 때 태권도는 하나의 행동 철학으로 인간 생활의 육체적인 표현인 동시에 정신적 욕구를 구체화하려는 체육적 활동이라 하였으며, 태권도의 모든 동작은 자아 방어 본능을 기본으로 하여 점차 필요성에 따른 신념의 작용으로 소극적인 단계에서 적극적인 형태로 발전하고 궁극적으로는 절대적인

행동 단계에 이르는 동시에 자아를 극복하고 무아의 경지에 도달하는 철학적 요소를 지닌 체육이라고 정의했다.

태권도는 맨손 무술로서 몸에 아무것도 지니지 않고 인체의 손과 발을 포함한 전신을 사용하여 상대방의 공격으로부터 자신을 방어(防禦)하고 반격(反擊)하여 상대방을 제압하는 호신술로서 많은 사람으로부터 각광 받고 있다. 또한, 태권도를 수련함으로써 인격 형성(personality), 자신감(confidence), 리더십(leadership)함양, 학습능률(學習能率) 향상 등의 효과가 있다는 것은 이미 잘 알려진 사실이다(정현도, 이충훈; 2000).

태권도는 한자의 합성어로 그 의미를 살펴보면 '태(跆)'는 발이란 뜻과 함께 차거나 뛰거나 밟는다는 의미를 내포하고 있으며, '권(拳)'은 주먹을 뜻하는 것으로 손 또는 주먹으로 지르거나 치는 의미이며, '도(道)'는 길 또는 방법으로 인간다운 삶의 길 '무도인의 길' 수련의 방법으로 풀이된다.

국기원(2022)은 "태권도는 호신과 자아실현을 목적으로 타격방식 차기에 특화된 맨손 방어와 공격기술을 수련하는 무예스포츠"이다 라고 정의하였다.

이창후(2000)는 "태권도"란 "손과 발을 포함한 몸의 모든 부분을 사용하는 인간의 움직임"이란 뜻뿐만 아니라 "불필요한 싸움을 밟아 응징하여 세상을 평화롭게 하는 이법(理法)"이라는 뜻이 된다고 주장하였다.

 태권도는 원래 무술로 발전했지만, 우리의 일상생활에 적용될 수 있는 도덕적(道德的)이며, 사회적(社會的)인 중요한 원리를 수련을 통해서 심신 일체를 터득게 하는 실천 교육으로 발전한 경기이다(서석룡, 2002).

 태권도는 1996년 12월 29일 정부로부터 우리나라를 대표하는 10대 상징물 (C.I, Corporate Identity) 중 하나로 선정되었으며, 세계인들로부터 많은 사랑을 받고 있는 이유는 태권도가 무예로서의 특성을 가지고 있는 이상으로 다양한 특성이 있기 때문인 것으로 생각된다.

 태권도는 품새, 겨루기, 격파, 호신술, 시범 등의 5대 요소로 구성되어 있다. 품새란 기본 동작인 막기, 차기, 서기, 지르기, 치기, 찌르기 등을 이용하여 예상할 수 없는 방향에서 가상의 공격(攻擊)이 가해진다고 가정하여 그것을 방어(防禦)하고 공격하는 공방의 총체로 태권도의 꽃이라 할 수 있다.

 품새는 방어와 공격 기술을 규정된 형식에 맞추어 지도자가 없이 혼자서도 수련할 수 있도록 이어 놓은 동작으로 그 수련을 통해 겨루기 기술 향상과 응용능력 배양, 기본 동작에서 익힐 수 없는 특수 기술을 연마할 수 있는 이점이 있다.

겨루기는 상대와 근접하여 손과 발을 이용 상대방을 공격하고 방어하는 기술로서 빠른 민첩성(敏捷性), 순발력(瞬發力)은 물론 주어진 시간과 공간에서 다양한 방향 전환과 고도의 기술을 필요로 한다. 또한, 심리적으로 어떠한 일에도 앞장설 수 있는 용기와 담력(膽力)을 길러주며 신체의 고른 발달과 체력을 향상시키며 전신을 고루 사용하는 종합 신체 운동으로 태권도의 열매라 할 수 있다.

격파(擊破)는 태권도의 위력을 나타내는 것으로 힘과 기(氣) 그리고 정신력의 총합으로 충만된 힘과 정교한 기술은 물론 투철한 정신력이야말로 격파의 삼위일체(三位一體)라고 할 수 있다. 이 중에서 제일 중요한 것은 격파할 수 있다는 자신감이다. 격파를 통한 꾸준한 단련(鍛鍊)으로 용기와 자신감을 향상하게 시켜야 하겠다.

호신술(護身術)이란 자기 몸을 지키는 기술을 말한다. 태권도를 꾸준하게 수련해 온 사람이라면 자신의 손과 발, 전신(이마, 무릎, 팔굽 등)의 모든 부분이 곧 훌륭한 무기가 되며, 때로는 흉기(칼, 총 등)를 든 상대방의 공격으로부터 자신의 안전과 타인의 생명을 안전하게 보호할 수가 있는 것이다. 단단하게 단련된 주먹과 손날, 편 손끝 등의 강한 위력은 이미 잘 알려진 사실이다. 꾸준한 태권도 수련으로 호신 능력을 향상시켜야 하겠다.

시범(示範)은 태권도의 정수를 관중들에게 선보임으로써 태권도에 대한 관심과 흥미를 불러일으키게 하는 목적으로 태권도의 위력과 다양성을 소개하는데 의의가 있다.

　태권도가 오랜 전통(傳統) 속에 갖추어진 무술적(武術的)인 특성을 점차 탈피(脫皮)하여 경기적인 스포츠로 세계화된 것도 인간의 취향에 잘 적응(適應)한 증거로 볼 수 있다(진중의, 이충훈; 1999).

　세계화란 전 세계가 모든 인류 공동의 활동공간이 되어 함께 경쟁하거나 협동하면서 살아가는 것을 의미한다(장주호, 1995).

　한국과 한민족이 21세기 세계 중심 국가로 부상(浮上)하기 위한 미래 지향적인 국가 장기 발전 전략으로 국가 경쟁력을 극대화하여 세계 변화에 적응(適應)하고 나아가 세계 경영을 위해 미래를 직시하는 안목을 길러주자는 것으로 태권도의 세계화(世界化)는 우리 자신뿐만 아니라 다음 세대를 위한 과제로 태권도와 태권도인의 미래를 위해 필요한 생존 전략(生存戰略)이라 할 수 있다(정찬모, 1995).

제2장
태권도 사(史)

人無遠慮難成大業
(인무원려난성대업)

사람이 먼 앞날을 생각함이 없으면 대업을 이루기 어렵다.

제2장 태권도 사(史)

한국의 맨손 무예사(고대시대~2023)

1. 고대시대(B.C 24C~A.D. 10C)

고대시대는 고조선이 최초로 발흥한 때부터 삼국시대를 걸치면서 통일신라 시대에 이르는 시기이다. 고대시대에는 무술, 무예 그 자체가 개인과 집단의 생존이 걸린 전쟁 기술이었기 적극적으로 권장되었다. 즉, 무예는 개인적으로 모두에게 출세 수단이 되었고, 국가적 차원에서는 존망(存亡)이 걸린 문제로 매우 중요시하게 되었다.

1) 고조선의 무예(B.C.24c~B.C.2C)

고조선은 청동기 문화를 바탕으로 성립한 우리나라 최초의 국가이다. 고조선의 무예에 대해서는 기록이 거의 남아 있지 않아 청동 검 등의 유물에 의해 추정할 수 있을 정도로 부족하지만, 한국 무예사의 원류로 볼 수 있다. 왜냐하면 수많은 무예 그림들이 출토된 고구려와 부여 등 후속 국가는 고조선의 명맥을 유지해 왔다고 판단된다. 고조선의 문화권은 비파형 동검, 탁자식 고인돌, 미송리식 토기 등이 출토된 한반도 북부지역이므로 중국의 청동기 문화와는 구별된다.

2) 고구려의 맨손 무예, 수박(A.D.4C)

고구려(B.C. 37 ~ A.D 668)시대 한국 맨손 무예의 존재를 최초로 소개하는 두 개의 그림(증거)이 안악3호분과 무용총에서 각각 출토되었다. 그림은 700년 후 고려 시대에 기록이 밝혀진 맨손 무예 수박으로 추측되는 주요한 단서이다. 이 두 그림에서 손과 다리 자세에서 2명의 역사(力士)가 주먹이 아닌 손으로 상대를 치려는 하는 동작이 나온다. 학자들은 고려 및 조선 시대 기록을 근거로 '손으로 서로 치고 승부를 다투는 무예'인 수박(手搏)이라고 짐작한다. 그림에서 경기 당사자인 거구의 역사는 인종들의 특성을 각기 나타낸다. 서로 마주한 2명의 역사 중 한 사람은 고구려인이고 매부리코(高鼻)를 한 사람은 페르시아계 서역인으로 보여진다. 당시 서역은 실크로드를 통해 고구려와 중국과도 긴밀하게 교류했다는 사실을 짐작해 볼 때 실제로 서역인이 수박을 전했다는 설도 설득력이 있다.

3) 백제의 맨손무예(B.C 1C.~A.D.7)

백제 시대 맨손 무예에 관한 자료는 1993년에 발굴된 백제금동대향로의 인물상(像)이다. 해당 인물은 향로 몸체의 연꽃잎 상단에 조각되어, 있는데, 왼쪽 팔은 펴고 왼쪽 다리는 구부려 힘과 긴장감이 느껴지는 역동적인 자세를 취하고 있어 무예를 수련하는 것으로 판단된다. 백제는 일본어로 '쿠다라'라고 표기되며 고대 일본의 정치와 군사, 종교 등에 큰 영향을 끼쳤다. 2001년 아키히토(明仁) 일왕은 스스로를 백제인의 후손이라고 주장했다. 일왕 가계(家系)와 백제인과 깊은 관련을 맺은 사실을 통해 고구려 신라와 투쟁하며 발달한 백제의 맨손무예가 일본에 전래된 것으로 짐작된다. 『일본서기』에도 '황극천황 원년조'에 백제 사신이 찾아와 맨손무예를 선보였고, 일본 조정에서는 건장한 장정에게 서로 겨루게(相搏) 하였다. 따라서 백제의 무예와 일본의 고대 무예와의 관련성을 미루어 짐작할 수 있다.

4) 신라의 맨손 무예(B.C.1C~A.D.10C)

신라 시대 맨손 무예에 대한 기록은 뚜렷하게 드러난 것은 없지만 맨손 무예의 존재를 짐작하게 하는 유물들이 있어 신라에도 맨손 무예가 행해졌을 것으로 추측된다. 신라의 수도였던 경주 용강동에서 출토된 무사 토용(土俑)과 괘릉의 무인서 상(像)이다. 용강동에서 발견된 부사용은 세 종류인데, 무사용 세 점 모두 다른 겨루기 자세를 보이고 있어 수박의 단위 동작들을 각각 표현한 것으로 보인다. 또한, 괘릉에 있는 두 종류의 무인 석상은 원성왕릉을 지키는 서역인(西域人) 호위무사를 상징하는 것으로 보인다. 왼손으로는 칼을 잡고 오른 주먹을 불끈 쥐고 있는 모습이 마치 사람을 내려

칠 것 같은 동작을 취하고 있다. 삼국통일에 기여한 신라 청소년들의 수련 단체인 화랑도(花郞徒)는 전쟁에 대비하여 무예를 수련했다 원광법사의 화랑 5계(세속오계)는 고대 무인 사상의 토대가 되었고 충효(忠孝), 용기(勇氣), 인내(忍耐), 극기(克己) 등의 덕목은 현대 태권도의 사상적 근원(根源)이 되었다.

2. 중세시대(10C~16C)

중세 시대는 고려 왕조 시작부터 16세기 임진왜란 이전인 조선 전기까지로 구분하였다. 중세 시기 역사서는 맨손 격투무예인 수박(수박희) 활동을 구체적으로 기록하였다. 특히 고려 시대 무신정변의 계기로서 '오병수박희'가 등장하였는데 수박이 군사들의 무술경기로 성행했음을 알 수 있다. 수박에 대한 기록은 조선 시대에도 많이 나오는데 국왕을 호위하는 군사들 뿐만 아니라 천민이나 노비, 일반 백성들에 이르기까지 널리 행해졌다고 전해진다.

1) 고려의 수박(10C~14C)

고려 시대(918~1392)는 무인(武人)들의 최전성기 시대로 수박과 같은 맨손 무예도 함께 널리 발달하였다. 오늘날 격투기처럼 사람들이 관람하는 수박 경기를 수박희(手搏戱)라고 불렀다. 고려왕 의종이 무신들에게 보현원에서 오병수박희(五兵手搏戱)를 시켰는데 이는 고려사의 대사건의 무신정변이 발발하는 계기가 되었다. 오병수박희는 5개의 병부 또는 5명의 병사가 단체로 대항하는 경기 방식으로 보여지며, 충혜왕은 수박희를 좋아하여 수시로 관람하였다고 전해진다. 수박은 고려 시대에서 무인들에게는 입신양명할 수 있는 기회가 되었다. 고려 시대 수박은 구체적으로 어떤 내용인지 또 어떻게 승부를 결정했었는지에 대하여는 자세하게 알려지지 않았다. 단순히 수박이 군사들이 겨루기는 타격식 경기로 행해진 기록만이 존재한다. 한편 『역옹패설』에 박신유가 적과 무기를 들고 대결하다가 발로 차서 적을 거꾸러뜨렸다는 기록을 통해 발기술이 발전하였음을 짐작할 수 있다. 이와같이 수박이 실전 무예로 활용될 수 있었지만, 출전자들의 부상을 감안하여 일정한 규정을 정하고 겨루기 경기로 행해졌음을 알 수 있다.

2) 오키나와에 전승된 수박(13C~14C)

13세기 고려 시대의 정예부대 삼별초의 일부가 가라테(Karate, 唐手, 空手)의 본고장인 오키나와로 이주했다는 설이 신빙성 있게 거론된다. 특히 오키나와는 한국, 중국, 일본, 동남아 사이에 위치한 지리적 특성상 다양한 외래문화를 수용하고 토착화시킨 특성을 갖는다. 스크(성곽)와 같은 고고학적 유물에 근거한다. 오키나와에서 출토된 한 기와는 삼별초가 제주도에서 토벌되어 멸망한 1273년(계유년)과 정확하게 일치한다. 또한, 그 시기에 고려 양식의 대규모 성곽(구스크)이 오키나와에 갑자기 축조된 것도 삼별초의 진출설을 뒷받침하고 있다. 고려가 오키나와의 옛 이름인 류큐국과 교류했던 기록은 고려사 등 다양한 역사서에 상세하게 기술되어 있다. 또한, 조선왕조실록에서도 오키나와와 관련된 기록이 무려 460건이나 나타난다. 오키나와에서 행해지는 씨름이나 줄다리기, 세골장(장례법) 등 갖가지 민속도 한국문화 전래설이 설득력을 갖게 한다. 이는 삼별초가 수련했던 고려의 무예 수박이 오키나와로 전승되었을 가능성을 뒷받침한다. 그러한 근거에 따라 오키나와 옛 무술 '티', '테'(手)가 수박의 '수(手)'에서 유래했을 것으로 미루어 짐작할 수 있다. 이후 중국 무술과 융합해서 '류큐권법 당수(唐手, 오키나와 원음은 토오디 toodii)'로 체계화되었다. 20세기에는 일본 본토로 전래되어 가라테(Karate, 唐手, 空手)로 바뀌었다.

3) 조선의 수박(14C~16C)

조선을 건국한 왕(태조, 이성계)이 무인(武人) 출신이었기 왕가 행사에서는 수박희는 주요한 관람 종목이었다. 어느 날 하루는 수박에 능한 자 50여 명이 미리 지명되어 승부를 겨루었는데 혼자서 여덟 명을 이긴 자가 나와 후한 상을 받기도 했다. 태종 때에는 세 명 이상을 이긴 수박 실력자가 갑사(왕실 호위병)로 선발되었으며, 불교의 승려나 지방에 사는 일반 백성들까지 널리 확산되었다. 세종은 뛰어난 수박희 실력을 발휘한 해연(海衍)이란 중에게 목면(木綿) 1필을 하사하고 머리를 길러 환속(還俗)

하도록 명했다고 전해진다. 수박희는 전국 곳곳에서 일반 백성들에 의해 행해졌다는 기록들도 많이 나타난다. 군사 무예이자 민속 경기로서 그리고 호신이 필요한 승려나 상인 뿐만 아니라 양반들도 수박을 행했다. 그 근거로는 역사서 『동사약(東史約)』에서 16세기 한 관리는 꿈에서 수박각저(手搏角觝)를 했다고 적혀 있다. 비록 꿈 이야기지만 당시 실제로 수박이 성행했을 것으로 추측된다.

3. 근세시대(17C~1945)

임진왜란과 병자호란 등 연이어 전란을 겪으면서 17세기 조선 사회는 큰 변화를 맞는다. 양 난 이후 격변의 시기부터 개항을 거쳐 일제강점기까지를 무술사적으로는 근세로 구분하였다. 이 시기의 특징은 전쟁으로 인해 '권법'(拳法)과 같은 군사 무예가 확립되었고, 서민 문화의 확산으로 다양한 민속 경기가 발달하면서 '택견'도 등장하였다. 일제강점기에는 일본의 유도와 검도가 우리나라에 유입되었다. 한편, 만주에서 권법을 수련했거나 일제 말기 많은 유학생들이 일본에서 당수(唐手)를 연마하면서 외래 무예를 도입하여 새로운 전기를 맞이하게 된다.

1) 무예도보통지(武藝圖譜通志)의 권법(17C~18C)

16세기 말 임진왜란이 터지자 국방 무예의 필요성이 절실히 대두하였다. 이때부터 군사 무예서 편찬이 시작되어 18세기 말 『무예도보통지』가 완성되었다. 『무예도보통지』는 중국과 일본의 무예를 망라하여 24종의 무예를 정리한 책이다. 당시에 출중한 무예가들이 실기 내용을 일일이 분석하여 그림으로 만들고 상세한 해설을 붙였다. 그 중 맨손 무예 권법은 척효광의 『기효신서』 등, 명의 무술서를 토대로 우리의 실정에 맞게 수정, 발전시켰다. 명의 무술에서는 단순히 세(勢)의 동작 형태에 관해서 설명을 나열하였지만, 무예도보통지에는 세(勢)를 겨루기에 응용할 수 있도록 동작 순서를 정했다. 18세기 말, 정조의 친위부대 장용영은 수천 명에 달하는 정예병이자 권법을 숙달한 전문 무예인이었다. 정조가 죽은 후 이들은 전국으로 퍼져나가면서 지방 곳곳으로 무예가 전파되는 계기가 되었다. 이후 권법은 맨손 무예 전반을 가리키는 일반 명사화 되었다. '권법'을 지칭하던 '타권(打拳)'이라는 단어에서 '택견(태견)'이란 명칭이 유래되었다는 학설도 있다.

2) 일반 백성들의 맨손 무예(17C)

군사 무예였던 수박과 권법은 조선 중기에는 승려나 일반 백성들까지 널리 퍼졌고, 17세기 무렵에는 민속 경기나 어린아이들의 놀이로 변화하였다. 1606년 단오 때 마을 아이들이 수박을 했다는 『묵제일기』의 기록이 이를 뒷받침한다. 한편 황해도와 경남 거창의 '까기' 평안도의 '날파름(날파람)', 전주의 '챕이' 김해와 양산, 밀양의 '잽이' 제주도의 '발찰락'도 근대까지 기록으로 남아있다. 이는 맨손 무예가 조선 말기까지 여러 가지 명칭의 민속 경기나 놀이로 지역에 따라 변천되어왔음을 보여준다. 하지만 명칭만 나올 뿐이고 기술 내용은 잘 알려지지 않는다. 그런데 조선 중기에 일반 백성들이 맨손 무예를 행한 시각 정보가 담긴 두 종류의 사료가 발견되었다. 첫 번째 사료는 전문가 고증을 거쳐 1993년 KBS 민회전'에서 공개된 무예 그림이다. 이 그림은 재질과 화풍을 근거로 17세기 작품으로 감정되었다. 만일, 이 그림이 17세기 제작된 것이라면 이전의 수박이나 임진왜란 이후 보급된 권법과도 관련될 수 있다. 다른 사례는 양생적 특성을 가진 맨손 무예인 '태격(太擊)"이다. 2009년 전라북도 김제에서 성리학에 기반한 가전(家傳) 무예 태격을 수록한 도록이 공개되었다. 태격은 17세기 중엽부터 구전(口傳)으로만 전해지다가 1930년경 김병화(1883~1941)에 의해 작성되었다. 그것은 양생 호흡 수련과 맨손무예를 엮은 53가지 자세와 동작이 그림으로 수록되어 있으며, 또한 기술 구성은 태권도와 유사한 서기 뿐만 아니라 돌려차기, 뒤차기의 종류도 포함되어 있다

3) 민속경기로 계승된 택견(18C~)

국가무형문화재 제76호로 등재된 택견(태껸)은 발기술을 주로 사용하는 우리나라 고유의 무예이자 민속 경기로서 오늘날 태권도가 발전하는데 적지 않은 영향을 끼쳤

다. 택견은 발을 주로 쓰는 겨루기 방식의 민속 경기로 전승되었다. 세부적 기술 내용과 경기 방식에 관한 정보가 명확히 밝혀진 근래에 와서 택견은 태권도와는 확연한 차이가 있다고 한다. 그러나 태권도는 형성 초기부터 택견의 '차기 위주의 겨루기'란 주된 특징을 반영하였으므로 택견과의 관련성이 밀접하다. 일제강점기와 광복 시기 택견은 수도 서울 지역에 국한된 무예 경기로 간신히 명맥만 유지했다. 그러나 택견은 태권도의 원류인 청도관, 무덕관, YMCA 권법부 등 5대관 당사자들에게 개연적으로 인식되었다, 그들은 전통무예를 재현시키겠다는 생각으로 택견을 모티브로 한 차기 기술을 중심적으로 개발하고 발전시킴으로써 태권도를 창출했다.

4) 일제강점기 외래무술

1910년 대한민국이 국권을 상실한 이후부터 1945년 광복에 이르기까지 36년간 시기가 일제강점기이다. 일제강점기에는 민족 말살 정책의 일환으로 택견, 석전(石戰) 등 상무적(尙武的) 문화는 많은 탄압을 받았다. 이 시기에 마을끼리 대항하는 민속 경기였던 택견은 크게 위축될 수밖에 없었다. 일제 지배하에서 일본인들에 의해 유도, 검도가 우리나라에 보급되었다. 반면 택견과 같은 전통무예는 비밀리에 겨우 명맥만을 유지하였다. 일제강점기 후반에는 여러 한국인이 만주 권법이나 일본에서 당수(唐手, 토오디)를 배웠다. 재일 한국인 유학생들은 광복 직전 귀국하여 곧 5대 관을 창설했다. 이와 같은 일제강점기 한국의 전통무예가 약화된 시기에 외래무술이 우리나라에 도입되어 새로운 출발을 보였다.

4. 현대 태권도사(1946~1960)

1) 초창기태권도와 5대 관의 형성(1946~1947)

광복 직후 한국인에 의해 외래무술이 도입되어 태권도 5대 관이 태동했다. 해가 거듭될수록 택견에서 착안 된 차기 위주의 신기술이 개발되어 한국적 특성을 확립하기 시작했다. 5대 관 초기부터 협회 구성도 추진되었다. 한국전쟁 후 수많은 관이 난립하던 중에 '태권도' 명칭이 등장하고 통합 협회가 추진되었다. 5대 관이 시작된 1946년부터 협회 구성이 시도되었던 1960년까지 시기를 '초창기 태권도'라고 칭한다. 일제의 핍박으로부터 벗어나자 무예를 비롯한 모든 문화는 새로운 출발을 하게 된다. 이때 한국인에 의해 '만주권법'과 '당수' 등 외래무술이 도입되어 현대 태권도의 모체랄 수 있는 5대관이 개관한다. 5대관 창설자들은 전통무예를 토대로 의도적으로 기술을 개량하고 보완하여 한국화(化)하려는 노력을 기울였다. 특히 자신들이 배웠던 무예가 단기간에 이루어진 불완전한 수준이었기에 더욱 그러했다. 이원국에 의해 청도관이 1946년 서울에서 개설된다. 이원국은 학창 시절 일본에서 학업을 마친 후 5년간 당수를 수련하여 4단을 취득했다고 전해진다. 바로 이어 전상섭은 조선연무관 권법부를 서울 소공동에 개설하였다. 이듬해 초 용산 철도국에서 황기는 무덕관을 출범시킨다. 무덕관 창설자 황기는 만주 재직 시절 배운 권법과 혼자서 익힌 전통 발기술과 당수를 융합하여 무덕관을 개관했다. 1947년 9월에는 윤병인이 서울 YMCA 권법부를 노병직이 개성 송무관을 연이어 열었다. YMCA 권법부는 무기술과 품새를 포함한 만주 권법과 일본 유학 중 당수를 배운 윤병인에 의해 창립되었고, 개성이 고향인 노병직은 일본 유학 시절 수년간 수련한 당수를 바탕으로 개성 유도장 일부를 할애받아 송무관을 개관했다.

2) 태권도 5대 관의 활동(1946~1950)

당시 태권도 5대 관의 무예 활동은 수련, 심사, 시범으로 전개되었다. 즉, 일상 수련을 비롯하여 여름 및 겨울 특별수련, 정기 및 특별심사, 연무시범 행사 등 다양한 수련과 활동이었다. 이를 통해 각 관의 무예들이 점차적으로 확산되었고, 수련생의 실력 향상과 더불어 새로운 기술 개발들이 진행되기 시작했다. 각 관의 활동이 상호 경쟁적으로 되면서 탁월한 실력자들도 양성되었다. 5대 관은 1950년 6월 한국전쟁 이전까지 불과 5년도 안 되는 기간 존재했지만, 현대 태권도를 형성시키는 중추적 역할을 하였다.

3) 다양한 신기술의 개발(1947~1950)

당시 태권도 5대 관은 해를 거듭할수록 단련과 위력격파, 품새 위주의 기존 수련 방식에서 벗어나기 시작했다. 고전 기술적 한계는 5대 관이 시행한 자유겨루기와 시범에서 다양하고 난이도 높은 차기 기술을 창안하는 직접적인 원인이 되었다. 차기 위주의 겨루기는 한국 주체성과 결부되어 신기술 개발에 작용했고 한국인의 기질과 역량이 발휘되면서 괄목할만한 진전을 이루게 되었다. 차기 위주의 신기술은 승단급 심사에서 상대를 직접 타격해야 하는 자유겨루기나 대외적인 홍보 시범에 적극적으로 활용되기 시작했다. 한국 특성화로의 변천은 여러 관에서 서서히 진행되었다. 다양하고 역동적인 차기와 딛기 등 겨루기와 시범 기술은 5대 관의 무예를 점차 한국적 특징을 가진 무예로 변모시켰다.

4) 태권도 각 관의 난립(1951~1960)

1950년 6월 발발한 한국전쟁은 5대관에 엄청난 변동을 초래했다. 5대 관 창설자 대부분이 전쟁으로 인해 결정적인 신상 변고가 발생한 것이다. 이에 따라 5대 관이 붕괴하였고 전후 각 관 출신의 제자들이 개설한 신흥 관들이 우후죽순처럼 생기고 전국적으로 확산되었다. 전쟁 이후 주류 9개 관을 비롯한 이십여 개의 중소 관들에 소속된 산하 도장이 전국적으로 수백 곳에 달할 정도로 난립하였다.

5) 태권도 명칭의 제정(1955)

태권도라는 명칭은 한국 전통무예 택견(태껸)을 계승한다는 취지로 1955년 최홍희와 남태희에 의해 제정되었다. 남한 군부 장성 출신인 최홍희는 태권도가 성립하는데 큰 기여를 했다. 1954년 최홍희와 남태희가 주관한 당수도 시범을 접한 이승만 대통령은 "저것이 우리나라에 옛날부터 있었던 태껸(태견)이야!"를 외쳤다. 이 일화는 태권도 명칭을 창출시킨 역사적 사건이었다. 두 사람은 "태껸"의 발음과 비슷한 '태(跆)'자와 '권(拳)' 자를 찾아 '현대식 택견'을 뜻하는 '태권도'란 새로운 무예 명을 만들었다. 기존의 명칭이었던 당수, 공수, 권법, 수박 등은 모두 손기술 위주임을 의미하는 반면 태권도의 '태(跆)'는 발기술 의미를 반영한 획기적인 글자였다.

6) 태권도 협회의 설립 방안 모색(1947~1960)

5대 관이 출발한 초기부터 각 관의 공동 업무를 해결할 협회 구성이 모색되었다. 우선적으로 시급한 문제는 공인 단 심사에 관해서였다. 각 관별로 시행되던 승단 심사를 보다 체계적으로 시행하고 단증 발급도 일괄적이고 간편하게 처리할 필요성이 절실했기 때문이다. 그러나 각 관 창설자의 직위와 단수 부여, 심사규정, 사무실 비용 부담 문제 등 세부적 이해관계가 얽혀 성과를 이루지 못했다. 1950년 한국전쟁이 발발하자 5대 관 상황은 급변했다. 무덕관과 송무관을 제외한 3개 관은 지도자를 상실하였고 각 관 수련생 출신의 유력 인사가 관 명맥을 계승했다. 신진 지도자들로 세대 교체를 이룬 것이다. 한국전쟁 기간 중 일부 지도자들이 협회를 조직하였으나 구성원 간의 결속이 무너지면서 해산되었다. 1959년 9월 최홍희 소장의 주도로 '대한태권도협회'가 출범했지만, 이 또한 오래가지 못했다.

5. 태권도 전국체전 정식종목 채택(1961~1970)

1960년대 초 발발한 4·19혁명과 5·16 정변은 태권도계 혁신의 계기가 되었다. 새 정권이 들어서자 숙원 과제였던 유사단체 통합안이 추진되어 마침내 정식 협회가 성립하였다. 공인 승단 심사는 협회 주관으로 일원화되었다. 독자적인 겨루기 경기가 1963년 제44회 전국체전에 정식종목으로 채택되었다. 승단 심사에 적용되는 품새도 협회 차원의 새로운 내용이 제정되었다. 1960년대 태권도의 해외 보급이 시작되었고 아시아를 비롯하여 유럽, 미국 등지로 확산되었다.

1) 대한태수도협회 창립(1961)

1960년에 접어들자 급변한 한국의 정세는 태권도계가 해묵은 문제를 청산하는 기회를 맞게 되었다. 그간 모색해오던 숙원 사업인 공식 협회가 마침내 성사된 것이다.

이는 난립했던 태권도계가 일치단결하는 대사건이었다. 4·19혁명과 이듬해 5·16 군사 쿠데타로 인한 연이은 정변은 태권도계에 막대한 영향을 미쳤다. 군사 정부의 포고령에 따라 사회단체 재등록이 시행되고 문교부는 유사단체 통합을 서둘렀다. 1961년 9월 마침내 대한태수도협회가 발족하였다. 이듬해 대한태수도협회는 대한체육회 산하 단체로 승인을 얻음으로써 명실상부한 경기 단체로 편입되었다.

2) 태권도 최초 공인 승단 심사대회 개최(1962)

대한태수도협회의 최우선 과제는 관별로 시행되고 있는 승단 심사를 일원화시키는 것이었다. 승단 심사 사안이 협회로서는 가장 큰 문제였는데 관마다 경쟁적으로 유단자를 남발했기 때문이다. 또한, 관마다 당수도, 공수도, 수박도, 태권도 등의 무예 명칭 뿐만 아니라 품새, 겨루기 등 기술 체계도 제각각이었다. 마침내 통합 협회인 대한태수도협회가 결성되자 공식 심사업무를 착수할 수 있었다. 1962년 11월 제1회 전국승단심사대회가 열렸다. 대한태수도협회가 출범하면서 주최한 최초의 공식 심사였다. 심사 내용은 품새, 겨루기, 논문(3단 이상)이었다. 겨루기는 경기용 보호대를 착용하고 자유 겨루기 방식으로 시행되었다.

3) 태권도 겨루기 경기의 활성화(1963)

태권도(태수도) 겨루기가 전라북도 전주에서 열린 제44회 전국체육대회에서 정식종목으로 채택되어 일대 혁신을 이루었다. 본격화된 경기화로 직접 타격방식과 차기 위주의 겨루기가 정착되기 시작했다. 이는 태권도가 미리 정해진 형식적 겨루기가 아닌 실전적 대응 능력을 키우는 자유 겨루기 방식의 격기(格技) 스포츠로서 특성을 확립하는 분기점이 되었다. 또한 차기 위주의 겨루기인 전통무예 택견과 상응하는 한국적 맨손 무예의 정체성을 갖추게 되었다. 태권도 겨루기 경기에서 승부를 판정하는 '경기 규칙과 선수의 안전을 위한 보호대가 중요했다. 보호대 착용과 직접 타격식 경기로 인해 수련자가 상대 공격을 피하거나 막고 반격하는 실전적 역량을 쌓을 수 있었다. 이는 해외 태권도장을 개척할 때 종종 발생하는 타 무술과의 실전 대결에서 우위를 점하는 강점이 되었다.

4) 유급자 및 유단자 공인 품새 제정(1967~1972)

1967년 11월 30일 대한태권도협회는 총 17종의 유급자용 및 유단자용 품새(당시는 형으로 표기되었음)를 제정하여 반포했다. 이는 협회 소속 품새제정위원회가 지난 2년간 추진한 성과였다. 유급자용 팔괘품새는 1장에서 8장까지 총 8종으로 구성되었다. 유단자용은 9종으로 1단에서 9단까지 순서대로 고려(1자형), 신라, 백제, 십진, 태백, 금강, 지태, 천권, 한수였다. 12월에는 신 품새 보급을 위해 고단자들을 대상으로 강습회를 열기도 했다. 1972년 대한태권도협회 기술심의회는 다시 품새와 용어 제정 소위원회를 구성하여 초·중·고등학교 교육과정에 도입할 유급자용 태극품새 8종을 추가하였다.

태극 품새는 1974년부터 팔괘품새와 병행하여 승단 심사에 사용되었다. 그러나 팔괘품새는 팔괘의 철학적 의미가 결여되고 연계 동작 부실성, 가라테 평안형과의 유사성 등이 문제가 되어 1988년 폐기되었다.

5) 국내 지도자 해외 진출(1961~)

태권도가 세계적 무예로 발돋움을 할 수 있었던 것은 해외에서 활동한 태권도 사범들의 역할이 지대했다. 해외 사범들은 지구촌 곳곳에서 현지인에게 실용적인 호신술과 심신 단련의 기회를 제공했다.

특히 태권도 정신은 개인주의적 성향의 서구인들에 큰 호응을 받았다. 해외 사범들은 태권도를 전인 교육의 효과적인 소재로 활용하여 그 지역의 주요 인사가 되었다. 또한, 한국어는 물론 음식, 한복 등 생활 문화까지 전승하는 민간 외교관의 역할을 수행했다. 해외 사범의 역사는 1960년대부터 본격화되어 60년을 넘어섰다. 초기에는 유학이나 취직 등 개인적 해외 진출로 시작되었다. 최초의 사례는 미국의 이준구 사범이었다. 이후 수많은 한인 사범들이 세계방방곡곡에서 활약했다.

6. 태권도 국제경기총연합회 가입 (1971~1985)

1971년부터 15년간 태권도계는 협회를 중심으로 국내외적 도약을 성취하였다. 이 시기 초, 대통령의 '국기태권도' 휘호는 태권도의 국내적 기반을 강화하였다. 이어 국기원이 건립되고 세계태권도대회 개최를 발판으로 국제경기연맹총연합회(GAISF,General Associational Sports Federations)에 가입하면서 불과 2년 만에 국제 스포츠 대열에 합류했다. 또한 정부(문교부) 방침에 따라 초·중·고등학교 공교육에 정식 교과과정에 포함되었을 뿐 아니라 대중문화 소재로 각광을 받음으로써 저변 확대가 촉진되었다. 여러 대학교에서 태권도 전공학과가 개설됨으로써 태권도 학문적 이론도 추구되었다.

1) 대한태권도협회 위상 강화(1971)

1971년 대한태권도협회 김운용 회장이 취임하면서 태권도계는 일대 변혁의 분위기가 일었다. 특히 대통령으로부터 받은 '국기태권도' 휘호는 태권도를 격상시키는 디딤돌이 되었다. 협회 차원의 기록 및 홍보 잡지인 계간 '태권도'가 대한체육회 산하 종목 중 최초로 발간되기도 했다. 대한태권도협회 중앙도장인 가칭 태권도센터(국기원) 건립이 본격화되었다. 한편 협회가 당면한 경기, 심판, 지도자교육, 국내외 보급 등 제반사업을 보다 명확히 실천하고 임원별 과업 배정과 효율적인 업무 추진이 실행되었다. 태권도가 초중고 교육과정 채택이 추진되면서 이듬해 대한태권도협회 기술심의회가 발족하여 공식『태권도 교본(품새편)』이 편찬되었다.

2) 세계태권도본부 국기원 건립(1972)

1972년 11월 30일 세계태권도본부 국기원이 완공되었다. 국기원이 건립된 이유는 태권도 경기, 공인 승품단 심사, 지도자

교육 뿐만 아니라 세계화 추진 사업 등을 수행할 전용 공간이 필요했기 때문이다. 그래서 건립 당시 명칭은 '대한태권도협회 중앙도장'이었지만 3개월 뒤인 1973년 2월 6일 '국기원'으로 확정되었다. 국기원의 설립 목적은 정관(2021년)에 다음과 같이 나와 있다. 국기원은 대한민국 문화유산인 태권도 정신과 기술을 계승' 발전시켜 태권도 문화와 가치의 확산을 도모하고, 국제적 위상을 제고하며, 나아가 인류 평화에 기여함을 그 목적으로 한다. 이렇듯 국기원은 태권도 발전을 주도하는 중심 조직의 역할을 담당하고 있다.

3) 국기원 시범단 창단, 지도자 연수원 기념관 및 연구소 개소(1974)

1974년 '국기원 태권도시범단'이 창단되었다. 국기원은 시범단을 창단하여 국내는 물론이고 해외파견 시범을 통하여 국위를 선양하고 대한민국 홍보와 태권도를 지구촌 곳곳에 뿌리내릴 수 있는 계기가 되었으며, 시범단원들은 아그레망이 필요 없을 정도로 외교사절로서의 역할을 수행하였다.

1975년 15세 미만에게 '단' 대신 '품으로' 대체되었다. 또한, 대한태권도협회에서 발급 해 오던 품, 단증 발급업무를 1980년부터 국기원으로 이관 시행하기 시작했다. 현재 세계태권도연맹에 212개국이 가입되어 있고, 206개국에서 국기원 단증을 발급받고 있다. 1982년 국기원 내에 교육과 연수를 담당하는 태권도 지도자연수원(현 세계태권도연수원)을 개원했고. 이듬해 국가공인 태권도 지도자 양성기관으로 지정되었다. 1987년 2월 태권도 기본 용어를 '순우리말'로 변경하였고 11월에는 국기 태권도교본을 발간했다. 『1991년 태권도 기념관을 국기원내에 개관했으며 2006년에 태권도 연구소』가 개소되었다. 2007년부터 한국을 방문하는 외국인 관광객을 대상으로 정기 태권도시범 및 문화공연을 시행했다. 2009년부터 국제개발 협력의 일환으로 하나 되는 태권도인을 위한 태권도 친선 연수 프로그램(문화동반자 사업)을 진행하였다. 2010년 5월 국기원은 특수법인으로 전환되었다. 2011년부터 서울시와 협력하여 세계(글로벌) 태권도 지도자 포럼이 연례행사로 개최되고 있다. 2013년 국기원 건물은 서울 미래 유산으로 선정되었다. 또한, 태권도 기술 보급을 위해 해외 순회 품새

교육은 물론 '세상을 이롭게 한다 (홍익)라는 태권도의 정신을 구현하기 위해 53개 국가에 사범을 파견하였다. 이러한 국기원의 태권도 세계화 정책은 수련 인구의 저변 확대를 통해 태권도가 올림픽 정식 종목에 채택되고 유지되는 원동력  이 되었다. 아울러 국기원은 세계 1,100만여 명의 유품'단자를 배출함으로써 세계태권도본부로서의 위치를 공고히 하였다.

4) 세계태권도선수권대회 개최(1973년)

1973년은 태권도 경기가 세계화의 첫발을 디딘 뜻깊은 해이다. 태권도 뿐만 아니라 우리나라 스포츠 사상 최초의 세계 규모급 대회가 서울에서 개최되었기 때문이다. 5월 25일부터 3일간 16개국 161명의 선수가 참가하여 국기원에서 결전을 벌였다.

경기는 단체전과 개인전이 별도로 열렸는데 1위는 한국 2위는 미국 3위는 대만과 멕시코가 차지했다. 세계태권도선수권대회는 2년마다 열기로 결정되었고 1975년 2회 대회도 서울에서 개최되었는데 이후 개최된 연도와 지역명은 다음과 같다. 제3회 1977년 미국 사카고, 제4회 1979년 독일 슈투트가르트 제5회 1982년 에콰도르 과야킬, 제6회 1983년 덴마크 코펜하겐, 제7회 1985년 한국 서울, 제8회 1987년 스페인 바르셀로나이다. 제8회 대회부터 여자가 신설되어 제1회 여자세계선수권대회가 처음으로 개최되었다.

5) 세계태권도연맹 창립(1973)

1973년 5월 28일 세계태권도연맹이 창설되었다. 세계태권도연맹은 올림픽대회, 세계태권도선수권대회 등 국제 경기와 관련 국제 업무를 담당하는 행정 조직으로 김운용 국기원 원장이 창설 총재로 취임했다. 태권도 경기의 본격적인 세계태권도연맹 총재로 부임하였고 2017년 세계태권도연맹의 영문 표기를 WT(World Taekwondo)'로 개칭되었다. 2021년 11월 바티칸이 가입 승인됨으로써 세계태권도연맹 가맹국은 212개국이 되어 세계 굴지의 메이저 스포츠 종목으로 부상했다.

6) 태권도 공교육 과정에 체육 종목 채택(1973)

1973년 정부(문교부) 차원에서 태권도를 초·중·고등학교 체육 종목으로 채택하였다. 이로써 태권도는 어린이와 청소년을 위한 체육 종목으로 정착되는 계기로 맞았다. 초·중·고등학교 공교육 체육 교과서에서 태권도의 개요와 태극품새가 등재되었다. 초등학교 5학년과 6학년에는 태극 1장과 2장이 각각 실렸다. 중학교와 고등학교 체육 교과서에도 태권도의 수련 내용이 포함되었다. 태극품새 8종은 원래 초·중·고 학생용으로 1972년 만들어졌다. 태극품새는 1974년부터 승단 심사에서 팔괘품새와 혼용 되었다가 1988년 팔괘품새가 폐기되면서 유급자용 품새로 확정되었다.

7) 태권도 영화, 드라마, 애니메이션 등 대중문화로 급부상(1976~)

제1회 세계태권도대회가 열렸던 1973년 전후해서 브루스 리의 무술 영화가 전 세계에서 선풍적인 인기를 끌면서 태권도의 인지도도 상승하였다. 특히 브루스 리가 자신의 영화에서 펼친 빠르고 현란한 차기 기술을 많은 부분을 태권도에서 따왔기 때문에 태권도의 위상이 더욱 올라갔다. 태권도는 정의를 위해 악의 무리를 물리치는 통쾌한 박진감 있는 스토리는 영화를 비롯한 애니메이션, 만화에서 흥미로운 소재가 되었다. 무술 영화가 대중의 관심을 끌자 한국영화진흥공사는 국산 태권도 영화를 적극 장려하였다. 태권도는 영화, 애니메이션, TV 드라마, 만화, 동화, 음악, 게임CD, 우표, 피규어 등 대중문화의 주요 소재로 활용되었다.

8) 태권도 관 통합과 새로운 공인도복 개발(1978)

1978년 대한태권도협회 이사회의 결의에 따라 소속 계파인 각 관을 해체하기로 합의했다. 각 관이 여전히 존재하여 공인 승단심사 접수권을 독점하는 폐단이 있었기 때문이다, 마침내 태권도계는 협회와 국기원 중심인 행정 체제를 확고히 하여 도약의 기틀을 다지게 되었다. 1978년은 관 통합과 더불어 새로운 공인도복이 시행되는 결정적 전환기가 되었다. 가라테, 유도와 기존의 것을 대체하는 신형 도복이 탄생한 것이다. 신형 도복이 제정된 이유는 태권도의 정체성 확립을 위해 다른 무예의 도복과 차별화할 필요성이 꾸준히 제기되었기 때문이었다. 신형 도복은 특히 겨루기 경기복으로 그 활용성도 고려되었다.

9) 전국 각 태권도학과 신설(1982~)

우리나라에서는 1982년도에 전국 각 대학에 태권도 학과가 신설되면서 문무를 겸비한 유능한 지도자를 양성하게 되었다. 태권도학과는 1982년 특수대학인 대한유도학교(현 용인대학교 전신)에 처음으로 신설되었으며, 1983년에 종합대학으로 경희대학교가 최초로 태권도학과를 설립하였다. 이후 동아대, 계명대, 한국체육대, 가천대, 조선대, 상지대, 동의대, 고신대, 영산대, 나사렛대, 단국대, 우석대, 전주대, 세한대, 백석대, 호남대, 신성대, 대경대, 경민대, 충북보건과학대, 전남과학대, 전주비전대, 계명문화대, 신한대, 동신대, 동명대 등이 태권도학과를 신설하였다. 대학에서 태권도 교육의 목적은 태권도의 체계적인 교육을 통해 우수한 지도자들 양성하는 것이다. 아울러 학문적 연구로 태궈도의 우수성과 정체성을 지속적으로 발전시키는 역할을 한다. 대학교 내 태권도 활동은 태권도 동아리(클럽)가 효시였다. 1949년 건국대가 최초였고 한국 전쟁 이후 1954년 연세대와 1956년 서울대가 각 각 뒤를 이었다.

7. 아시안게임 정식종목 채택, 올림픽 시범종목 개최(1986~1999)

태권도는 1986 서울아시안게임 정식종목 채택과 함께 1988 서울올림픽 시범종목으로 개최되면서 올림픽 진출에 청신호가 들어왔다. 이후 국제 공인 스포츠 경기로서 태권도의 위상이 높아져서 1994년 바덴바덴에서 개최된 IOC 총회에서 2000년 시드니 하계올림픽에 정식종목으로 채택되는 쾌거를 이루었다. 1990년대는 품새대회의 시효가 된 '92 태권도 한마당'이 개최되고 태권도가 대한민국을 상징하는 한복, 한글, 석굴암 등과 함께 10대 상징물로 선정되었다.

1) 1986 서울아시안게임 정식종목 채택(1986, 서울)

1986년 개최된 제10회 서울아시안게임에서 태권도가 정식종목으로 처음 채택되었다. 이는 ICO가 관할하는 공식 국제경기에 태권도가 최초로 진출한 사례였다. 태권도는 종목은 총 17개국 84명의 선수가 참여하였고, 태권도는 남자 8체급에 출전하여 밴텀급을 제외한 7체급에서 금메달을 목에 걸었다. 이번 아시안게임은 선수 보호를 위해 경기 용품과 경기장 시설이 획기적 개선되었으며, 경기 용품은 헤드기어, 몸통보호대, 샅보호대, 팔보호대였는데 헤드기어가 도입된 최초의 국제경기였다. 또한, 바닥용 안전 매트까지 갖춤으로써 국제 스포츠로 도약할 수 있었다. 아시안게임 개막식 식후 행사로 펼쳐진 태권도 매스게임 '약동'은 멋진 장관을 연출했다. 이규형 시범단장과 1,000명의 시범단원들이 통일된 동작으로 대한민국의 씩씩한 기상을 유감없이 발휘함으로써 많은 찬사를 받았다.

2) 국기원 공인 태권도 교본 및 교육자료 발간(1987~)

1987년 국기원 이름으로 공인 태권도교본이 최초 발간되었다. 국기원 교본 전신은 『태권도 교본』 품세(품새)편(대한태권도협회)으로 1972년 출판되었다. 바로 그해 국기원이 개원되었고 개원 15주년을 맞아 국기원 태권도교본이 발간되었다. 당시 국기원 교본은 서울올림픽의 시범종목으로 채택된 것을 기념하고 축하하는 사업의 일환으로 추진된 성과물이다. 국기원 교본은 18년이 지난 2005년 태권도교본이라는 제목의 한영 대역 신판이 간행되었다.
국기원 태권도교본 신판은 기본동작 품새 부문에서 수정 보완되었다. 특히 기본에서 동작의 시작점과 끝점을 명시함으로써 기준을 명확히 했다. 아울러 모든 동작을 컬러 사진으로 게재하여 가독성을 높였다. 신판 교본은 영문 번역을 포함함으로써 이전 판보다 전체 쪽 수는 늘었지만, 내용 면에서 별 차이가 없었다. 이전 판에 나온 유급자용 팔괘품새는 신판 교본에서는 삭제되었다. 한편 1988년 대한태권도협회 공인〈교육용 비디오〉가 국영문판 2종으로 출시되었다. 이러한 공인 교육자료는 태권도의 원활한 보급한 현장 교육의 질적 향상에 지대한 역할을 한다.

3) 1988년 서울올림픽 시범종목 채택

태권도는 1988년 제24회 서울하계올림픽에서 시범종목으로 채택되었다. 1981년 서독 바덴바덴에서 열린 제84차 ICO 총회에서 서울이 하계올림픽 개최지로 선정되었다. 1980년 모스크바, 1984년 LA 올림픽에서는 양 진영의 대립으로 불참 국가가 많아 반쪽대회라는 오명을 썼으나, 88서울올림픽대회는 '화합과 전진'의 기치 아래, 전 세계 160개국이 참가해 올림픽사상 최대 규모로 개최되었다. 개막식 공개행사로 펼쳐진 태권도 시범(매스게임) '벽을 넘어서'에서 1,008명의 시범단이 연출한 장엄하고 역동적인 장면은 전 세계인들에게 감동을 선사했다. 시범종목은 정식정목처럼 금, 은, 동메달이 수여되지만, 입상 전적으로 인정되지는 않는다. 그러나 태권도의 세계화에 큰 디딤돌이 되었고 올림픽 정식종목에 도전하는 기회가 주어졌다. 태권도는 서울올림픽 시범종목에 이어 1992년 바르셀로나 올림픽 시범종목, 1996년 애틀랜타 올림픽 전시종목을 거쳐 마침내 2000년에 시드니올림픽에서 정식종목으로 확정되었다.

4) '품새대회의 시작 전국 태권도 한마당'의 개막(1992)

1992년 대한태권도협회는 겨루기를 제외하고 생활체육 진흥과 태권도장 활성화를 위한 대안으로 '태권도 한마당'을 개최함으로써 최초의 태권도 종합경연대회가 열렸다. 태권도 한마당은 겨루기 외의 태권도 기술을 발전시키고 흥미로운 관람 경기로서 일반인에게 태권도를 생활체육으로 권장하자는 취지가 반영되었다. 한국방문의 해인 1994년에는 최대 규모의 국제태권도한마당이 개최되었다. 2000년에는 한마당 행사의 주최가 대한태권도협회에서 국기원으로 이관 되었고 2003년 '세계태권도한마당'으로 명칭이 변경되었다. 2009년 한마당은 처음으로 해외(미국)에서 개최되기도 했다. 세계태권도한마당은 무예 태권도 활성화와 전 세계 태권도인들이 모여 경연을 펼치고 화합하는 축제이다. 아울러 지구촌 태권도 가족들이 태권도의 모국인 한국과 세계태권도본부 국기원을 방문하는 관광프로그램으로 활용됨으로써 태권도의 문화관광 상품화의 한류 붐을 일으키는 계기를 마련하였다

5) 대한민국 10대 문화상징물로 선정(1996)

1996년 대한민국 정부는 한글, 김치, 한복, 불고기 등과 함께 태권도를 우리나라를 대표하는 10대 문화상징물로 선정했다. 한국문화선정위원회는 세계인에게 한국문화를 상징적으로 보여주기 위한 한국문화의 얼굴이라 볼 수 있는 국가 CI 상징물로 태권도를 선정했다. 그 이유는 태권도가 올림픽 종목일 뿐만 아니라 국내 및 외국인들에게 건전한 정신과 심신 단련의 기회를 제공하는 문화적 가치를 갖기 때문이다. 2008년 새 정부 출범과 함께 한국의 문화상징물로서 태권도의 위상이 더욱 높아졌다. 특히 태권도는 '한류(Han Style)'에 속하며 긍정적이고 활력있는 '문화 한국'

이미지를 홍보하는 수단으로 적극적으로 활용하도록 추진되었다. 즉, 태권도는 국가 브랜드인 '다이내믹 코리아'(Dynamic Korea)의 인지도를 높이는데 주요한 소재로 인정되었다. 건전한 심신 단련을 위한 인격도야, 호신 무술이면서 올림픽 정식종목이기도 한 태권도의 한국인의 강인한 모습과 긍정적인 이미지를 나타내는 무예 스포츠라는 점을 인정받았다.

6) 생활체육의 시작 '태권무' '태권체조' '태권도 시범공연"(1996~)

태권도는 예술성을 표현하는 '태권무'와 건강 증진을 위한 '태권체조'를 거쳐 무대

예술로서 '태권공연' 영역까지 확장되었다. 태권무는 강과 유의 태권도 동작들이 음악과 어우러진 인간의 감정이나 사상 또는 상징성을 표현한 춤의 종류이다. 태권도는 그 행위의 목적과 방식에서 이전과는 차별화된 태권체조(태권로빅스)나 공연예술로도 변용되었다. 유산소 운동 원리에 따라 음악에 맞춰 경쾌한 리듬의 태권체조는 건강이나 기분전환, 체력증진뿐 아니라 다이어트 등 실용적 목적으로 행해진다. 태권공연은 태권도 시범이 춤, 연기, 노래 등 대중문화와 결부되어 쇼프로그램 또는 무대예술로 진보되는 형태이다. 태권도 시범이 탁월한 기술성에 국한된 형식을 넘어서서 화려한 의상과 조명, 음악, 연기가 융합된 공연작품으로 주목받았다.

8. 국기태권도 세계적 무예스포츠로 발전(2000~)

태권도는 호신과 건강은 물론 정신수양을 위한 무예이자 인생 성공의 기회를 제공하는 올림픽 스포츠로서 위세를 떨치고 있다. 태권도는 본산지 한국에서 법정 국기로 확정되었다. 여러 나라에서는 태권도를 공교육 과목으로 도입하였다.

1) 태권도 하계올림픽 정식종목 채택(2000~)

태권도 겨루기 경기는 21세기가 열린 첫해인 2000년 시드니올림픽에서 정식종목으로 최초로 거행되었다. 1994년 9월 4일 프랑스 파리에서 열린 제103차 총회에서 정식종목 채택이 확정되었다. 태권도계는 이날을 기념하여 9월 4일을 '태권도의 날'로 지정하고 해마다 기념식을 거행한다. 2021년 도쿄올림픽부터 장애인 선수들이 의지와 소망을 펼치는 패럴림픽 태권도 경기가 처음으로 개최되었다. 장애인 태권도는 패럴림픽과 데플림픽(농아인올림픽) 정식종목으로 채택되어 있다. 뉴욕타임스는 태권도가 약소국들이 올림픽에서 금메달을 획득할 수 있는 희망 종목이면서도 태권도는 K팝 이전에 한국이 수출한 가장 성공적인 문화 상품이라고 보도했다.

2) 태권도 세계 각국 공교육 채택(2001~)

지구촌 곳곳에서는 태권도를 학교 공교육으로 채택하고 있다. 미국은 태권도 공교육 지원 프로그램을 2001년 시작했다. 2010년이 되자 미국 동부에서는 태권도를 정규 교과목으로 선정한 학교가 70곳이 넘었다. LA 8개 공립학교도 태권도를 정규 교과목으로 정했다.

태권도가 신체 발달적 효과 뿐만 아니라 인성교육의 효과를 올린다는 학부모들의 찬사를 받기 때문이다. 태권도는 중국에서도 교육적 가치를 인정받았다.

1990년대 말 싱가포르의 교육계도 진작부터 태권도의 교육적 효과에 주목했다. 남미 브라질은 2009년 5천여 초등학교 정규과목으로 채택했다. 2019년 온두라스에서 태권도 수업은 15개 학교의 학생 1,800여 명을 대상으로 진행되었다. 태권도의 저변 확대를 위해 2, 3학년들을 대상으로 정규 체육 수업은 주 2회씩 실시되었다.

3) 제1회 세계태권도시범경연대회 개막(2009~)

2009년 국기원 주최로 '제1회 세계태권도시범경연대회'가 개최되었다. 이 대회는 새로운 시범기술 및 공연 패러다임을 발굴하고, 국내외 시범공연단 육성 및 지원을 통해 태권도 시범공연의 가치를 제고 태권도 시범공연을 대한민국 대표문화로 발전시키는 데 목적이 있었다. 따라서 국기원이 태권도 시범 문화를 선도하는 기치 아래 열린 이번 대회는 시범경연이라는 경기 방식으로 태권도 종합 예술적 가치를 높이는 계기가 되었다.

4) 교육 및 태권도 수련 전문 공간 무주 태권도원 완공(2014)

전라북도 무주군 설천면에 위치한 태권도원은 태권도의 수련과 교육을 위한 태권도 전문 공간으로 그 설립 목적은 태권도원 조성 및 효율적 관리와 운영, 태권도 진흥사업 수행을 통한 태권도 발전과 국제위상 제고, 태권도를 통한 가치 창조와 문화 창출이다.

태권도 수련과 체험, 문화 활동, 관람 및 학습을 진행할 수 있으며 국립태권도박물관이 들어서 있다. 태권도원은 2004년 전라북도 무주군에서 태권도공원 조성지로 선정되었다. 이듬해 태권도진흥 재단을 설립하여 업무를 추진하였다. 2007년 12월 『태권도 진흥 및 태권도 고용 조성 등에 관한 법률』이 제정되었다. 그해 '제1회 세계태권도문화엑스포'가 무주에서 처음으로 개최되었다. 2012년 태권도공원을 태권도원으로 변경하여 2014년 완공되었다.

5) 태권도, 대한민국의 국기로 지정(2018)

2018년 3월 30일 태권도가 우리나라 법정 국기로 확정되었다. 이날 국회 제358회 제1차 본회의에서 '대한민국의 국기는 태권도로 한다' 라는 내용이 담긴 『태권도진흥 및 태권도공원 조성 등에 관한 법률(태권도법) 일부 개정 법률안』이 통과되었다. '국기 태권도'의 법적 근거가 마련됨에 따라 앞으로 태권도는 우리나라를 대표하는 문화 브랜드로 그 위상을 확고히 하며 국가 차원에서 보존과 지원을 받게 됐다. 태권도가 법정 국기로 지정될 수 있었단 것은 당시 교육문화체육관광위원회 간사였던 이동섭 국회의원(현 국기원장)의 노력으로 빛을 보았다. 태권도의 법정 국기 지정을 기념하여 2018년 4월에는 도복 차림의 태권도인 8,212명 모여 국회의사당 광장에서 태권도 품새를 시연하여 월드 기네스북에 등재되었다. 또 2021년 3월 30일(화) 국기원에서 태권도 국기 지정의 날 기념식(3주년)과 기념비 제막식이 열리기도 했다.

6) 품새, 아시아경기대회 정식종목으로 거행(2018)

2018년 인도네시아의 자카르타 팔렘방에서 열린 제18회 하계 아시아 경기대회에서 품새가 처음으로 정식종목으로 개최되었다. 품새의 아시아경기대회 정식종목 채택을 계기로 겨루기 일변도에서 벗어나 태권도 기술의 다양성과 가치를 확대하였다. 품새 국제대회는 2006년 제1회 세계태권도품새선수권대회에서 처음으로 열렸다. 이후 하계 유니버시아드대회 정식종목으로 시행되었고 2019년 팬암게임(Pan American Games)'에서도 정식종목으로 채택되있다. 품새 경기는 대회마다 세부 규정이 다르지만 통상 공인품새와 자유품새로 구분한다.

7) 태권도 대한민국의 국기로 지정 5주년 한마음 대축제(2023)

　세계태권도본부 국기원, 대한태권도협회, 세계태권도연맹, 태권도진흥재단 등이 2018년 3월 30일 태권도가 우리나라 법정 국기로 지정된 후 5주년 기념 한마음 대축제를 2023년 3월 25일 광화문 광장에서 개최했다.

　이날은 세계 기네스 최다 단체시연 부분 갱신을 목표로 하였다. 광화문 광장에 모인 12,263여명이 태극1장을 선보이며, 기네스북에 등재되었다. 이날 행사는 국기원 시범단 공연, 미스 트롯 가수 김태연과 비보이 공연, 국기원 9단회 시연, 이성근 화백 퍼포먼스, 국기원 50년 역사 전시회 등으로 꾸며졌다. 필자는 태권도학과장으로서 재학생들을 인솔하여 광화문 광장에서 함께 태극1장을 시연, 세계기네스기록을 경신하는데 일조하였다. 광화문 광장에서의 태권도인들의 단합된 모습은 전세계 태권도인들에게 큰 감동을 선사했다.

제3장
태권도 품새

師父領進門 修行在個人(사부영진문 수행재개인)
스승은 안으로 들어오도록 이끌어 주지만, 수행은 본인에게 달려있다.

中原对决
"中原对决" 首届武道精英争霸赛暨开封市第
세한대학교 한류문화컨텐츠 교류 활성화 프로그램
태권도학과 중국 순회 태권도 시범 공연
(중국 청도, 정주 태권도대회 개막식 시범 공연)
일시 2023.09.30. ~ 10.06까지 장소 중국 청도, 정주

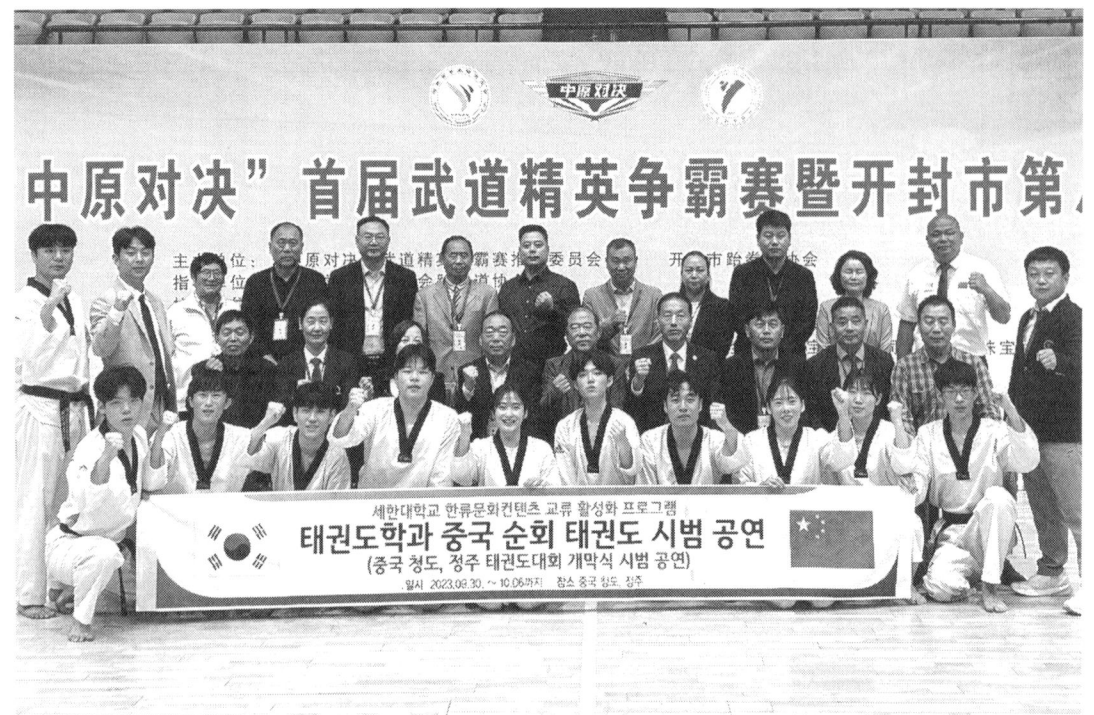

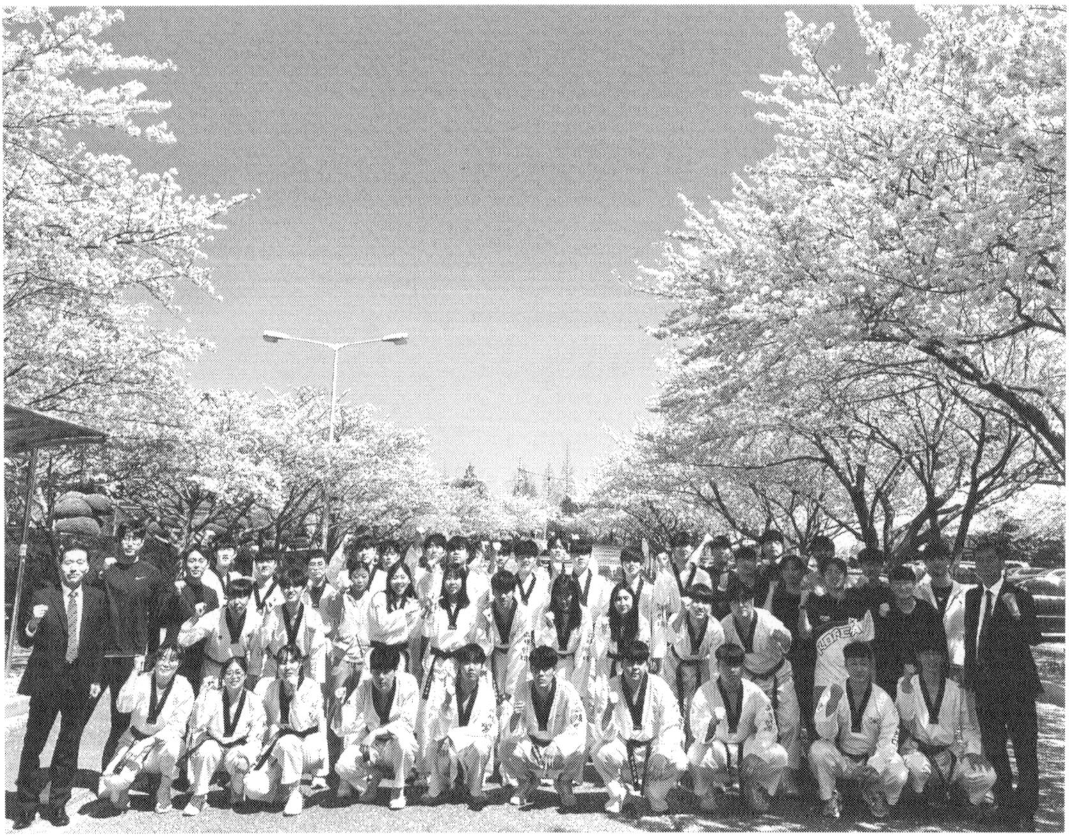

1. 품새 개론

1) 품새의 유래

원시 시대에는 적이나 맹수들로부터 종족과 자신을 보호하고 사냥을 하기 위하여 본능적 수단으로 시작된 격투술이 점차 무술의 형태로 발전 실전에서 경험한 인지 사항을 체계화하고 기술 발전을 도모하는 과정에서 보다 과학적인 기술과 정신 철학을 통하여 심신 수련의 방법으로 생겨난 것이 초기의 태권도 품새이다. 기마 민족이 역사 무대의 주역으로 등장한 상고시대의 품새 수련 계층은 지배 계급이었으며, 문헌과 유적에 나타난 최초의 품새 형태는 기원 1세기경으로 그것은 한민족의 강성한 고대 국가인 고구려에서였다.

2) 품새의 의의

품새의 품 하나하나는 반만년의 유구한 역사를 통해 정통 사상의 정수와 실전 경험을 바탕으로 이루어진 과학적인 기술의 결정체이다. 기술적인 측면에서 보면 품새가 곧 태권도이며, 기본 동작은 품새를 잘하기 위한 예비 동작이며, 겨루기는 품새의 실전 응용이다. 또한 태권도의 정신도 문자로 표현되는 상징적이고 추상적인 정신 철학 속에 있지 않고 품새에 의한 행동 속에서 찾아진다. 따라서 태권도에 있어서 품새란? -태권도 정신과 기술의 정수를 모아 심신 수양과 공방 원리를 직접 또는 간접으로 나타낸 행동양식으로 규정된 형식(틀·型)에 맞추어 방어와 공격기술을 지도자 없이 수련할 수 있도록 이어 놓은 동작이다. 따라서 품새는 방어와 공격의 기본 동작을 연결·수련함으로써 겨루기 기술 향상과 동작 응용 능력 배양에 있다.

3) 품새의 3요소

① 精神(정신) = 철학, 이치(哲學,理致) : 품새 수련을 통하여 예의(禮義), 인내(忍耐), 극기(克己), 염치(廉恥), 백절 불굴(百折不掘)의 정신과 동작의 응용 등으로 이치를 터득 할 수 있다.
② 體鍊(체련) = 건강, 양생술(健康, 養生術) : 지속적인 수련을 통하여 체육의 가치로 심신의 조화로운 발달, 신경 호흡기의 발달로 건강을 유지하며, 양생술로 호흡과 운동으로 전신관절을 조정하여 모든 병을 물리친다.
③ 武術(무술) = 호신,격투술(護身, 格鬪術) : 품새에서 연마된 방어 기술과 공격 기술은 실전에서 호신술로써 활용할 수 있다.

4) 품새 수련장의 유의점

품새는 방어와 공격 기술을 이어놓은 것이기 때문에 동작의 변화가 많고 기술의 연결이 다양하며, 몸의 이동, 시선, 호흡 등에 유의하여야 한다. 품새 수련시에는 다음 사항에 유의한다.
① 시선
② 중심이동
③ 속도의 완급
④ 강유
⑤ 호흡
⑥ 균형

5) 품새 수련의 효과

① 예의와 차분한 몸가짐이 된다.
② 자세가 바르게 되고 몸 동작이 민첩하며 건강해진다.
③ 태권도 동작의 구성 원리를 깨우치게 된다.
④ 근력을 향상시키며 겨루기를 잘 할 수 있는 경기능력을 길러 준다.
⑤ 몸의 기품(품격)이 의연해 지며 자신감과 기백이 생긴다.

6) 품새의 종류(다양성)

① 공인품새 : 현재 지도자 교육을 받을 때 배우고 있는 태극 품새와 고려~일여
② 속도(빠른)품새 : 태극1장은 18초에 할 것을 1/2단축하여 9초에, 1/3단축하여 6초에 습득하게 한다. 유단자 이상이 연습하며 민첩성을 향상시키는데 효과적이다.
③ 실전(實戰)품새 : 일반 품새를 하되 실전에 임하는 정신으로 힘차게 한다.
④ 등척성(等尺性)품새 : 태극1장을 예로, 내려막기 한 동작을 서서히 5초로 나가며 지르기를 5초로 한다. 이 같은 방법으로 한 동작을 10초, 15초로 기를 모아 연습한다.
⑤ 삼매품새 : 고요히 눈을 감고 품새를 한다.
⑥ 호흡품새 : 품새를 단숨에 한다.(숨쉬지 않는다)
⑦ 자유품새(창작품새): 일반 품새와 유사한 형태로 정통성을 벗어나서 창작해서는 안된다.
⑧ 역품새 : 품새를 시작할 때 반대방향부터 시작한다.

7) 품새의 구분

품새는 유급자 품새(태극1장부터 태극8장까지)와 유단자품새(고려, 금강, 태백, 평원, 십진), 고단자품새(지태, 천권, 한수, 일여) 그리고 직접 개발한 창작품새(자유품새)로 나눈다.
품새는 기본이 되는 동작과 품으로 구성되었으며, 각 품새의 뜻에 맞는 테두리 안에 짜임새 있게 만들어져 있다. 이 테두리를 품새선이라 하며, 이 품새선은 모두 글씨로 표현되어 있다.

8) 품새선의종류

품새선이란 품새를 할 때 발의 위치와 그 이동방향을 선(線)으로 표시한 것을 말하며, 모든 품새는 이 품새선상에서 이루어지며 그 종류는 다음과 같다.
① 태극품새 : 동양 역학에서 말하는 팔괘로 구성되어 있으며, 대략 임금 왕자 "王"로 표시한다.
② 고려품새 : 선비사 "士"
③ 금강품새 : 뫼산 "山"
④ 태백품새 : 지을공 "工"
⑤ 평원품새 : 한일 "一"
⑥ 십진품새 : 열십 "十"
⑦ 지태품새 : 한글의 ㅗ모음 "ㅗ"
⑧ 천권품새 : 한글의 ㅜ모음 "ㅜ"
⑨ 한수품새 : 물수 "水"
⑩ 일여품새 : 불교 만 "卍"등이 있다.
이상과 같이 모든 품새선은 글씨로 표현이 되어 있다.

9) 품새선 방향 기호

　대략 행하는 자의 시작점은 글씨의 아랫부분 가운데가 된다. 그리고 기호는 시작점을 행하는 본인이 서 있는 곳이므로 "나"로 표시하고 "나"의 위치에서 앞 방향을 "가"로 표시한다. 또 왼쪽방향을 "다", 오른쪽을 "라"로 표시했다.
　중심부에서 시작하는 경우는 "一" "十" "水" "卍" 등이다. 이때 나의 위치에서 뒷방향은 "마"로 표시했다. 다음은 이 교본에서 사용되는 품새선과 방향표시이다.

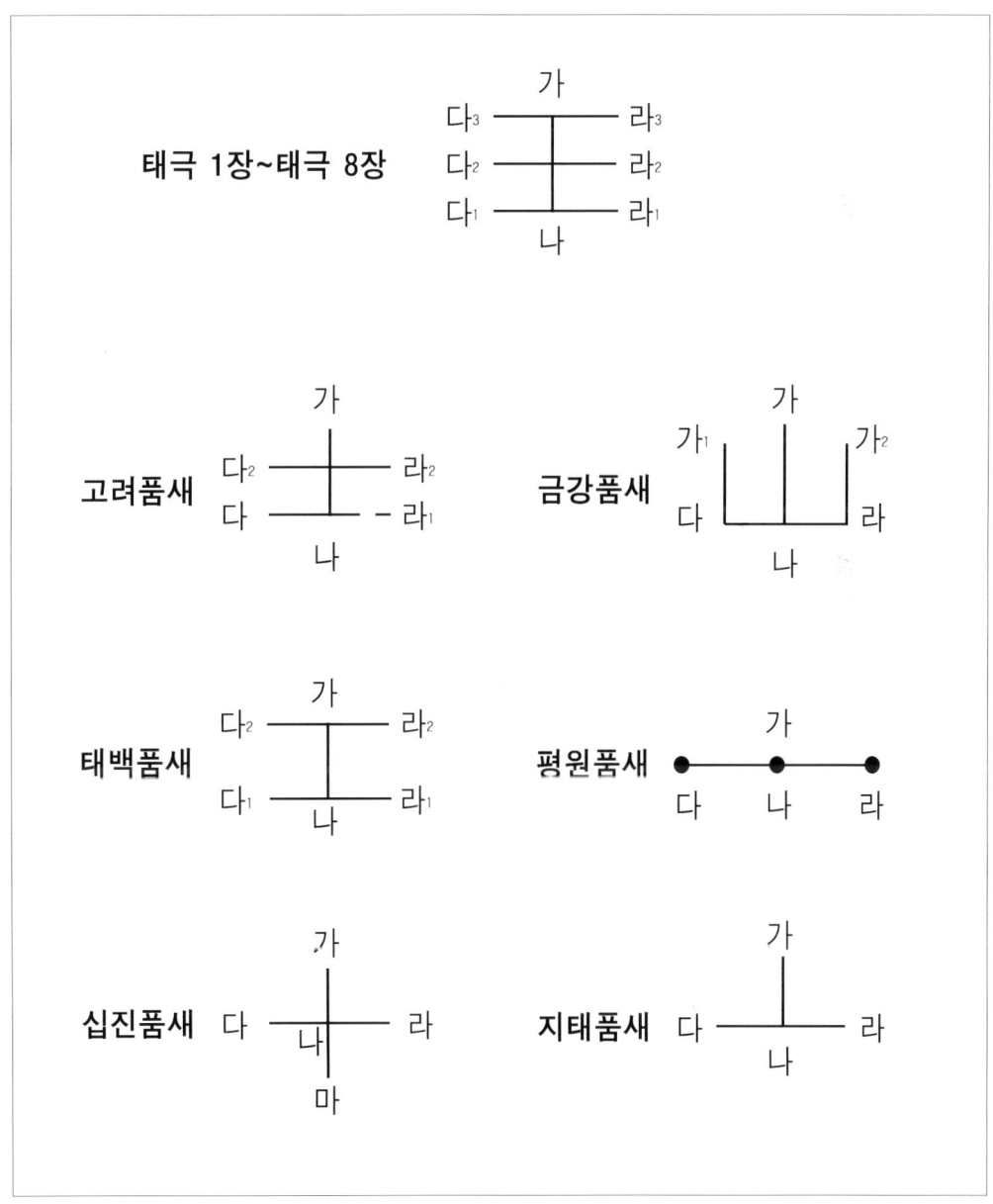

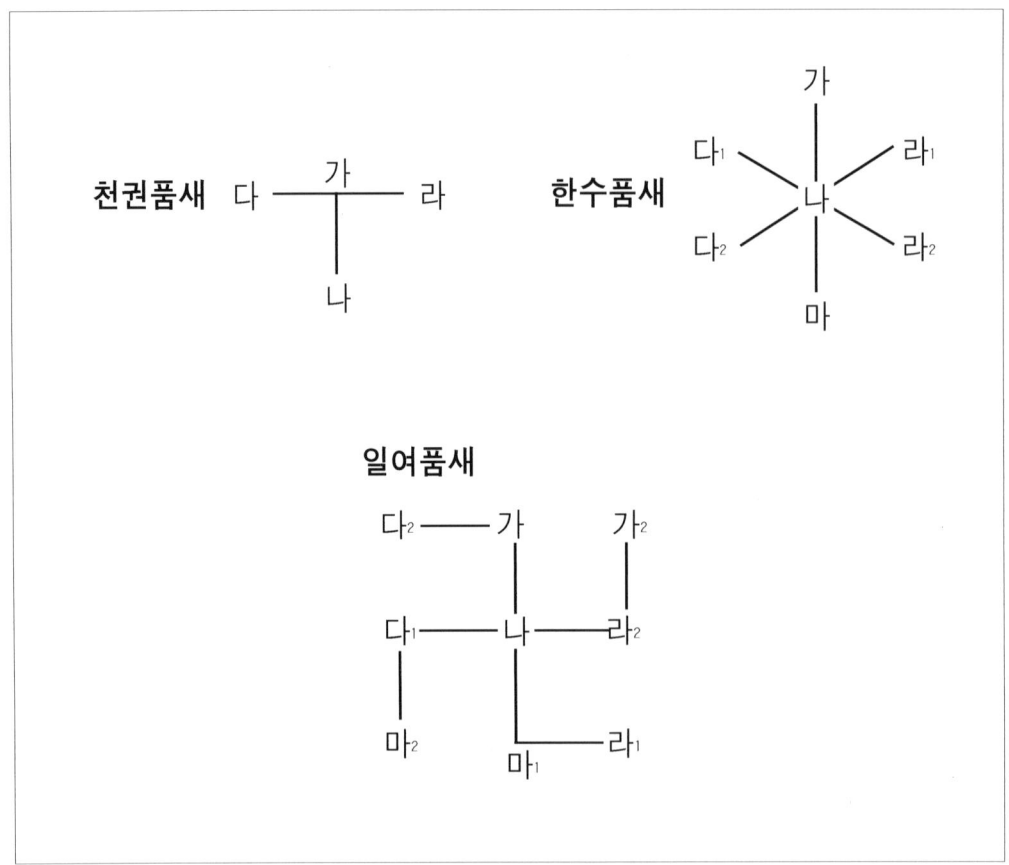

고사성어

少年易老學難成(소년이로학난성)
소년은 늙기 쉬우나 학문을 이루기는 어렵다는 말.

권학문(勸學文)
少年易老 學難成(소년이로 학난성)
소년은 늙기 쉬우나 학문을 이루기는 어렵다.
一寸光陰 不可輕(일촌광음 불가경)
순간순간의 세월을 헛되이 보내지 마라
未覺池塘 春草夢(미각지당 춘초몽)
연못가의 봄풀이 채 꿈도 깨기 전에
階前梧葉 已秋聲(계전오엽 이추성)
계단 앞 오동나무 잎이 가을을 알린다.

9) 교본의 사진 배치 방향은 정반대로

교본에 사진 배치의 방향은 정반대로 표현되어 있는데 이 교본에서는 품새를 행하는 사람을 위하여 품새선의 방향이 되어 있으므로 교본을 보는 입장에서는 아래와 위 오른쪽과 왼쪽이 서로 바뀌어 표현된 것이다.

예를들면(고려품새)

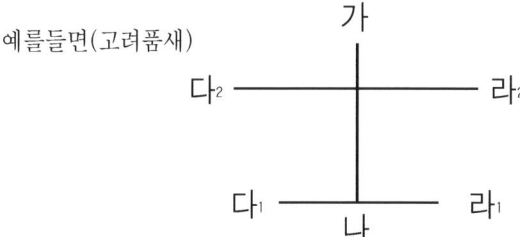

이는 내가 "나"의 위치에 서서 실지로 품새를 할 때의 방향표시이다.

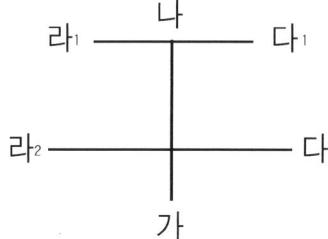

보편적으로 품새를 하는 사람의 시작점은 수련자가 행하는 것을 위주로 방향 표시가 된 것이며 지도자는 그것을 바라보고 있을 때이다.

이와같이 교본의 사진은 지도자가 행하는 것이 아니고 상대자, 즉 수련자(시범자)가 행하는 것을 바라보며 배우기 때문에 방향이 바뀌게 되는 것이다.

품새는 태권도의 기초가 되며, 방어와 공격 기술을 일정한 형식에 맞추어 이치와 기술 향상 그리고 특수한 기술 등을 스스로 연마할 수 있도록 하며, 궁극에는 진수의 극치에 도달케하는 기법이라 할 수 있으며, 지속적인 반복 훈련만이 품새 수련의 효과가 있으며, 품새, 겨루기, 격파로 나뉘는 태권도 3대요소 중에서 가장 밑 바탕이라 할 수 있다.

※ 용어의 이해
• 물려딛고와 물러딛고의 구별
  ① 물려딛고 : 동작을 한 후 원래 있던 자리로 (Retrieve) 되돌아 가는 것
  ② 물러딛고 : 그냥 뒤로 물러(Pull back)나는 것

고사성어

五十步百步(오십보백보)
오십 보 도망친 사람이 백 보 도망친 사람을 비웃는다는 뜻으로, 정도의 차이는 있으나 본질적으론 마찬가지라는 말.

태극(太極) 1장

어떤 일이든 사전에 준비가 있으면 성공을 하지만 준비가 없으면 실패하게 된다.
말함에 있어 미리 준비가 있으면 막힘이 없으며, 일을 함에 미리 준비가 있으면, 곤란을 당하지 않게 된다.
행함에 미리 준비가 있으면, 일이 끝난 후에도 창피를 당하지 않을 것이요, 사람이 모든 일을 행할 때 미리 정한 원칙이 있으면 통하지 않는 것이 없다.

태극1장 품새진행선 (18품수)

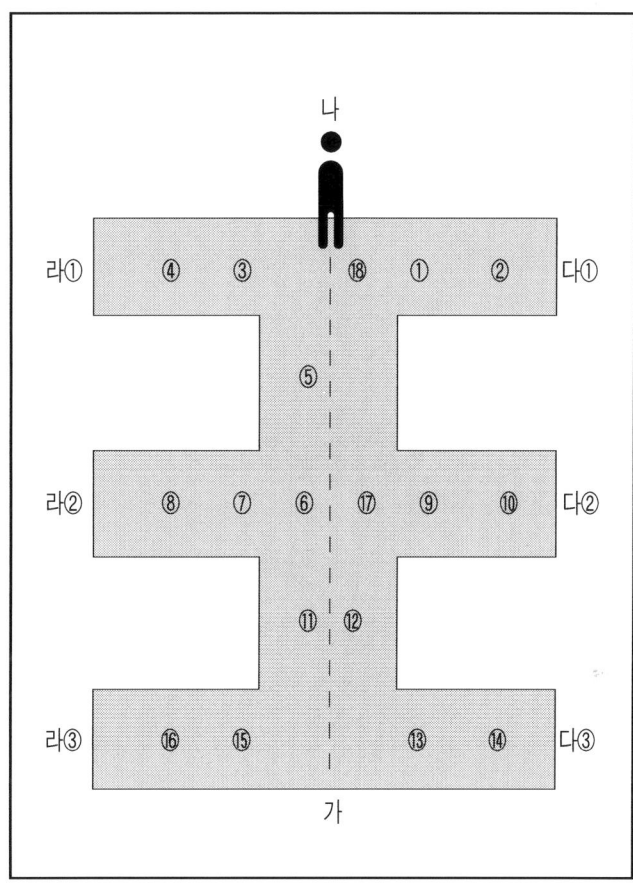

태극1장은 팔괘의 건(乾)을 의미하며 「건」은 우주 만물의 근원의 시초를 뜻하는 것이다. 위와 같이 태극1장이 지닌 뜻도 태권도 품새의 근원을 이루는 첫걸음이 되며, 품새 진행선도 「☰」의 부호로 하였다.

품새구성은 미숙한 초보자도 능히 감당할 수 있도록 힘의 부하를 적게 하기 위하여 걷거나 서기에서 앞서기를 많이 넣었다. 그리고 지르기에는 몸통바로지르기와 막기는 아래막기와 몸통막기 뿐이고 14동작과 16동작에 앞차기 두 동작을 넣은 것이 특징이다.

또한 "가"방향과 "나"방향으로 움직일 때 앞굽이로 정한 것은 다음 2장의 품새를 배우는 전초가 되는 것이다.

태극 1장

기본 준비

1. "다1" 방향 왼발 내딛어 왼 앞서기 왼 아래막기
2. "다1" 방향 오른발 내딛어 오른 앞서기 오른 지르기
3. "라1" 방향 오른발 옮겨 뒤로돌아 오른 앞서기 오른 아래막기
4. "라1" 방향 왼발 내딛어 왼 앞서기 왼 지르기
5. "가" 방향 왼발 옮겨돌아 왼 앞굽이 왼 아래막기
6. "가" 방향 두발 제자리 그대로 오른 지르기

고사성어

水滴穿石(수적천석)
물방울이 돌을 뚫는다는 뜻. 곧 ①물방울이라도 끊임없이 떨어지면 종내엔 돌에 구멍을 뚫듯이, 작은 노력이라도 끈기 있게 계속하면 큰 일을 이룰 수 있음의 비유. ②작은 것이라도 모이고 쌓이면 큰 것이 됨의 비유. 큰 힘을 발휘함의 비유.

9 "다2" 방향 왼발 옮겨 뒤로돌아 왼 앞서기 오른 안막기

10 "다2" 방향 오른발 대딛어 오른 앞서기 왼 지르기

8 "라2" 방향 왼발 내딛어 왼 앞서기 오른 지르기

7 "라2" 방향 오른발 옮겨딛고 오른 앞서기 왼 안막기

태극1장

11 "가" 방향 오른발 옮겨돌아 오른 앞굽이 오른 아래막기

12 "가" 방향 두발 제자리 그대로 왼 지르기

바로 오른발 제자리 "나"의 위치에서 왼발을 끌어 시계 반대 방향(왼쪽)으로 몸을 돌려 앞("가"방향)을 보며 기본 바로

[앞모습]

18 "나" 방향 오른발 내 딛어 오른 앞굽이 오른지르기 **기합**

[앞모습]

17 "나" 방향 왼발 옮겨 앞으로 돌아 왼 앞굽이 왼 아래막기

13 "다3" 방향 왼발 옮겨딛고
왼 앞서기 왼 얼굴막기

14 "다3" 방향 오른발 앞차고
내딛어

오른 앞서기 오른지르기

고사성어

중석몰촉
쏜 화살이 돌에 깊이 박혔다는 뜻으로, 정신을 집중해서 전력을 다하면 어떤 일에도 성공할 수 있음을 이르는 말.

16-2 왼 앞서기 왼지르기

16 "라3" 방향 왼발 앞차고 내딛어

15 "라3" 방향 오른발 옮겨 뒤로 돌아
오른 앞서기 오른 얼굴막기

태극(太極) 2장

일단 배우고자 하면 다 배우지 않고서는 결코 그만 두지 말 것이며, 일단 묻고자 하면 확실히 묻지 않고서는 결코 포기하지 말며, 일단 생각하려거든 분명하게 생각지 않고서는 결코 포기하지 말며, 일단 판단하려거든 명백한 판단이 서지 않거든 그만두지 말며, 일단 실행코자 하면 이룬 공적이 없으면, 결고 포기하자 말라.
다른 사람이 한 번에 배워 할 줄 알게 되었어도 나는 백번을 배울 것이요, 남이 열 번을 배워 하게 되었어도 나는 천번을 배워야 한다.

태극2장 품새진행선 (18품수)

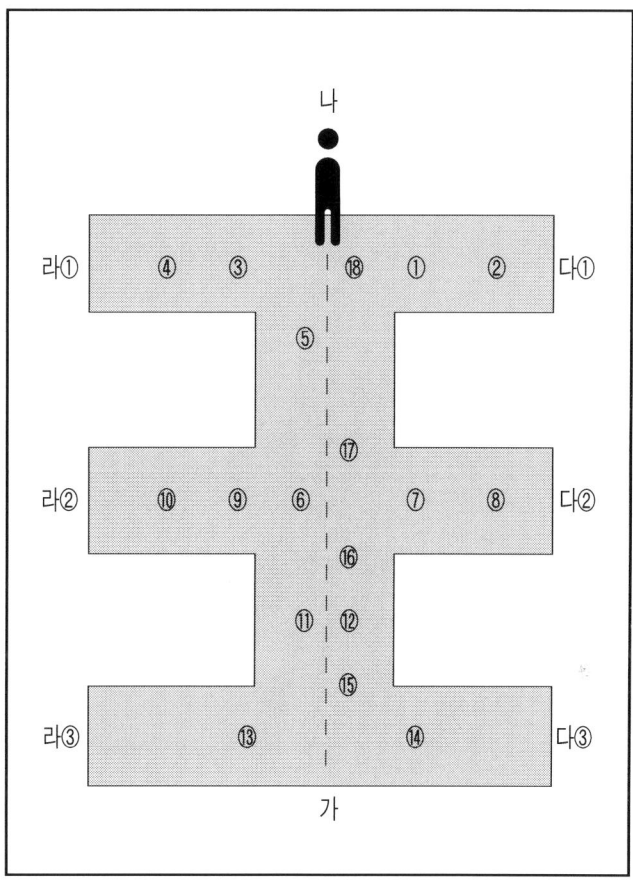

태극2장 은 팔괘의 태(兌)를 의미하며 태는 속으로 강하고 겉으로는 유하다는 뜻이다. 태극2장이 지닌 뜻도 부드러우면서도 강한 공격을 할 수 있게 하여 아래막기로부터 시작하여 몸통지르기 앞차기 얼굴막기 등이 있다. 태극1장과 달리 부드러우면서도 강한 공격을 할 수 있게 하기 위하여 차기와 지르기를 번갈아 넣어 품새가 구성된 것이므로 품새 동작에 각별 주의하여 품새의 생명을 살려야 한다.

진행선은 「☱」의 부호로 하였다.

태극 2장

준비

기본 준비

1

1 "다1" 방향 왼발 내딛어 왼 앞서기 왼 아래막기

2

2 "다1" 방향 오른발 내딛어 오른 앞굽이 오른지르기

4

4 "라1" 방향 왼발 내딛어 왼 앞굽이 왼지르기

3

3 "라1" 방향 오른발 옮겨 뒤로돌아 오른 아래막기

5

5 "가" 방향 왼발 옮겨돌아 왼 앞서기 오른 안막기

6

6 "가" 방향 오른발 내딛어 오른 앞서기 왼 안막기

고사성어

> **靑出於藍(청출어람)**
> 쪽(藍)에서 나온 푸른 물감이 쪽빛보다 더 푸르다는 뜻으로, 제자가 스승보다 더 나음을 이른 말.
> 學不可以已(학불가이이)-학문은 그쳐서는 안된다.
> 靑取之於藍(청취지어람)-푸른색은 쪽에서 취했지만
> 而靑於藍(이청어람)-쪽빛보다 푸르고
> 氷水爲之(빙수위지)-얼음은 물이 이루었지만
> 而寒於水(이한어수)-물보다도 더 차다.
> [주]학문이란 끊임없이 계속되는 것이므로 중지해서는 안되며 청색이 쪽빛 보다 푸르듯이, 얼음이 물보다 차듯이 스승을 능가하는 학문의 깊이를 가진 제자도 나타날 수 있다는 말.

10-2 왼 앞굽이 왼 얼굴지르기

10-1 "라2" 방향 왼발 앞차고 내딛어

9 "라2" 방향 오른발 옮겨 뒤로돌아 오른 앞서기 오른 아래막기

7 "다2" 방향 왼발 옮겨딛고 왼 앞서기 왼 아래막기

8-1 "다2" 방향 오른발 앞차고 내딛어

8-2 오른 앞굽이 오른 얼굴지르기

태극 2장

11 "가" 방향 왼발 옮겨돌아
왼 앞서기 왼 얼굴막기

12 "가" 방향 오른발
내딛어 오른 앞서기
오른 얼굴막기

13 "라3" 방향 왼발 옮겨돌아
왼 앞서기 오른 안막기

14 "다3" 방향 오른발 약간 옮겨
방향을 바꾸어 오른 앞서기
왼 안막기

[앞모습]

15 "나" 방향 왼발
내딛어 왼 앞서기
왼 아래막기

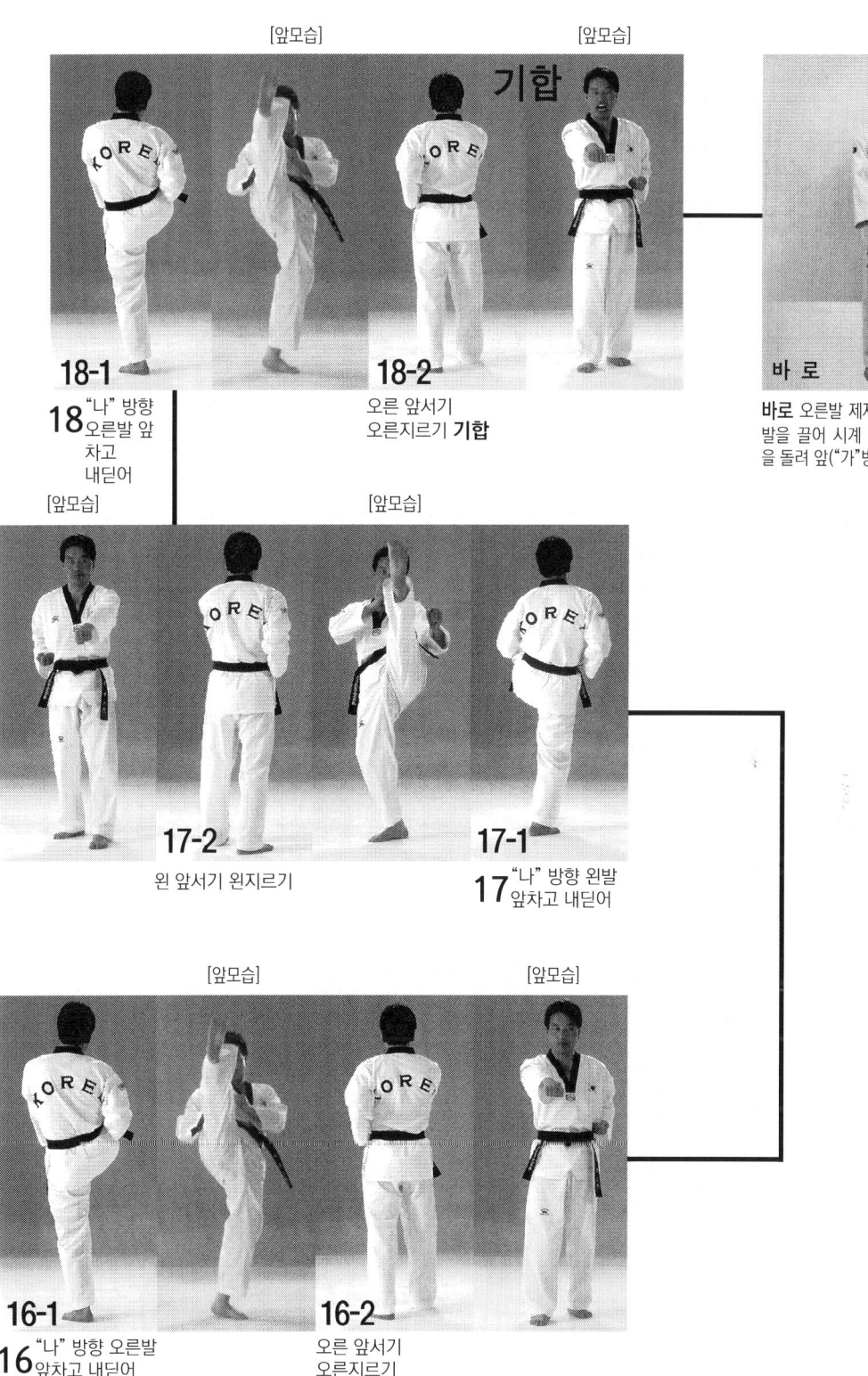

18 "나" 방향 오른발 앞 차고 내딛어

18-2 오른 앞서기 오른지르기 **기합**

바로 오른발 제자리 "나"의 위치에서 왼발을 끌어 시계 반대방향(왼쪽)으로 몸을 돌려 앞("가"방향)을 보며 기본 바로

17-2 왼 앞서기 왼지르기

17 "나" 방향 왼발 앞차고 내딛어

16 "나" 방향 오른발 앞차고 내딛어

16-2 오른 앞서기 오른지르기

태극(太極) 3장

자기의 본성을 다하라.
자기의 본성을 다할 수 있으면 다른 사람의 본성 알기를 힘쓸 수 있고, 다른 사람의 본성 알기를 할 수 있으면 만물의 본성 알기를 힘쓸 수 있다.
만물의 본성알기를 힘쓸 수 있으면 천지간의 만물이 자라는 걸 도울 수 있으면 천지와 더불어 함께 서게 된다.

태극 3장 품새진행선 (20품수)

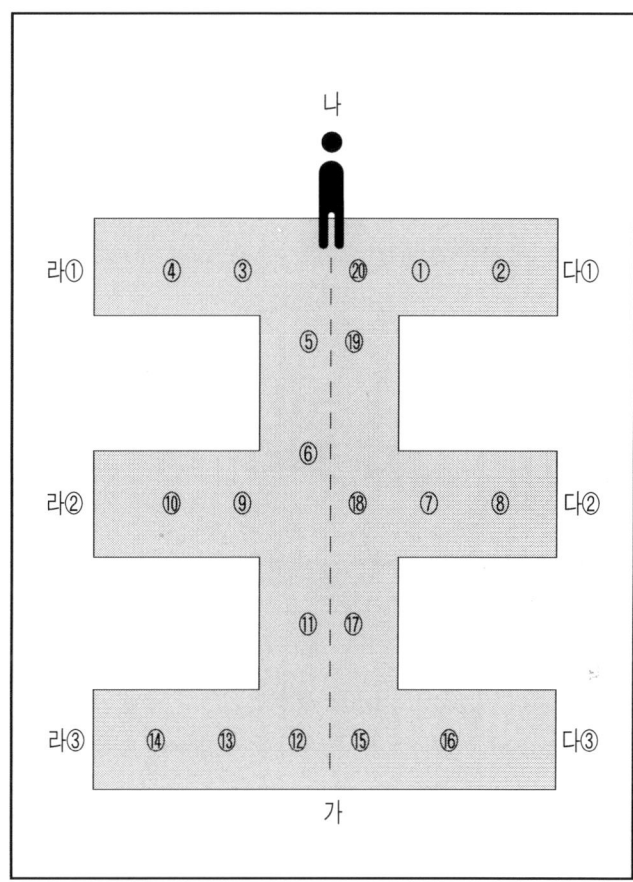

태극3장은 팔괘의 이(離)를 의미하며 "이"는 불과 같이 뜨겁고 밝음을 뜻하는 것이다. 태극 3장이 지닌 뜻도 활기있게 동작하도록 되어 있으며 진행선은 「☰」의 부호로 하였다.

품새 진행 동작은 다양하게 구성하여 아래막기 앞차기 지르기 외에 "가"방향에서 제비품에 기본을 이루는 품새로서 앞서기 한 손날 목치기와 뒷굽이 손날 막기가 있다. 3장에서 중요한 동작이 손날목치기와 손날막기로 구성되었다는 것은 6급정도의 실력을 발휘하게 하고 겨루기에서 중심 이동을 기초에 둔 품새이다.

손, 발, 몸통의 움직임이 순차적으로 교차되어 상대의 공격을 방어하고 공격하는데 민첩성을 길러주는 초보 과정임을 명심하여야 한다.

태극 3장

기본 준비

1

1 "다1" 방향 왼발 내딛어 왼 앞서기 왼 아래막기

2 "다1" 방향 오른발 앞차고 내딛어

2-2 오른 앞굽이 두번 지르기 (오른지르기)

2-3 왼 지르기

4-3 오른 지르기

4-2 왼 앞굽이 두번 지르기 (왼 지르기)

4-1 3 "라1" 방향 왼발 앞차기 차고 내딛어

3 "라1" 방향 오른발옮겨 뒤로돌아 오른앞서기 오른 아래막기

5 "가" 방향 왼발 옮겨딛고 왼 앞서기 오른 목 손날 안치기

6 "가" 방향 오른발 내딛어 오른 앞서기 왼 목 손날 안치기

7 "다2" 방향 왼발 옮겨 오른 뒷굽이 왼 손날 바깥막기

8 "다2" 방향 오른발 제자리 왼발 반걸음 밀고나가 왼 앞굽이 오른지르기

제3장 태권도의 품새_61

태극 3장

바로 오른발 제자리 "나"의 위치에서 왼발을 끌어 시계 반대방향(왼쪽)으로 몸을 돌려 앞("가"방향)을 보며 기본 바로

18 "나" 방향 오른발 내딛어 오른 앞서기 오른 아래막기 하고 왼 지르기

17 "나" 방향 왼발 옮겨 돌아 왼 앞서기 왼 아래막기하고 이어 오른지르기

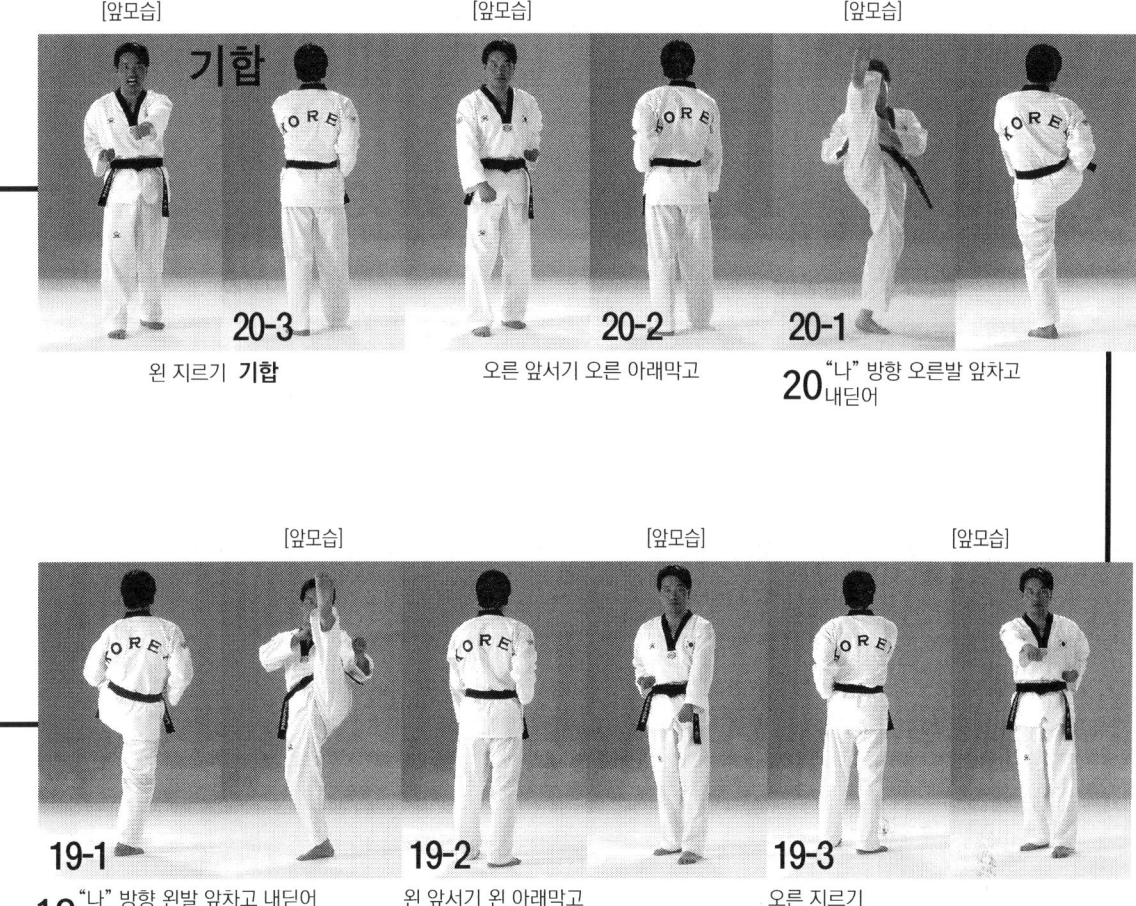

고사성어

逐鹿者不見山(축록자 불견산)
사슴을 쫓는 사람은 산을 보지 않는다는 뜻. 곧 ①명예나 이욕(利慾)에 미혹(迷惑)된 사람은 도리를 저버리거나 눈앞의 위험도 돌보지 않음의 비유. ②큰 일을 이루려는 사람은 작은 일에 사로잡히지 않음. 큰 이익을 얻으려는 사람은 작은 이익을 문제삼지 않음의 비유.

태극(太極) 4장

도(道)는 사람을 멀리하지 않으나 사람들이 높고 먼 것을 좋아해, 오히려 도를 멀리한다.
자신의 마음을 다해 나를 미루어 남을 생각할 수 있으면 중용의 도에서 멀지 않은 것이다.
남이 내게 베풀어서 내가 원하지 않는 것을 남에게도 베풀지 말라.

태극4장 품새진행선 (20품수)

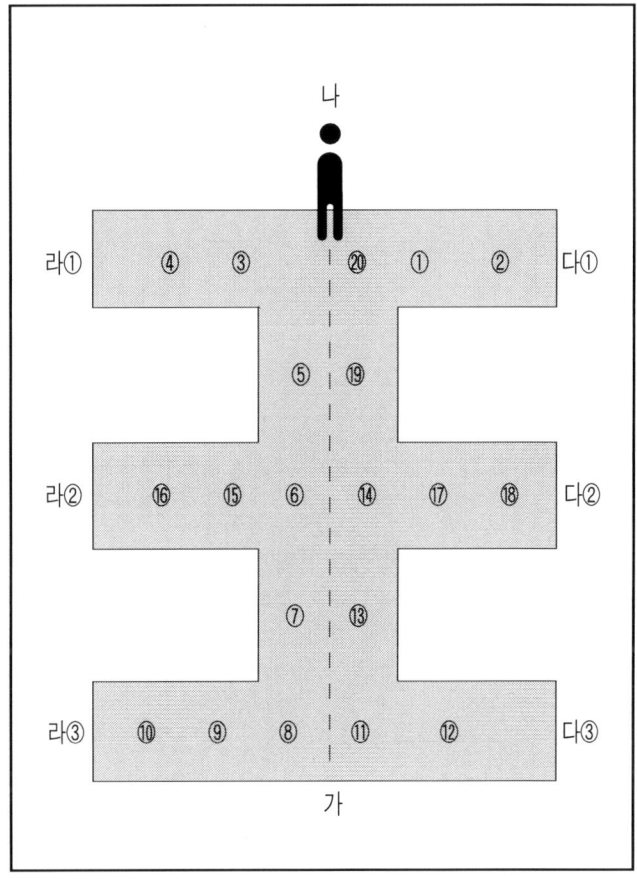

태극4장은 진(震)을 의미하며 「진」은 우뢰와 같은 경각심을 항상 지니고 있다. 경건한 태도와 의연하면서도 위엄있는 뜻을 지니고 있다. 품새진행선은 「☳」의 부호로 하였다.

4장의 동작은 손날막기, 제비품목치기, 찌르기 등으로 시작하여 몸통 바깥막기는 처음 넣었다. 몸통막기 중에서 바깥막기는 어려운 동작이므로 세심한 주의가 필요하다.

또한, 옆차기의 동작도 4장에서 처음 연속으로 넣었으므로 동작상에 중심을 완전히 잡고 발이 지면에서 미끄러지지 않도록 주의하여야 한다.

특히 제비품에서 몸이 틀릴 때 뒷발이 들리지 않게 하고 중심의 위치를 정확히 잡도록 유의하여야 한다.

태극4장

10-2 제자리 물려딛어 오른 뒷굽이 오른 안막기

10-1 "라3" 방향 10 오른발 앞차고

9 "라3" 방향 왼발 옮겨돌아 오른뒷굽이 왼 바깥막기

11 "다3" 방향 두발 제자리 방향바꿔 왼 뒷굽이 오른 바깥막기

12-1 "다3" 방향 12 왼발 앞차고

12-2 제자리 물려딛어 왼 뒷굽이 왼 안막기

8-2 "가"방향 왼 뒷굽이 오른 손날 거들어 바깥막기

8-1 이어, 오른발 옆차기 8 차고 내딛어(왼발, 오른발 이어 옆차기)

7 "가" 방향 왼발 옆차기 차고 내딛어

고사성어

> **良藥苦口(양약고구)**
> 좋은 약은 입에 쓰다는 뜻으로, 충언(忠言)은 귀에 거슬린다는 말.

고사성어

鼓服擊攘(고복격양)
배를 두드리고 발을 구르며 흥겨워한다는 뜻으로, 태평성대를 형용하여 이르는 말.

준비
기본 준비

1 "다" 1방향 왼발 내딛어 오른 뒷굽이 왼 손날 거들어 바깥막기

2 "다" 1방향 오른발 내딛으며 왼손 눌러막는 동시에 오른 앞굽이 오른 거들어 세워 찌르기

6-2 오른 앞굽이 왼 지르기

6-1 "가" 방향 오른발 앞차고 내딛어

5 "가" 방향 왼발 옮겨돌아 왼 앞굽이 목 제비품 안치기

4 "라" 방향 왼발 내딛으며 오른손 눌러막는 동시에 왼 앞굽이 왼 거들어 세워 찌르기

3 "라1" 방향 오른발 옮겨 뒤로돌아 왼 뒷굽이 왼 손날 거들어 바깥막기

태극4장

15 "라2" 방향 왼발 옮겨 딛고 왼 앞서기 왼 안막기

16 "라2" 방향 두발제자리 왼 앞서기(그대로) 오른지르기

17 "다2" 방향 두발 제자리 방향바꿔 오른 앞서기 오른 안막기

18 "다2" 방향 두발제자리 오른앞서기(그대로) 왼 지르기

19 "나" 방향 왼발 옮겨딛어 왼 앞굽이

19-1 왼 안막기하고 이어서

19-2 두번지르기 (오른 지르기)

19-3 왼지르기

바로 오른발 제자리 "나의 위치" 에서 몸 왼쪽으로 돌며 "가"방향 바라보며 기본 바로

고사성어

곡학아세(曲學阿世)
학문을 굽히어 세속(世俗)에 아첨한다는 뜻으로, 정도(正道)를 벗어난 학문으로 세상 사람들에게 아첨함을 이르는 말.

제3장 태권도의 품새_69

14-2 오른 앞굽이 오른 얼굴 등주먹 앞치기

14-1 "나" 방향 오른발 앞차고 내딛어

13 "나" 방향 왼발 옮겨딛어 왼 앞굽이 오른 목 제비품 안치기

20-3 오른 지르기

20-2 몸통 두번지르기 (왼 지르기) **기합**

20-1 "나" 방향 오른발 옮겨딛어 오른 앞굽이 오른 안막기 하고

태극(太極) 5장

군자는 응당 그가 처한 위치에서 마땅히 해야 할 일을 하며, 본분 이외의 일을 하는 것을 바라지 않는다.
부귀한 지위에 있을 때에는 부귀한 지위에서 해야 할 일을 하며, 가난한 처지에 있을 때에는 가난한 처지에서 해야 할 일을 하며, 어려운 처지에 있을 때에는 어려운 처지로서 응당 해야 할 일을 한다.
군자는 도(道)를 지키고 본분을 잘 지켜, 어떤 위치에 있더라도 스스로 얻는 것이 있다.

태극5장 품새진행선 (20품수)

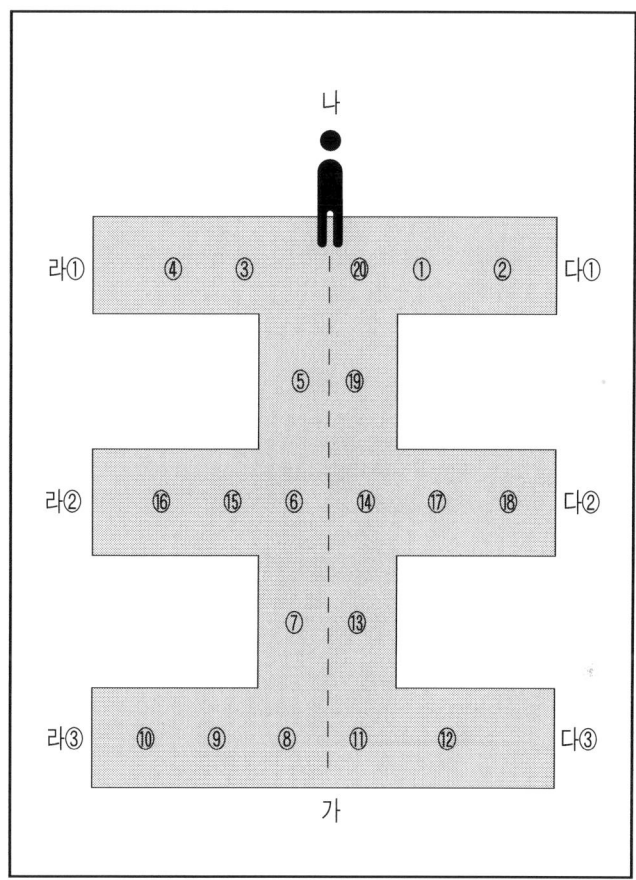

　태극5장은 손(巽)을 의미하며「손」은 바람을 의미하는 것이다. 바람은 미풍과 강풍으로 크게 나누며, 미풍은 고요를, 그리고 강풍은 위세를 말함이다. 5장도「손」과 같이 그 뜻을 같이 하여 품새 진행 전반은 단조로우면서도 조용하게 진행되며 후반은 강하게 진행되는 것이다.
　동작 진행 초반에 옆으로 메주먹내려치기와 후반에 팔굽치기가 새로 삽입되어 있는 것이 태극5장 구성의 특징이다. 태극1장부터 4장에 이르기까지 없었던 메주먹 내려치기와 팝굽치기는 5급 실력을 과시할 수 있는 특수 동작이므로 동작상에 주의를 하여야 한다.
　「손」의 부호는「☴」의 부호로 되어 있어 하늘과 인(人)의 기본과 하늘과 땅 사이에서 일어나는 바람을 뜻함이다.

태극5장

기본 준비

1. "다1" 방향 왼발 내딛어 왼 앞굽이 왼 아래막기
2. "다1" 방향 오른발로 중심 옮기며 왼발 당겨 왼서기 왼 메주먹 내려치기
3. "라1" 방향 왼 발로 중심 옮기며 오른 앞굽이 오른 아래막기
4. "라1" 방향 오른발 당겨 오른서기 오른 메주먹 내려치기
5. "가" 방향 왼발 내딛어 왼 앞굽이 왼 안막기 이어서 오른 안막기

8 "가" 방향 오른발 내딛어
8   오른 앞굽이 오른 등주먹
    앞치기

7-3 이어서 오른 안막기

7-2 왼 앞굽이 왼 얼굴 등주먹 앞
    치기

7-1 "가" 방향 왼발 앞차고
7   내딛으며

6-1 "가" 방향 오른발   6-2 오른 앞굽이   6-3 이어서 왼 안막기
6   앞차고 내딛으며   오른 등주먹 앞치기

태극5장

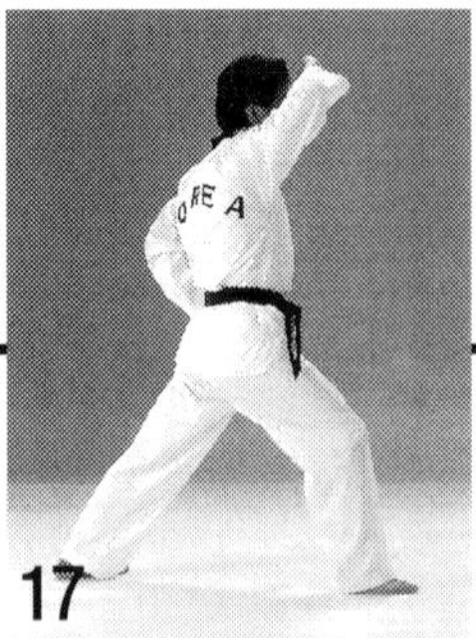

17 "다2" 방향 오른발 옮겨 뒤로돌아 오른 앞굽이 오른 얼굴막기

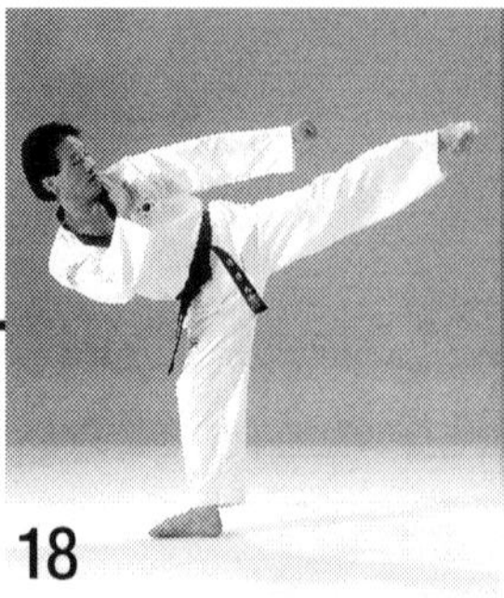

18 "다2" 방향 왼발 옆차기 차면서 수평으로 왼손 메주먹 바깥치기하듯이 손을 뻗으면서 찬 발을 내딛으며

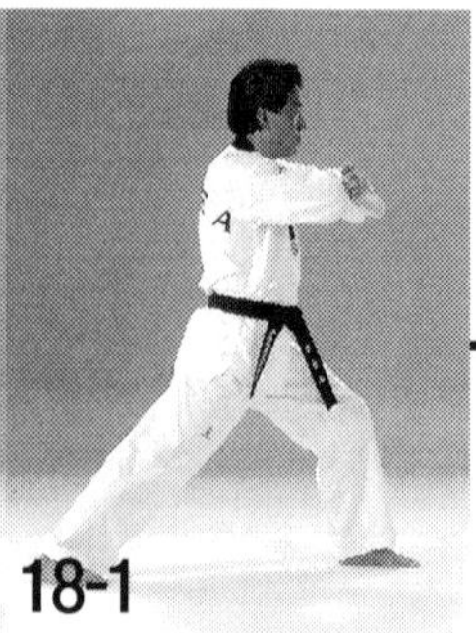

18-1 왼 앞굽이하면서 왼손으로 표적을 만들어 오른 팔꿈치 표적치기

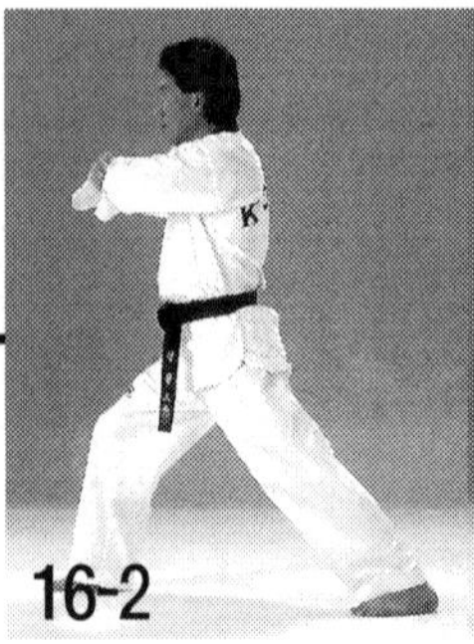

16-2 오른 앞굽이하면서 왼 팔꿈치 표적치기

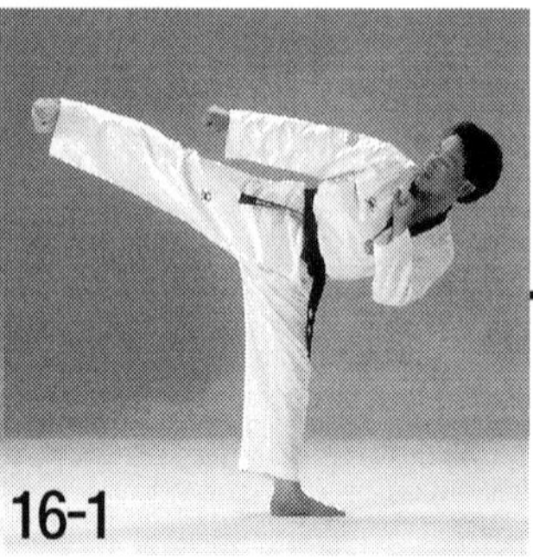

16 "라2" 방향 오른발 옆차기차면서 수평으로 오른손 메주먹 바깥치기 하듯이 손을 뻗으면서 찬 발을 내 딛어 오른손으로 표적을 만들어

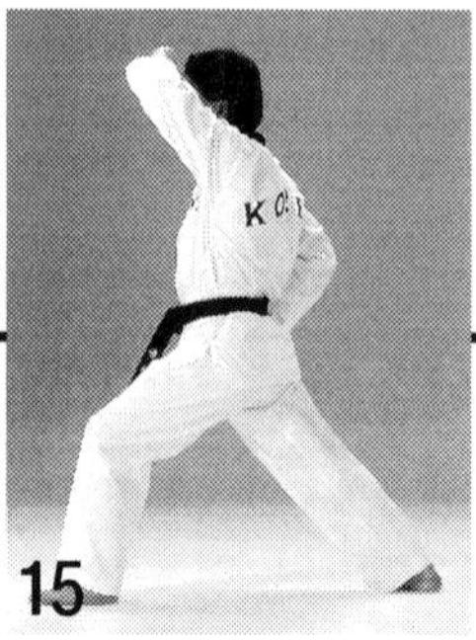

15 "라2" 방향 왼발 옮겨 딛어 왼 앞굽이 왼 얼굴막기

[앞모습] [앞모습] [앞모습]

14-3 이어서 왼 안막기

14-2 오른앞굽이 오른 아래막기

14 "나"방향 오른발 앞차고, 내딛으며

태극5장

20 "나"방향 오른발 앞차고 한걸음 뛰어나가 오른 등주먹 앞치기 **기합**
20 내려짓찌며 뒤 꼬아서기

19 "나"방향 왼발 옮겨돌아 왼 앞굽이 왼 아래막기
19-2 이어 오른 안막기

바 로 "나"의 위치에서 몸을 왼쪽으로 돌려 "가" 방향을 바라보며 기본 바로

서시 (序詩) - 윤동주 -

죽는 날까지 하늘을 우러러
한점 부끄럼이 없기를

잎새에 이는 바람에도
나는 괴로워했다.

별을 노래하는 마음으로
모든 죽어가는 것을 사랑해야지

그리고 나에게
주어진 길을 걸어가야겠다.

오늘 밤에도 별이
바람에 스치운다.

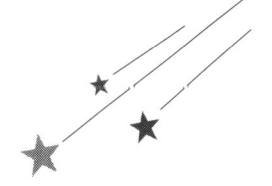

고사성어

管鮑之交(관포지교)
관중(管仲)과 포숙아(鮑叔牙)사이와 같은 사귐이란 뜻으로, 시세(時勢)를 떠나 친구를 위하는 두터운 우정을 일컫는 말.

태극(太極) 6장

군자는 윗 자리에 있다고 해서 아랫사람을 업신여기지 않으며, 아랫자리에 있다고 해서 윗사람에게 아부하지 않는다.
나를 바르게 하여 남에게 요구하는 것이 없으면, 자연히 아무런 원한도 없게 된다.
위로는 하늘을 원망하지 않고 아래로는 사람을 모함하지 않는다.

태극6장 품새진행선 (19품수)

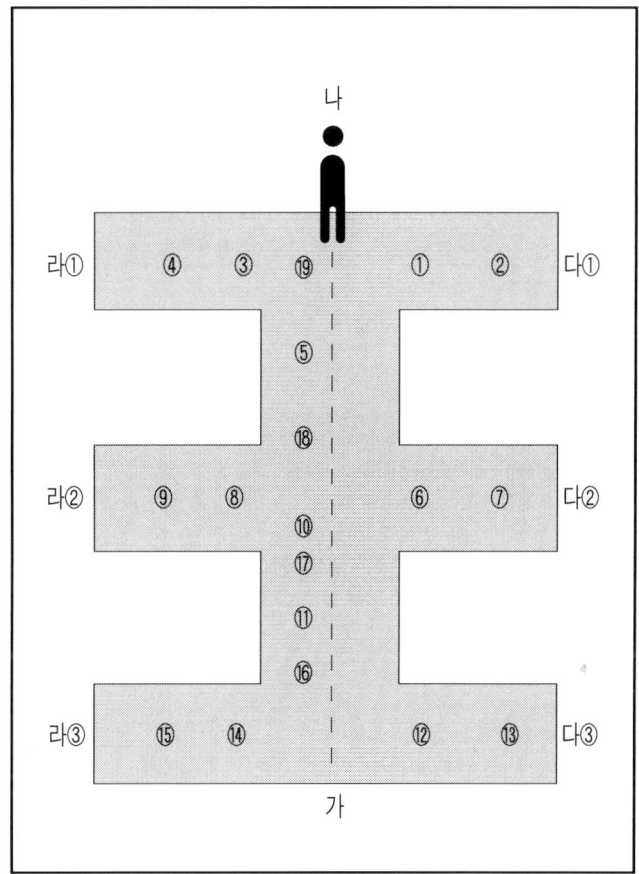

태극6장 은 감(坎) 을 의미하며 「감」은 물과 같이 유연함을 뜻하는 것이다. 6장도 유연한 동작으로 진행되는 품새이다.
「감」의 부호는 「☵」로 나타내어 인(人)을 과 만물의 생명을 키워주는 물을 근원으로 하였다.
동작 진행선도 「☵」로 되어 있어 점으로 끊어지는 곳을 차기로 넘어가게 품새를 구성하였다.
6장의 특징은 몸통 바깥막기와 5동작에서 처음으로 손날 얼굴막기로 몸이 제비품 동작과 같이 틀어야 하는 것을 넣었다. 그리고 돌려차기를 처음으로 넣어 6장에 변화를 가져온 것이다.
이 돌려차기는 발이 몸 옆에서 완전히 돌아나가 치는 것이다.

태극6장

기본 준비

1
"다1" 방향 왼발 내딛어 왼 앞굽이 왼 아래막기

2
"다1" 방향 오른발 앞차고 물려딛어 오른 뒷굽이 왼 바깥막기

3
"라1" 방향 오른발 반걸음 내딛어 방향바꾸어 오른 앞굽이 오른 아래막기

4
"라1" 방향 왼발 앞차고 물려딛어 왼 뒷굽이 오른 바깥막기

5
"가" 방향 왼발 옮겨 딛어 왼 앞굽이 얼굴 오른 손날 비틀어 바깥막기

6
"가" 방향 오른발 얼굴돌려차고 "가"방향으로 한걸음 반 앞으로 내딛고
이어"다2"방향으로 왼발 옮겨딛고 왼 앞굽이 왼 얼굴 바깥막기
이어 오른 지르기

제3장 태권도의 품새_81

10 "가" 방향 바라보며 오른발 제자리 왼발 끌어옮겨 "다2"선상에 딛고 나란히 서기

10-1 아래 헤쳐막기
※동작은 천천히 호흡 조절을 하면서 시선은 수평으로 온 주위를 관찰하면서 위엄있는 태도로 행한다.

11 "가"방향 오른발 내딛어 오른 앞굽이 얼굴 왼 손날 비틀어 바깥박기

9-2 내딛어 왼 앞굽이 오른 지르기

9-1 "라2" 방향 왼발 앞차고

8-2 이어서 왼 지르기

8-1 "라2" 방향 오른발 옮겨 뒤로돌아 오른 앞굽이 오른 얼굴 바깥막기

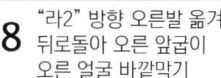

7-1 "다2" 방향 오른발 앞차고

7-2 내딛어 오른 앞굽이 왼지르기

태극6장

16 "나"방향으로 오른발 옮겨 딛고(시선"가"방향) 오른 뒷굽이 왼 손날 거들어 바깥막기

17 "나" 방향으로 왼발 물러 딛고(시선"가"방향) 왼 뒷굽이 오른 손날 거들어 바깥막기

15-2 물러딛어 오른뒷굽이 왼 바깥막기

15-1
15 "라3" 방향 오른발 앞차고

14
12 "라3" 방향 왼발 반걸음 내딛어 방향 바꾸어 왼 앞굽이 왼 아래막기

12-1 기합
12-2
12 "가" 방향 왼발 돌려 차는 순간 기합 한걸음 반 내딛고 이어서 몸을 오른쪽 으로 돌려 오른발
"다3" 방향 옮겨딛으 며 오른 앞굽이 오른 아래막기

13-1
13-2
13 "다3" 방향 왼발 앞차고 물러딛어 왼 뒷굽이 오른 바깥막기

18 "나" 방향 오른발 물러딛고
(시선)"가"방향
왼 앞굽이
왼 바탕손
안막기 이어서

18-2 오른 지르기
※ 바탕손 안막기는 눌러막는 것이 아니라 쳐내듯이 빠르게 막는다.

19 "나"방향으로 왼발 물러딛고
(시선)"가"방향
오른 앞굽이
오른 바탕손
안막기

19-2 이어서 왼 지르기

모여서 얘기하는 것을 보면
군자(君子)인지 소인배(小人輩)인지 알 수 있다.
소인배는 잡다한 얘기로 하루해를 보내기 일쑤다.
그러나 군자라면 덕(德)을 닦고
의(義)를 행할 수 있는 얘기를
함으로써 서로 수양(修養)을 하기 마련이다.

바로 "나"의 위치에서 왼발 그대로 오른발 안으로 끌어 들여"가" 방향 바라보며 기본 바로

태극(太極) 7장

넓고 깊고 두터운 것은 마치 땅 같고, 높고 크며 밝은 것은 마치 하늘 같으며, 아득하여 무궁한 것은 시간의 한계가 없는 것이다.
이럴 수 있으면 자기를 굳이 나타내지 않아도 자연히 드러나게 되며, 꼭 움직이지 않아도 사랑과 신을 강화시킬 수 있으며, 굳이 베풀지 않아도 원대함을 이룰 수 있다.

태극7장 품새진행선 (25품수)

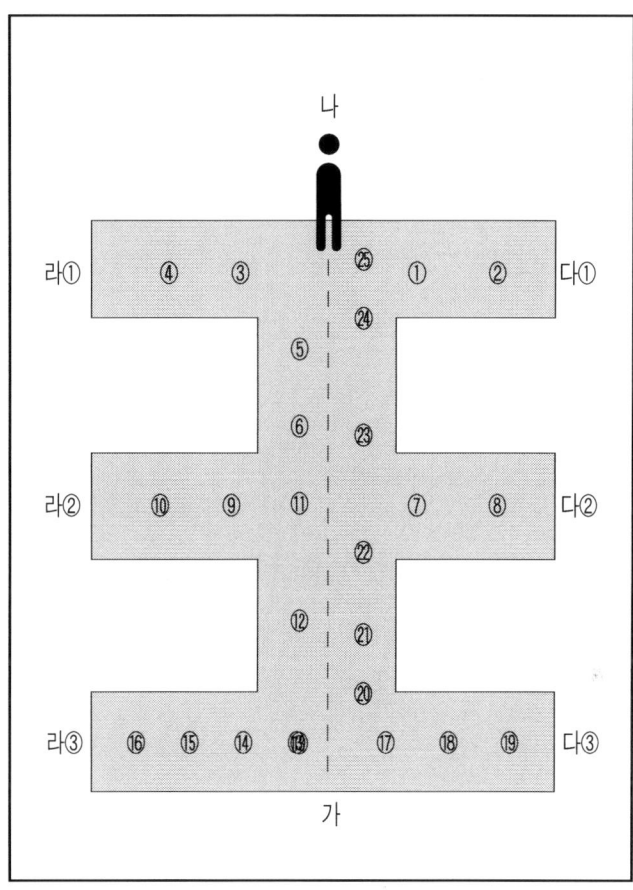

태극7장 은 간(艮)을 의미하며 「간」은 산을 상징하고 산은 육중함을 멈춘다는 뜻을 나타낸 것이다. 7장에서도 육중한 힘과 동작을 하나 하나 끊어 절도 있게 멈추는 것을 생명으로 구성하였다.

품새진행선과 「간」의 부호는 「☶」로 하였으며 동작 상에 상급자를 질적으로 높이기 위해 진도를 올렸다.

동작에 처음부터 범서기를 넣은 것은 차기와 동작이 이동을 자유자재로 움직일 수 있는 기본이 된다. 범서기와 바탕손 거들어막기, 보주먹 제친두주먹 가위막기, 엇걸어막기, 헤쳐막기, 무릎치기, 표적차기 등은 기술상으로 다양하게 짜여졌으며, 많은 힘의 부하를 주었다. 동작진행상 주의할 점은 강한 힘과 절도있는 기술을 착실하게 발휘하여야 할 것이다.

태극7장

준비
기본 준비

1
1 "다1" 방향 왼 범서기
   오른 바탕손 안막기

2-1
2 "다1" 방향 오른발 앞 차고

2-2
제자리 물려딛고 왼 범서기 왼 안막기

5
5 "가" 방향 왼발 내딛어
   오른 뒷굽이 왼 아래 손날 거들어 막기

4-2
제자리 물려딛고
오른 범서기 오른안막기

4-1
4 "라1" 방향 왼발 앞차고

3
3 "라1" 방향으로 방향바꾸어
   오른 범서기
   왼 바탕손 안막기

6
6 "가" 방향 오른발 내딛어 왼 뒷굽이 오른 아래 손날 거들어 막기

7
7 "다2" 방향 왼발 옮겨 딛어 왼 범서기 오른 바탕손 거들어 안막기

8
8 "다2" 방향 그대로 윗몸을 왼쪽으로 돌렸다 이어서 오른쪽으로 트는 반작용의 탄력으로 왼 범서기(그대로) 얼굴 오른 등주먹 거들어 앞치기
(거든주먹 그대로)

제3장 태권도의 품새_87

11 "가" 방향 바라보며 왼발 끌어 모듬발로 보주먹 (인중높이) 오른발 서서히 제자리 모아서기

10 "라2" 방향 그대로 몸을 오른쪽으로 돌렸다 이어서 왼쪽으로 트는 반작용의 탄력으로 오른 범서기 (그대로) 얼굴 왼 등주먹 거들어 앞치기 (거든주먹 그대로)

9 "라2" 방향으로 방향 바꾸어 (두발위치는 제자리) 오른 범서기 왼 바탕손 거들어 안막기

12 "가" 방향 왼발 앞으로 내딛어 왼 앞굽이 가위막기

12-2 가위막기(반복)

※ 첫번째는 반대 가위막기(왼 앞굽이 일 경우 왼팔목 몸통 바깥막기, 오른팔목 내려막기를 하였을때 이어서 바로 가위막기(왼 앞굽이일때 왼팔목 내려막기, 오른팔목 몸통 바깥막기)를 한다.

13 "가" 방향 오른발 내딛어 오른 앞굽이 가위막기

13-2 가위막기(반복)

14 "라3" 방향 왼발 옮겨돌아 왼 앞굽이 헤쳐막기

15 "라3" 방향 중심을 왼발로 옮기며 두 손을 펴고 손바닥이 마주보게 팔을펴서 상대방의 머리를 잡아

15-2 아래로 당기면서 오른 무릎 올려치기(무릎 올려치는 순간 두 주먹을 쥐고 두 주먹은 복숭아뼈의 주변부위 양옆에 위치한다)를 하고

15-3 이어서 뛰어나가며 왼 뒤꼬아서기 두 주먹 젖혀지르기

16 "라3" 방향 왼발 뒤로 물러딛고 오른 앞굽이 아래 엇걸어 막기 (오른 앞굽이일 경우 오른팔목 내려막고 왼 팔목을 거들어 위에 놓으며 눌러서 힘을 보태준다)

17 "다3" 방향 오른발 옮겨 뒤로돌아 오른 앞굽이 헤쳐막기

18 "다3" 방향 두 손바닥이 마주 보게 하여 상대의 머리 앞으로를 두 손으로 잡아

18-2 왼 무릎치기 하고 이어서

18-3 뛰어나가 오른 뒤꼬아서기 두 주먹 젖혀 지르기

19 "다3"방향 오른발 뒤로 물러딛고 왼 앞굽이 아래 엇걸어 막기

[앞모습]

20 "나"방향 왼발 옮겨 돌아 왼 앞서기 얼굴 왼 등주먹 바깥치기

기합

25 "나" 방향 왼손으로 상대를 잡아끌면서 오른발 내딛어 주춤서기 오른 옆지르기 기합

24 "나" 방향 주춤서기 (서기 그대로) 왼 손날 옆막기

바로 "나"의 위치에 오른발 제자리 몸 왼쪽으로 돌려 왼발을 끌면서 "가"를 바라보며 기본 바로

23 "나" 방향 왼발 얼굴 표적 안차고
23-2 내딛어 주춤서기 왼 팔꿈치 표적 앞치기

21 "나" 오른발 얼굴 표적 안차고
21-2 내딛어 주춤서기 오른 팔꿈치 표적 앞치기

22 "나" 방향 오른발 제자리 왼발을 약간 끌어 무릎을 펴면서 오른 앞서기 얼굴 오른 등주먹 바깥치기

태극(太極) 8장

군자됨의 도리는 마치 먼 길을 갈 때 반드시 가까운 곳에서부터 걷는 것과 같으며, 높은 산을 오를 때 낮은 곳에서부터 기어 오르는 것과 같다.

태극8장 품새진행선 (27품수)

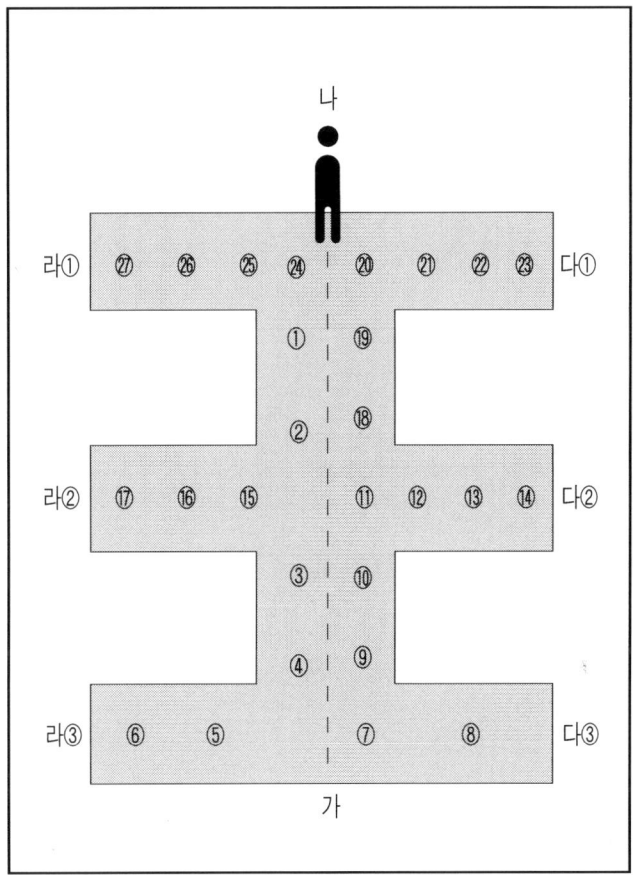

태극8장은 곤(坤)을 의미하며 「곤」은 대지(大地)를 뜻하는 것이다.
대지는 만물을 성장시켜주는 근원을 이르는 것으로 태극8장은 유급자로서 마지막 과정을 손질하는 반면 유단자로서의 첫걸음을 이루어 주는 품새이 기도 하다. 품새 진행선은 「三三」으로 부호를 정하였다.
유급자로서 유단자로 승단되었다는 것은 기술의 완숙을 뜻하며 기본부터 품새의 초보적 과정을 총정리하는 것이기 때문에 꼬아서기, 턱지르기 등을 제외하고는 모든 동작을 골고루 한번씩 넣었음을 밝혀둔다.
외산틀막기나 턱지르기에서 유단자의 품위를 처음 곁들인 기술을 명심하여 야 한다.

태극 8장

1 "가" 방향 왼발 내딛어 오른 뒷굽이 왼 거들어 바깥막기

2 "가" 방향 왼발 반걸음 앞으로 내딛어 왼 앞굽이 오른 지르기

3 "가" 방향 왼발두발 당성 앞차기 (오른발 먼저 앞 차며 몸을 띄워 왼발을 높이 찬다)

3-2 차고 한걸음 앞으로 내려 딛어 왼발 차는 순간 -기합-

※ 공중에서 신속하게 두번찬다.

기본 준비

群盲撫象(군맹무상)
여러 소경이 코끼리를 어루만진다는 뜻. 곧 ①범인(凡人)은 모든 사물을 자기 주관대로 그릇 판단하거나 그 일부밖에 파악하지 못함의 비유.
②범인의 좁은 식견의 비유.

제3장 태권도의 품새_93

3-3 왼 앞굽이 왼 안막기 이어
3-4 오른 지르기
3-5 왼 지르기

4 "가" 방향 오른발 내딛어 오른 앞굽이 오른 지르기

6 "라3" 방향으로 두발 제자리에서 서서히 왼편으로 몸을 돌리며 왼 앞굽이 당겨 지르기

※ 서서히 온몸에 힘을 주어서 한다.

5 "라3" 방향 왼발 옮겨돌아 오른 앞굽이 외산막기 (시선"라3"방향)

태극 8장

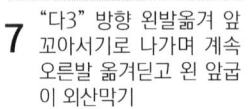

7 "다3" 방향 왼발옮겨 앞 꼬아서기로 나가며 계속 오른발 옮겨딛고 왼 앞굽이 외산막기

8 "다3" 방향 두발 제자리 앞굽이로 자세 바꾸며 오른 앞굽이 당겨 지르기 (천천히)

※ 모든동작을 빠르게 한다.
　꼬아서기를 할 때는 완전한 한 걸음을 딛은 다음에 다음 동작인 외산틀 막기를 한다.

11-2 (시선"가"방향) 오른범서기 오른 바탕손 안막기

11 "가" 방향 오른발 앞차고 한 걸음 물러딛고 이어서 왼발 한 걸음 물러 딛으며 오른발 약간당겨

10 "가" 방향 왼발 약간 밀어딛고 왼 앞굽이 오른 지르기

9 "다3" 방향 향하여 오른발 "나" 방향으로 옮겨딛고 오른 뒷굽이 왼 손날 거들어 바깥막기

12 "다2" 방향 왼발 옮겨딛어 왼 범서기 왼 손날 거들어 바깥막기

고사성어

錦衣夜行(금의야행)
비단옷을 입고 밤길을 간다는 뜻. 곧 ①아무 보람없는 행동의 비유. ② 입신 출세(入身出世)하여 고향으로 돌아가지 않음의 비유.

17 "라2" 방향 오른발 다시 끌어 당겨 오른 범서기 오른 바탕손 안막기

16-2 오른 앞굽이 왼 지르기

16-1 "라2" 방향 앞에 있는 오른발 앞차고 내딛어

15 "라2" 방향 방향 바꾸어 오른 범서기 오른 손날 거들어 바깥막기

13-1 "다2" 방향 앞에 있던 왼발 앞차고 내딛어
13-2 왼 앞굽이 오른 지르기

14 "다2" 방향 왼발을 다시 끌어 당겨 왼 범서기 왼 바탕손 안막기

태극8장

19-2 땅에 딛기 전 오른 발로 뛰어 앞차기 차고 - 기합 - 내딛어

19-1 "나" 방향 왼발 앞 19 차고

18 "나" 방향 오른발 옮겨돌아 왼 뒷굽이 오른 거들어 아래막기

19-3 오른 앞굽이 오른 안막기

19-4 이어서 두번 지르기 왼 지르기

19-5 오른 지르기

27 "라1" 방향 오른 앞굽이 (그대로) 오른 지르기

26 "라1" 방향 오른 앞굽이 (그대로) 왼 얼굴 등주먹 앞치기

25 "라" 방향 오른발 약간 밀고나가 오른 앞굽이 왼 팔꿈치 돌려치기

24 "라1" 방향으로 방향바꾸어 오른발 약간 끌어 왼 뒷굽이 오른 손날 바깥막기

바로 "나"의 위치에 오른발 제자리 왼발 끌어 "가" 방향 바라보며 기본 바로

고사성어

기호지세(騎虎之勢)
호랑이를 타고 달리는 기세라는 뜻. 곧 ①중도에 그만둘수 없는 형세. ②내친걸음

20 "다1" 방향 왼발 옮겨돌아 오른 뒷굽이 왼 손날 바깥막기

21 "다1" 방향 왼발 약간 밀어딛어 왼 앞굽이 오른 팔꿈치 돌려치기

22 "다1" 방향 왼 앞굽이 (그대로) 오른 얼굴 등주먹 앞치기

23 "다1" 방향 왼 앞굽이 (그대로) 왼 지르기

고려 (高麗)

鍊大使小 鍊長用短
(연대사소 연장융단)

크게 연습하여 작게 사용하고, 오래 연습하여 짧게 사용한다.

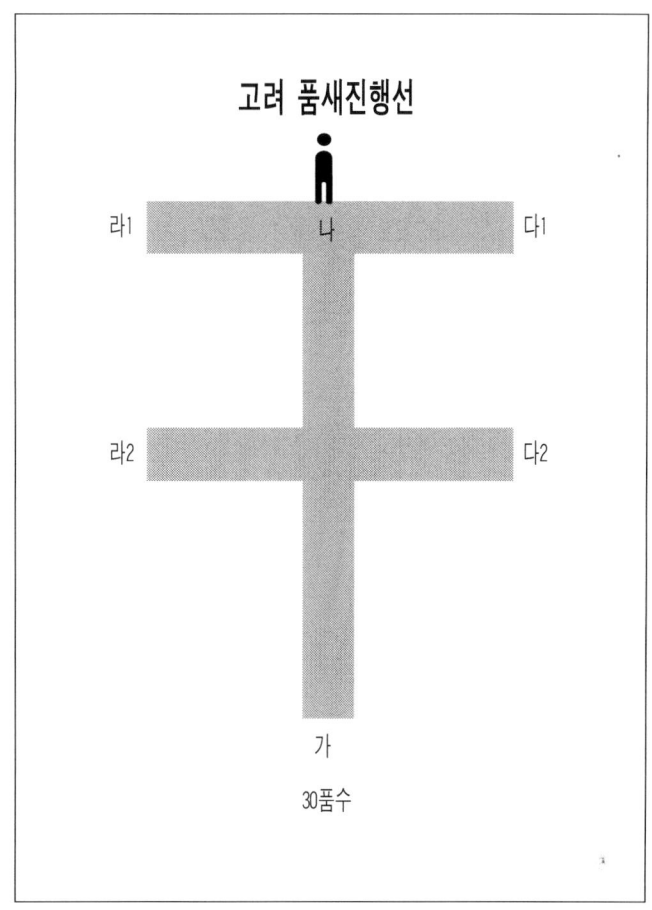

반만년(半萬年)의 유구(悠久)한 역사와 전통(傳統)을 자랑하는 우리의 조국(祖國). 예로부터 총명(聰明)한 지혜(智慧)와 슬기로움을 지닌 민족(民族)이라 불려 왔다.

어느 민족보다 창조성(創造性)이 강했고 극치(極致)에 달한 문화예술(文化藝術)의 유물(遺物)은 다른 민족(民族)의 선망(羨望)을 받고 있다.

더욱이 태권도(跆拳道)의 종주국(宗主國)임을 자부하고 고려인(高麗人)의 기개를 높여 민족의 얼을 엮어, 동작으로 표현한 것이 품새 고려이다.

품새 진행선도 고유의 선비를 뜻하는 「士」字형을 택하였고, 동작의 움직이는 형태는 우리 민족이 지닌 고요하고 아름다운 모습을 나타내듯 품새의 여러 가지 깊은 기술을 적용하였다.

이 품새의 중요한 생명은 배달의 얼을 한껏 발휘할 절도(節度)와 완만성(緩慢性)을 응용시킨 것이다.

고려(高麗)

준비
통밀기 준비

1 "다1" 방향 왼발 내딛어 오른 뒷굽이 왼 손날 거들어 바깥막기

고사성어

大器晩成(대기만성)
큰 그릇은 늦게 만들어진다. 크게 될 사람은 늦게 이루어짐을 비유.

9-2 이어서 오른 아금손 앞치기(칼재비)
※ 칼재비는 상대의 목젖을 친다. 아래턱을 쳐서 턱을 뺄때는 낙턱이라 한다.

9-1 "가" 방향 왼발 옮겨 돌아 왼 앞굽이 왼 손날 아래막기 하고

8 "라1" 방향 왼발뒤로 약간끌어 오른 뒷굽이 왼 안막기

7 "라1" 방향 왼 앞굽이 (그대로) 오른 지르기

2 "다1" 방향 오른발 거듭 옆차기 (오른발로 아래 옆차기(무릎 높이)이어서 옆차기(몸통 또는 얼굴)

2-1 차고 내려딛어

2-3 오른 앞굽이 오른 목 손날 바깥치기

3 "다1"방향 오른 앞굽이(그대로) 왼지르기

4 "다1"방향 오른발 뒤로 약간끌어 왼 뒷굽이 오른안막기

6-3 내려딛어 왼 앞굽이 왼 목 손날 바깥치기

6-2 옆차기(몸통, 얼굴)를 차고

6 "라" 방향 왼발 거듭 옆차기 왼 발로 아래 옆차기 차고 이어서

5 "라1" 방향 오른발 옮겨 뒤로 돌아 왼 뒷굽이 오른 손날 거들어 바깥막기

고려(高麗)

10-3 이어서 왼 아금손 앞치기 (칼재비)
10-2 오른 앞굽이 오른 손날 아래막고
10-1 "가" 방향 오른발 앞차고 내딛어

고사성어

同病相憐(동병상련)
같은 병을 앓는 사람끼리 서로 가엾게 여긴다는 뜻.

11-1 "가" 방향 왼발 앞차고 내딛어
11-2 왼 앞굽이 왼 손날 아래막고
11-3 이어서 오른 아금손 앞치기 (칼재비) - 기 합 -

[앞모습]　　　　　　　　[앞모습]　　　　　　　　[앞모습]

14-1　　　**14-2**　　　　　**15**

14 "나" 방향 왼발 앞차고 내딛어

14-2 왼 앞굽이 오른 무릎 눌러꺾기

15 "나"방향 왼발 뒤로 약간 끌어 왼 앞서기 안팔목 헤쳐막기

[앞모습]

13

13 "가" 방향으로 왼발 옮겨 뒤로 돌아 오른 앞굽이 (시선"나"방향) 안팔목 헤쳐막기

12-1　**12-2**

12 "가" 방향 오른발 앞차고 내딛어

12-2 오른 앞굽이 왼 무릎 눌러꺾기

고려(高麗)

16 왼발축으로 몸을 오른쪽으로 돌려 오른발을 "라2"방향에 딛어 주춤서기 왼 손날 옆막기 (몸의 정면은 "가"방향, 시선은 "다2"방향)

17 두발 제자리 상반신만 왼쪽으로 ("다2" 방향)틀어 주춤서기 (그대로) 오른 표적 지르기(몸통)

23-3 "다2" 방향으로 방향 바꾸어 왼 앞굽이 오른아래 젖혀 찌르기

23-2 작은 돌쩌기하며 동시에 오른발 옆차고 내려딛어

23-1 "라2" 방향 왼발, 오른발 앞으로 앞꼬아서기하면서 두손 옆구리 허리선으로 당겨

24 오른발 제자리("다2"방향) 왼발 약간 끌어 왼 앞서기 왼아래막기

25-1 "다2"방향 오른발 한 걸음 내딛어 오른 앞서기 오른 바탕손 눌러막고 이어서

25-2 왼발 한걸음 내딛어 주춤서기 왼 팔꿈치 거들어 옆치기

18 "다2" 방향 오른발, 왼발 앞으로 앞 꼬아 서기 하면서 두손 옆 구리 허리선으로 당겨 작은 돌쩌기하며 동시에

18-2 왼발 옆차기 차고

18-3 방향 바꾸어 ("라2"방향) 오른 앞굽이 왼 아래 젖혀 지르기

※ 이때 오른손은 상대를 잡아끄는마음으로 왼쪽 어깨 위에 놓는다.

22 "라2" 방향 두발 제자리 주춤서기 (그대로) 왼 표적 지르기

21 "라2" 방향 두다리 제자리 주춤서기(그대로) 오른 손날 옆막기

20-2 "라2"방향 주춤서기 오른 팔꿈치 거들어 옆치기

20 "라2" 방향 왼발 한걸음 내딛으며 왼 앞서기 왼바탕손 눌러 막기를 하며 이어 오른발을 또 내딛으며

19 왼발 제자리 오른발 약간 끌어당겨 오른 앞서기 아래막기

※ 왼발과 오른발 이동은 걸어 가듯한다.
※ 오른 팔굽 옆차기할 때는 왼손으로 오른 주먹을 싸서 밀어 옆치기에 힘을 보태준다.

※ 낭심을 잡아 훑어내리는 모양

26 "가" 방향을 바라보며 왼발 제자리 모듬발로 오른발 끌어들여 모아서기(중간동작)

26-2 "가" 방향을 바라보며 왼 아래 메주먹 표적 안치기

※ 오른발을 왼발에 모을 때 두 손도같이 움직여 얼굴 앞으로 올려 머리 위부터 양쪽으로 크게 원을 그리면서 서서히 왼 주먹을 쥐며 아래 표적치기를 한다.

고려(高麗)

27 "가"에서 몸을 왼쪽으로 돌려 "나"방향을 바라보며 왼발 내딛어 왼 앞굽이 하고 왼 목 손날 바깥치기 이어서 왼 손날 아래막기

28 "나" 방향 오른발 내딛어 오른 앞굽이 오른 목 손날 안치고 이어서 오른 손날 아래 막기

[앞모습]

[앞모습]

고사성어

다기망양(多岐亡羊)
달아난 양을 찾는 데 길이 여러 갈래로 갈려서 양을 잃었다는 뜻. 곧 ① 학문의 길이 다방면으로 갈려 진리를 찾기 어려움의 비유. ②방침이 많아 갈 바를 모름.

29 "나" 방향 왼발 내딛어 왼 앞굽이 왼 목손날 안치고 이어서 왼 손날 아래막기

30 "나" 방향 오른발 내딛어 오른 앞굽이 오른 아금손 앞치기 (칼재비)

바로 "나"의 위치에서 오른발 제자리 몸을 왼쪽으로 돌려 왼발을 끌어 "가" 방향 보며 통밀기 바로

[앞모습]   [앞모습]

고사성어

당랑거철(螳螂拒轍)
사마귀(螳螂)가 앞발을 들고 수레바퀴를 가로막는다는 뜻. 곧 ①허세. ② 미약한 제 분수도 모르고 강적에게 항거하거나 덤벼드는 무모한 행동의 비유.

금강 (金剛)

手打三分步打七, 勝人重在手步齋
(수타삼분보타칠, 승인중재수보재)

손으로는 삼품을 치고, 발로는 칠 푼을 치며, 상대를 이기려면 손발을 같이해야 한다.

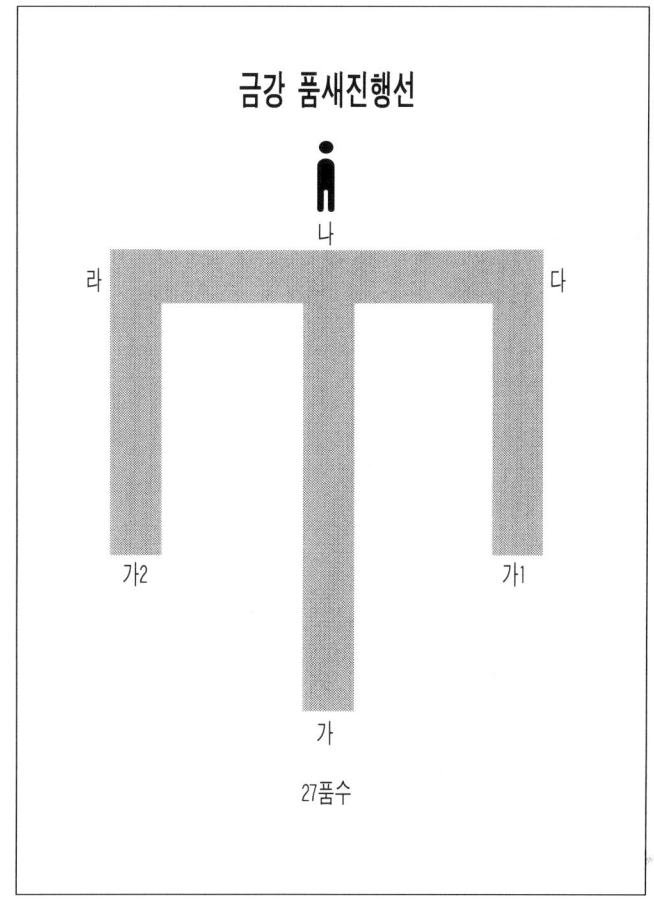

금강(金剛)이란 지혜(智)와 덕(德)의 면에서 견고(堅固)하고 외부로부터 공략(攻略)에 결코 파괴(破壞)되지 않는 힘에 기본을 둔 것이다.

경주 석굴암(石窟庵) 입구에 조각되어 있는 금강역사상(金剛力士像)과 천하비경인 금강산의 위용(偉容)을 나타낸 산틀막기의 자세는 숭엄(崇嚴)하고 웅대무비(雄大無比)한 뜻을 넣어 품새 금강의 대표적인 예로 삼았다.

연무선은 「山」자로 되어 있다. 산은 탄탄(坦坦)한 기반으로 안정을 이루고 있기 때문에 산틀막기를 많이 적용하였고 또한 예리하면서도 변화무쌍한 형태는 칼로 다듬은 듯이 강도(强度)와 절도(節度)를 나타내는 것이기에 바탕손 턱치기 등을 응용한 것이다.

금강(金剛)

준비
기본 준비

1
1 "가" 방향 왼발 내딛어 왼앞굽이 안팔목 헤쳐막기

8-1 8-2
8 "다" 방향 오른발"나"의 위치 제자리에 두고 왼발끌어 무릎을 구부리며 (중간동작)
오른 학다리서기 금강막기

※ 이 동작은 등척성 운동으로 온 몸에 힘을 주어 천천히 (약 8초간) 행한다.

2
2 "가" 방향 오른발 내딛어 오른 앞굽이 오른 얼굴 바탕손 앞치기(45°방향)

7
7 "가" 방향 오른발 뒤로 물려딛어 오른 뒷굽이 왼 손날 안막기

3
3 "가" 방향 왼발 내딛어 왼 앞굽이 왼 얼굴 바탕손 앞치기

6
6 "가" 방향 왼발 뒤로 물려 딛어 왼 뒷굽이 오늘 손날 안막기

4
4 "가" 방향 오른발 내딛어 오른 앞굽이 오른 얼굴 바탕손 앞치기

5
5 "가" 방향 오른발 뒤로 물려딛어 오른 뒷굽이 왼 손날 안막기

9 "다" 방향 왼발 내려 딛어 주춤서기 큰 돌쩌귀

10 "다" 방향 몸을 왼쪽으로 돌려 오른발로 "다" 선상에 옮겨딛고 이어 왼발을 또 "다" 선상에 옮겨딛어 (몸이 옮겨지며 360° 회전) 주춤서기 왼 큰 돌쩌귀

※ 몸이 돌면서 옮길때는 주춤서 높이에 변동이 없게 한다.

15-1 학다리서기 중간동작

15 "다"의 위치에서 왼발 축 몸을 오른쪽으로 돌려 오른발 끌어 올리며 왼학다리서기, 금강막기
- 천천히 호흡과 함께 아랫배(단전)에 힘주며 한다 -

11 "가1" 방향 왼발축 짓찧으며 주춤서기 오른발 들어 "가1" 선상에 내려 헤쳐 태산막기 - 기합 - -시선 "가1" 방향-

※태산막기는 금강의 핵심 동작이다. 온 몸의 기를 모아 힘차고 강하게 막는다.

14-2 "다" 위치에 내려 짓찧으며 주춤서기 태산막기 (힘차게)

14 "다" 방향 오른발 축으로 몸 오른쪽으로 돌려 왼발들어 (중간동작)

13-2 나란히 서기 아래 헤쳐막기, 호흡과 함께 천천히 한다.(왼팔이 오른팔 밖에서 교차 약 6초)

13 "가1" 방향 오른발 제자리 왼발을 한발 길이 끌어 몸을 일으키며

12 "가1" 방향 오른발 축 몸을 오른쪽으로 돌아딛어 주춤서기 안팔목 헤쳐막기

금강(金剛)

18 "나"의 위치에서 왼발 제자리 오른발 끌어 올리며 왼학다리 서기 금강막기
- 시선 "라"방향 -

19 "라" 방향 오른발 내딛어 주춤서기 오른 큰 돌쩌귀

20 "라" 방향 몸 오른쪽으로 돌며 왼발, 오른발 이어 옮겨딛으며 360° 회전 (중간동작)

20-2 주춤서기 오른 큰 돌쩌귀 - 시선 "가2"방향 -

21 "가2" 방향 오른발 축 왼발들어

21-2 내려 짓찧으며 주춤서기 태산막기
-기합-
- 시선 "가2"방향 -

22 "가2" 방향 몸 왼쪽으로 돌려 왼발축 오른발 "가2"선상에 옮겨딛어 주춤 서기 안팔목 헤쳐막기(오른팔이 왼팔 밖에서 교차 - 시선 "다" 방향 -

23 "가2" 방향 왼발 제자리 오른발 한발 길이로 끌어 나란히 서기 (중간 동작)

23-2 아래 헤쳐막기(오른팔이 왼팔 밖에서 교차) - 시선 "다" 방향 -

16 "나" 방향 오른발 내려 딛어 주춤 서기 오른 큰 돌쩌귀
- 시선 "라" 방향 -

17 "나" 방향 몸 오른쪽으로 돌려 왼발 옮겨 딛고 이어 오른발 옮겨 360° 돌아 몸 "나"의 위치에 옮겨 (중간동작)

17-2 주춤서기 오른 큰 돌쩌귀 - 시선 "라" 방향 -

바로 "나"의 위치에서 오른발 제자리 왼발끌어 "가" 방향 보며 기본 바로

27 "나" 방향 몸을 왼쪽으로 돌려 오른발 왼발 이어 옮겨딛어 (360° 회전) "나"의 위치에서 (중간동작)

27-2 주춤서기 왼 큰 돌쩌귀

26 "나" 방향 왼발 내려딛어 주춤 서기 왼 큰 돌쩌귀 - 시선 "나" 방향 -

25 "라"의 위치에서 오른발 축 몸왼쪽으로 돌려 왼발 끌어 올리며 오른 학다리서기 금강막기
- 시선 "나" 방향 -

24 "라" 방향 왼발 축으로 몸 왼쪽으로 돌며 오른발 들어 "라" 위치에

24-2 내려짓쩌 주춤서기 태산막기

태백 (太白)

一動無有不動, 一停有不停
(일동무유부동, 일정무유부정)

하나가 움직이면 움직이지 않는 것이 없고, 하나가 정지하면 멈추지 않는 것이 없다.

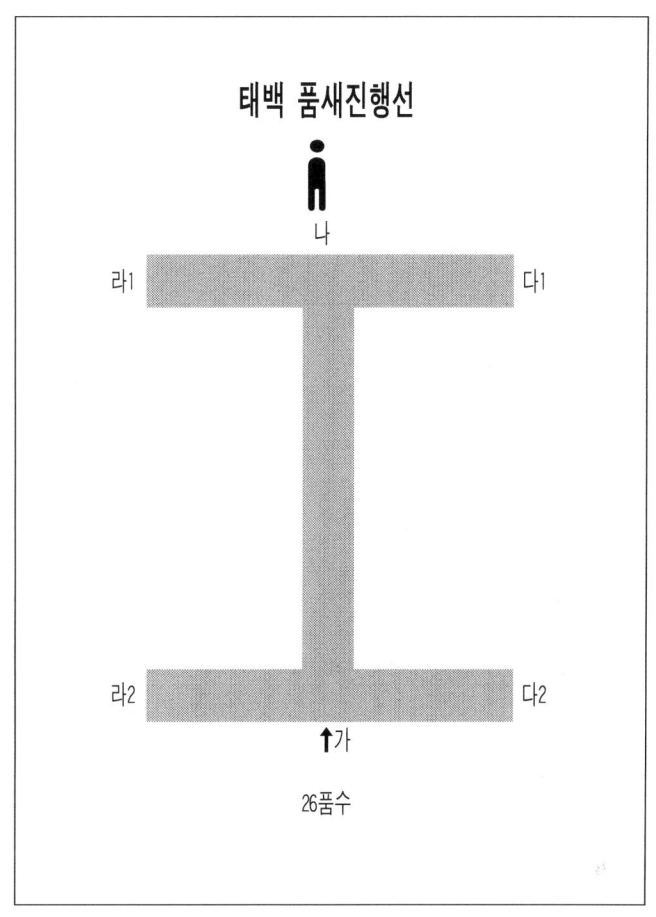

단군(檀君) 개국 신화(開國神話)와 더불어 잊을 수도 없고, 끊을 수도 없는 피의 인연이며, 얼의 근원이고 역사 전통의 시작인 태백(太白)은 「붉산」이란 뜻으로 태양 숭배의 사상에서 기인된 것이다.

밝은 곳은 곧 신성함과 광배 웅자(廣背雄恣)한 뜻으로 해석되어 오늘의 백두산(白頭山)을 의미한다고 하겠다.

백두산은 실로 우리 민족의 태반(胎盤)이요, 핏줄이며 민족의 상징(象徵)이다. 연무 진행선은 「工」字로 하늘과 땅과 사람으로 개국 신화를 뜻했고 동작에 움직이는 형태는 몸통막기를 주로 적용하였다.

이 품새의 중요한 생명은 민첩(敏捷)한 속도(速度)를 넣어 태백(太白)의 광막 웅려(廣漠雄麗)한 사상과 정신과 육체에 응용시킨 것이다.

태백(太白)

8 "가" 방향 중심을 앞으로 옮기며(왼발)오른손 밖에서 안으로 젖혀 틀어 잡아 당기면서

8-1

오른발 내딛어 오른 앞굽이 왼 지르기
- 기합 -

8-2 기합

7 "가" 방향 중심 앞으로 옮기며(오른발)왼손 밖에서 안으로 젖혀 틀어 잡아 당기면서

7-1

왼발내딛어 왼 앞굽이 오른 지르기

7-2

6-2 오른발 내딛어 오른 앞굽이 왼 지르기

6-1 "가" 방향 중심을 앞으로(왼발)옮기며 오른손을 안에서 밖으로 젖혀틀어 상대 팔목 잡아 당기며

6

5 "가" 방향 왼발 옮겨 돌아 왼 앞굽이 목 제비품 손날안치기

제3장 태권도의 품새_117

준 비

기본 준비

고사성어

董狐之筆(동호지필)
'동호의 직필(直筆)이라는 뜻. 곧 ①정직한 기록. 기록을 맡은이가 직필하여 조금도 거리낌이 없음을 이름. ②권세를 두려워하지 않고 사실을 그대로 적어 역사에 남기는 일.

1 "다1" 방향 몸돌려 왼 범서기 손날 아래 헤쳐 막기

2 "다1"방향 오른발 앞차고 내딛어
2-1
2-2 오른 앞굽이 오른 지르기
2-3 왼 지르기

4-3 오른 지르기
4-2 왼 앞굽이 왼 지르기
4-1
4 "라1" 방향 왼발 앞차고 내딛어

3 "라1" 방향으로 오른발 옮겨 돌아 오른 범서기 손날 아래 헤쳐막기

태백(太白)

14 "다2" 방향 바라보며 두 주먹은 왼 허리에 작은 돌쩌귀로 하면서 왼발끌어 (중간동작)

모듬발로 모아서기 서자마자 이어서 오른발 내딛어 왼 뒷굽이 안팔목 금강바깥막기

15 "다2" 방향 두발"제자리" 왼 뒷굽이(그대로) 왼턱 당겨 지르기

13-2 왼 앞굽이 오른 팔꿈치 표적치기

13 "라2" 방향 왼 메주먹 바깥치는 동시에 왼발 옆차기차고 내려딛어

12 "라2" 방향 왼발 끌어올려 오른 학다리서기 오른 작은 돌쩌귀

16 "다2" 방향 두발 "제자리" 왼 뒷굽이(그대로) 오른 지르기

17 "다2" 방향 오른발 끌어 올려 왼 학다리 서기 왼 작은 돌쩌귀

18 "다2" 방향 오른 메주먹 바깥치기 하는 동시에 오른발 옆차기 차고 내려딛어 오른 앞굽이 왼 팔꿈치 표적치기

11 "라2" 방향 두발 제자리 오른 뒷굽이(그대로) 왼 지르기

10 "라2" 방향 두발 제자리 오른 뒷굽이(그대로) 오른턱 당겨 지르기

9 "라2" 방향 왼발 옮겨돌아 오른 뒷굽이 안팔목 금강 바깥막기

태백(太白)

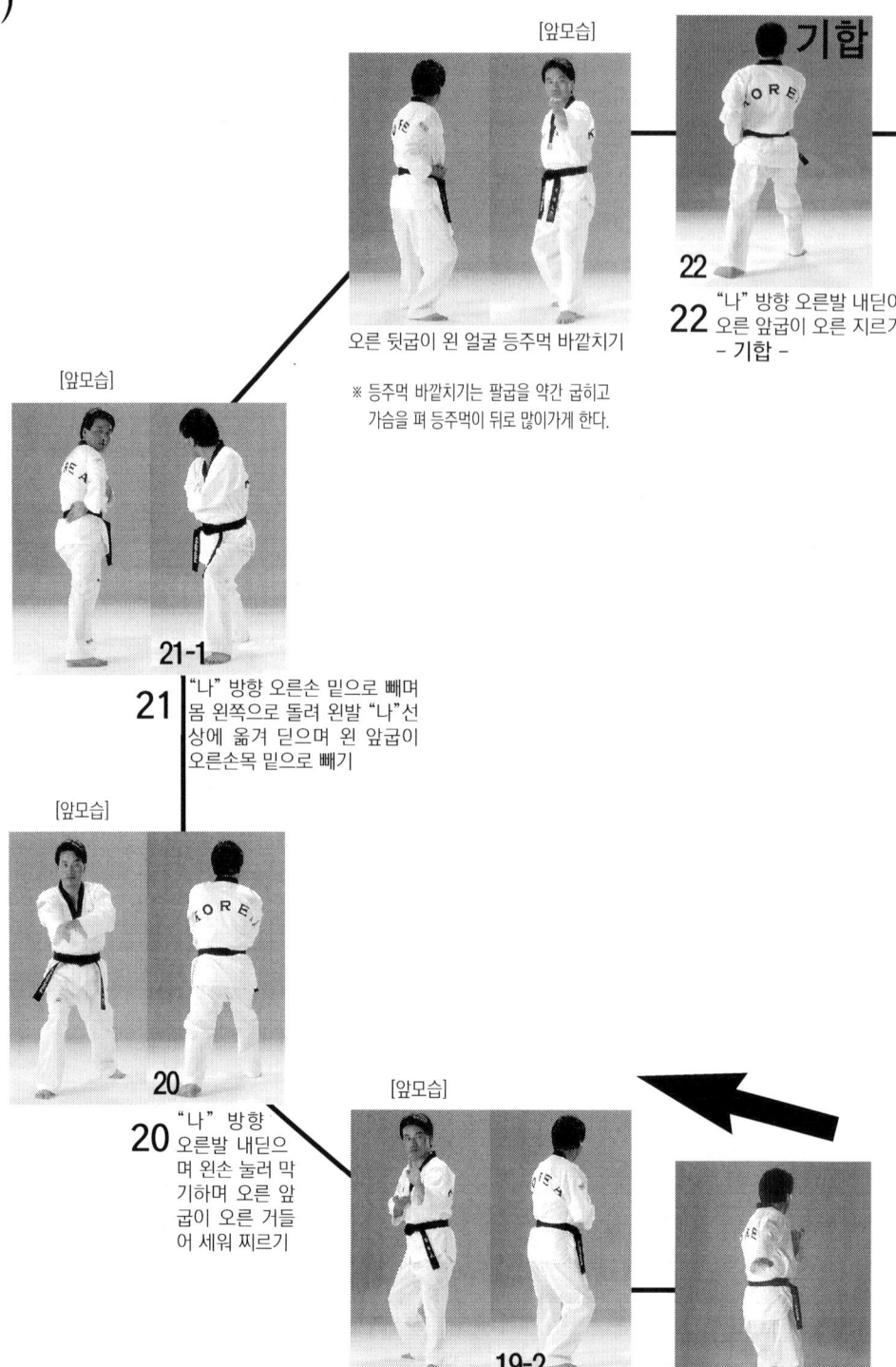

22 "나" 방향 오른발 내딛어 오른 앞굽이 오른 지르기
- 기합 -

오른 뒷굽이 왼 얼굴 등주먹 바깥치기

※ 등주먹 바깥치기는 팔굽을 약간 굽히고 가슴을 펴 등주먹이 뒤로 많이가게 한다.

21 "나" 방향 오른손 밑으로 빼며 몸 왼쪽으로 돌려 왼발 "나"선 상에 옮겨 딛으며 왼 앞굽이 오른손목 밑으로 빼기

20 "나" 방향 오른발 내딛으며 왼손 눌러 막기하며 오른 앞굽이 오른 거들어 세워 찌르기

19-2 이어서 "나" 방향으로 왼발 내딛으며 오른 뒷굽이 왼손날 거들어 바깥막기

19 "나" 방향을 바라보며 "가"의 위치에서 왼발 제자리 오른발 당겨 모아서자 마자

23 "다1" 방향 왼발옮겨 돌아 왼 앞굽이 가위막기

24-1 "다1" 방향 오른발 앞차고 내딛어

24-2 오른 앞굽이 오른 지르기

24-3 왼 지르기

바로 "나"의 위치에 오른발 제자리 "가"방향보며 왼발 끌어 기본 바로

25 "라1"방향 오른발 옮겨 뒤로돌아 오른 앞굽이 가위막기

26-1 "라1" 방향 왼발 앞차고 내딛어

26-2 왼 앞굽이 왼 지르기

26-3 오른 지르기

평원 (平原)

師父領進門, 修行在個人
(사부영진문, 수행재개인)

스승은 안으로 들어오도록 이끌어 주지만, 수행은 본인에게 달려있다.

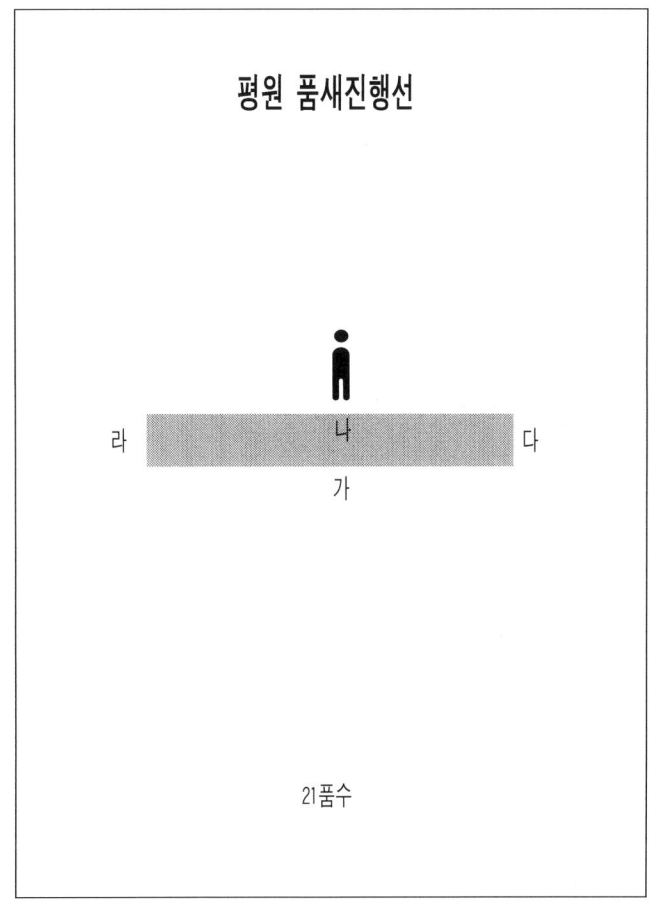

인간은 원시(原始)에서 차츰 개화(開化)하면서 먹을 것을 찾아 산(山)에서 들로 내려왔다. 들판은 먹을 것을 주었고 생활 환경을 변모시켰으며 한없는 평화(平和)와 지배욕(支配慾)을 불어 넣어 주었다.

평원(平原)이란 아득히 사방으로 넓게 펼쳐진 광활 무한한 지표(地標)로서 평화를 상징한 창조신(倉造神)의 가장 위대(偉大)한 작품(作品)이다.

품새 평원은 광활 무한하고 화평(和平)한 땅의 섭리(攝理)를 응용하여 지평력(地平力)으로 엮어진 동작을 말한 것이다.

품새 진행선도 끝없는 평원을 뜻하는 「一」을 택하였고, 동작의 움직이는 형태는 평원을 배경으로 율동하듯 꼬아서기와 금강막기를 주로 적용하였다.

이 품새의 중요한 생명은 완만(緩慢)한 힘과 유연성(柔軟性)을 주로 넣어 평원의 크고 넓은 사상(思想)을 응용시킨 것이다.

평원(平原)

3 "라" 방향 오른발 내딛
어 왼 뒷굽이 오른 손날
아래막기

2 "가" 방향 두발 제자리
두손 단전 앞을 지나서
인중높이로 올려 손바
닥을 마주보며 나란히
서기 그대로 통밀기

4 "다" 방향으로 방향 바
꾸며 오른 뒷굽이 왼 손
날 바깥막기

5 "다" 방향 왼발 약간 밀
고 나가며 왼 앞굽이 오
른 팔꿈치 올려치기

8-2 오른 얼굴 안 팔목 거들
어 옆막기 - 시선"라"방
향 그대로 -

8-1 "라" 방향 왼발 제자
리 주춤 서기로 변하
며 (중간 동작)

7-2 왼 뒷굽이(서기 그대
로) 오른 손날 거들어
아래막기

7-1 "라"방향 두발 제자리
두 손을 머리 위로 크게
원을 그려 (중간동작)

1 "가" 방향 왼발 "다" 방향 옆
딛기하며 나란히 서기 (서서
히 손날 아래헤쳐막기)

준 비
겹손 준비

두 손바닥을 겹쳐 명치앞
으로 올렸다가 서서히 숨
을 내쉬며 단전 밑으로 내
린다. (중간 동작)

※ 숨을 서서히 내쉰다.

6 "다" 방향 오른발 앞차 왼발 뒤돌아 옆차기 차고
고 내려딛고 이어서

"다"의 위치에 내려딛어 왼 뒷
굽이
- 오른 손날 거들어 바깥막기
- 시선 "라" 방향
- 몸의 정면은 "가" 방향

평원(平原)

15 15-1 "나" 방향 두발제자리에서 두 손을 머리 위로 크게 원을 그려 (중간동작)

15-2 오른 뒷굽이 왼 손날 거들어 아래막기

16 16-1 / 16-2 "나" 방향 왼발을 움직여 주춤서기로 변하며 왼 얼굴 안팔목 거들어 옆막기
 - 시선 "다" 방향 -

고사성어

望洋之歎(망양지탄)
넓은 바다를 보고 감탄한다는 뜻. 곧 ①남의 위대함에 감탄하고, 나의 미흡함에 부끄러워함의 비유. ②제 힘이 미치지 못할 때 하는 탄식.

14-3 오른 뒷굽이 왼 손날 거들어 바깥막기
 - 시선 "다" 방향 -

14-2 오른발 뒤돌아 옆차기 차고 "라" 위치에 내려딛어

14 14-1 "라" 방향 왼발 앞차고 내려 딛고 이어서

제3장 태권도의 품새_127

9 "다" 선상 오른발 왼무릎 안쪽으로 당겨 닿자 마자 짓찧으며 주춤서기 오른 얼굴 등주먹 거들어 당겨 앞치기 -기합- (시선"가"방향) 이어서 주춤서기(그대로) 왼 얼굴 등주먹 거들어 당겨앞치기

※ 등주먹 앞치기를 할 때 발의 모양은 발을 안쪽으로 당겼다가 되 차는 식으로 행하며 내려놓는다.

※ 오른 등주먹 당겨 앞치기는 왼팔을 앞으로 펴서 상대를 잡아끌면서 오른 등주먹 앞치기로 턱을 친다.

10 "라" 방향 오른발 제자리 왼발을 옮겨 왼 앞 꼬아서기 멍에치기

11 "라" 방향 왼발 제자리 오른발 옮겨딛어 주춤서기 헤쳐 태산막기 - 시선"라"방향 -

13-2 오른 앞굽이 왼 팔굽 올려치기

13 "라" 방향 오른발 옆차고 내려 딛어

12-2 이어서 왼 허리에 왼 작은 돌쩌귀(왼 학다리 그대로)

12 "라" 방향 왼발 제자리 오른발 끌어올려 왼 학다리 서기 금강막기

평원(平原)

17 17-1 "다"방향 왼발 오른 무릎 안쪽으로 당겨 닿자마자

17-2 짓찧으며 주춤서기 왼 얼굴 등주먹 거들어 당겨 앞치기 -기합- (시선"가"방향)

17-3 이어서 주춤서기(그대로) 오른 얼굴 등주먹 거들어 당겨 앞치기

18 "나"방향 오른발 옮겨 오른 앞 꼬아서기 멍에치기 - 시선"다"방향 -

고사성어

孟母斷機(맹모단기)
맹자의 어머니가 [유학(遊學)도중에 돌아온 맹자를 훈계하기 위해]베틀에 건 날실을 끊었다는 뜻으로, 학문을 중도에 그만두는 것은 짜고 있던 베의 날실을 끊어 버리는 것과 같다는 말.

19 "나" 방향 왼발 내딛어 주춤서기 헤쳐 태산막기

20 "나" 방향 오른발 제자리 왼발 끌어 올려 오른학다리 금강막기하고 / 오른허리에 오른 작은 돌쩌귀

21 "나" 방향 왼메주먹으로 바깥치는 동시에 왼발 옆차고 / 내려딛어 왼 앞굽이 오른 팔꿈치 표적치기 (팔꿈치 명치선 높이)

바로 "나"의 위치에서 오른발 제자리 "가" 방향보며 왼발 모듬 발로 모아서기 겹손바로

고사성어

明鏡止水(명경지수)
맑은 거울과 조용한 물이라는 뜻으로, 티 없이 맑고 고요한 심경을 이르는 말.

십진 (十進)

嚴師出高徒, 重道得眞諦
(엄사출고도, 중도득진체)

엄한 스승 밑에서 뛰어난 제자가 나오고, 도를 중시여겨야 진체(眞諦)를 얻는다.

자연 숭배의 원시 신앙에서 나온 십장생(十長生)은 해와 산, 물, 돌, 소나무, 달, 불로초, 거북, 학, 사슴을 말한다.
이러한 것은 십진사상(十進思想)에서 유래된 것이다.
십진(十進)은 열(十)에서 백(百), 천(千), 만(萬)으로 늘어나 무한대의 숫자를 형성하는 것처럼 품새의 동작에서 끝없는 단위로 무상한 변화를 요구하며, 무궁한 영생을 줄 수 있는 「十」자선으로 만들었고, 동작의 형태는 손바닥 거들어 막기를 주로 응용하였다.
이 품새의 중요한 생명은 완만성(緩慢性)과 절도(節度)를 넣어 변화하는 동작에 안정성을 그대로 적용한 점이다.
완만성으로 움직일 때에 인체의 모든 근육과 신경을 부드럽게 하면서 절도를 유지하여 십장생과 십진법이 일치하도록 한 것이 바로 품새 십진이다.

십진(十進)

기본 준비

1 "가" 방향 바라보며 두 발 그대로 두 주먹을 올리어 나란히 서기(그대로) 황소막기

2 황소막기한 두 주먹 양 옆으로 약간 벌려 (자신의 얼굴간격정도) (시선 "가" 방향)

1. 왼 바깥팔목에 오른 손바닥을 대어 밀어서 막는데 도와준다.
2. 막았을 때의 모양은 오른 가운데 손가락 끝이 왼 바깥팔목 끝단에 위치한다.

2-2 "다" 방향 오른뒷굽이 왼 안팔목 손바닥 거들어 바깥막기

3 "다" 방향 왼 주먹 펴고 안으로 튼 다음 / 왼 앞굽이 오른 손끝 (서서히 내밀다 빠르게) 옆어찌르기 이어 두번 지르기 / 왼 지르기

1. 주먹의 손가락을 펼 때는 힘을 주어 서서히 편다.
2. 손가락을 거의 다 폈을 때 손목을 안쪽으로 튼다. 이때 오른손 그대로 힘주고 있기 때문에 왼 손목이 완전히 틀렸을 때는 손등쪽으로 온다.
3. 이때 왼손 등에다 오른 손바닥을 비벼 스쳐서 찌르기를 한다.
4. 이때 두 다리는 오른발은 제자리, 왼발은 (주먹을 펴고 트는 사이에) 앞굽이로 변한다.
5. 찌르기와 두번지르기는 빠르게 한다.

8 "라" 방향 오른주먹 펴고 안으로 틀어 오른발 약간 밀고 나가 / 오른 앞굽이 왼손끝 옆어 찌르기 하고 이어서 몸통 두번 지르기 / 오른 지르기 / 왼 지르기

고사성어

> **盤根錯節(반근착절)**
> 서린 뿌리와 얼크러진 마디라는 뜻으로, 얼크러져 해결하기 매우 어려운 사건의 비유.

1. 왼발옮겨 앞꼬아서기로 몸 옮길때몸을 오른쪽으로 틀면서 왼손이 머리 위로 하여 "다"방향으로 뻗어 상대를 잡는다.
2. 오른발이 계속 나가며 옆지르기할때는 잡은 왼손을 끌어 당기며 한다.

3-4 오른 지르기

4 "다" 방향 몸 왼쪽으로 돌려 오른발 내딛어 주춤서기 몸 정면 "마"방향 헤쳐 태산막기
- 시선 "다"방향 -

 기합

5 "다" 방향 왼발 옮겨 앞꼬아서기 이어서 오른발 옮겨딛어 주춤서기 오른 옆지르기 -**기합**-

7-2 오른발 "라"선상에 내딛어 왼 뒷굽이 오른 안팔목 손바닥 거들어 바깥막기

7-1 "라" 방향 오른발 제자리 왼발 모듬발로 모아서기 하자마자 이어서 (중간동작)

6 "라" 방향 몸을 왼쪽으로 돌아 왼발 제자리 오른발 옮겨딛고 주춤서기 멍에치기 (몸은 "가" 방향)
- 시선 '라'방향 -

십진(十進)

[앞모습]

13 "마" 방향 오른주먹 서서히 펴며 안으로 틀어 오른발 약간 밀고나가 오른 앞굽이 왼손끝 엎어찌르기 이어 몸통 두번 지르기

13-3 (그대로 오른 지르기) 13-4 왼 지르기

[앞모습]

11 "다" 방향 오른발 제자리 왼발 옮겨 앞으로 돌아 주춤서기 멍에치기

12 "마" 방향 왼발 제자리 오른발 옮겨딛어 왼 뒷굽이 오른 안팔목 손바닥 거들어 바깥막기

10 "라" 방향 오른발 앞꼬아서기 이어서 왼발을 옮겨딛어 주춤서기 왼 옆지르기 - 기합 -

9 "라" 방향 왼발 내딛어 주춤서기 헤쳐 산틀막기

제3장 태권도의 품새_135

[앞모습]

14 "마" 방향 왼발 내딛어 오른 뒷굽이 왼 손날 거들어 아래막기

[앞모습]

15 "마" 방향 오른발 내딛어 오른 앞굽이 바위밀기

※ 오른발을 옮기는 도중 두손은 오른쪽 허리에 와서 허리부터 두손 바닥을 벌려 (좌우의 엄지끝과 집게 손가락 끝이 가깝게 되게) 온몸에 힘을 주어 서서히 앞으로 밀고 나간다. 이 때 몸을 옆으로 많이 비틀며 밀어 올린다. 끝에가서 손 높이는 눈높이로 두 손 사이로 내다보는 모양이 되어야 한다.

16 "마" 선상 왼발제자리 오른발 약간끌며 주춤서기 손날 등 헤쳐막기
– 시선 "라" 방향 –

※ 17, 18은 한데 이어서 서서히 행한다.

1. 손날 아래 헤쳐막기는 손날 등 몸통 헤쳐막기에서 가슴 앞에서 두 손을 교차하며 아래 헤쳐막기를 서서히 한다.
2. 손날 아래 헤쳐막기가 다될 때 두 주먹 각각 힘 있게 천천히 쥔다.
3. 두 주먹을 거의 다 쥐었을 때 두 무릎을 펴서 서서히 일으키며 선다.

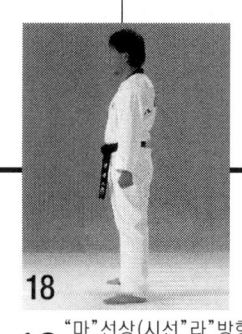

18 "마"선상(시선 "라"방향 그대로)손날아래 헤쳐막기 상태에서 두 주먹 천천히 말아쥐며 두 무릎을 편다.(큰 나란히 서기)

17 "마"선상 두다리 제자리 주춤 서기 (서기 그대로) 손날 아래 헤쳐막기

고사성어

배수지진(背水之陣)
물을 등지고 친 진지라는 뜻으로, 목숨을 걸고 어떤 일에 대처하는 경우의 비유

십진(十進)

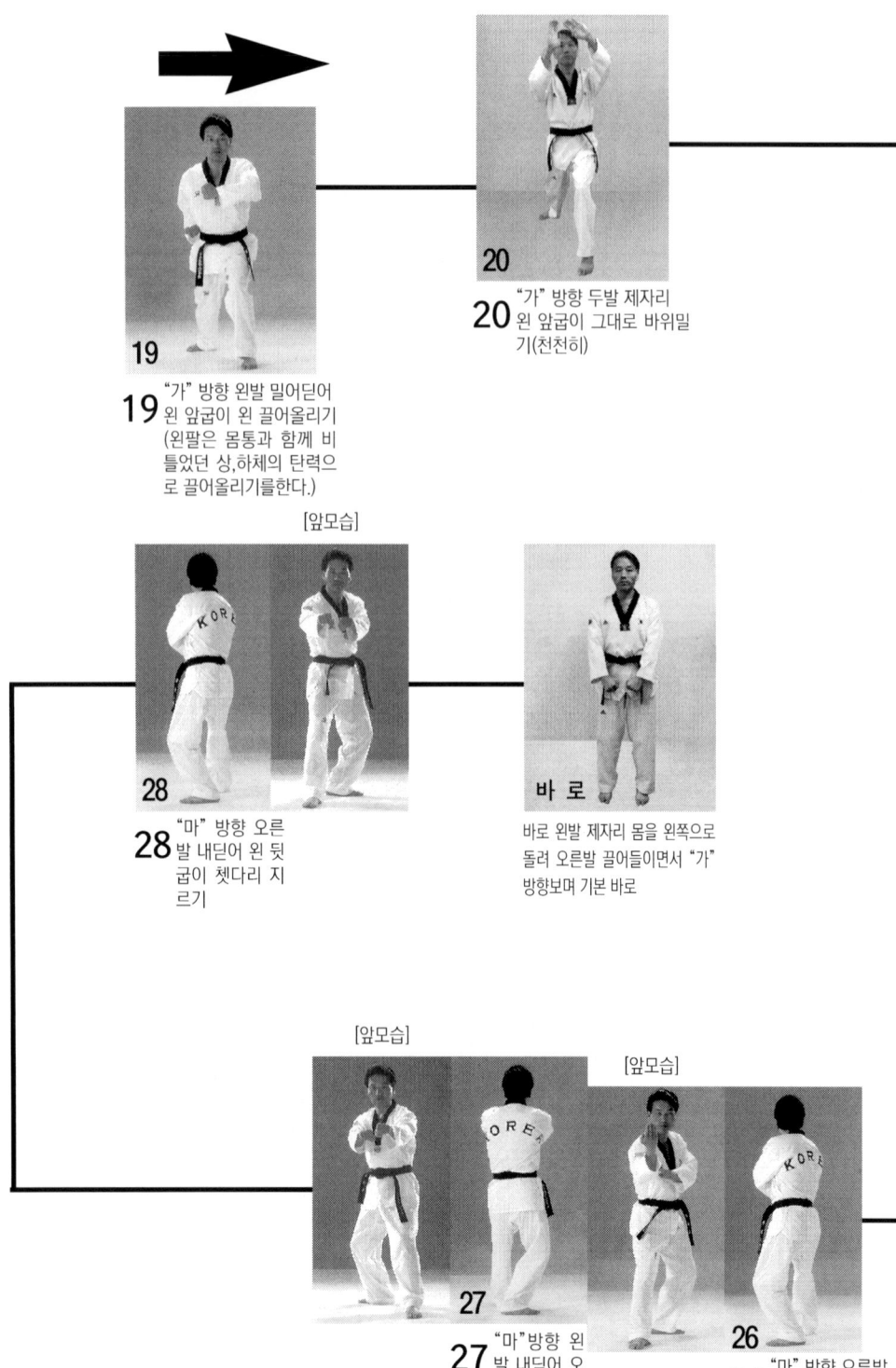

19 "가" 방향 왼발 밀어딛어 왼 앞굽이 왼 끌어올리기 (왼팔은 몸통과 함께 비틀었던 상,하체의 탄력으로 끌어올리기를한다.)

20 "가" 방향 두발 제자리 왼 앞굽이 그대로 바위밀기(천천히)

[앞모습]

28 "마" 방향 오른발 내딛어 왼 뒷굽이 쳇다리 지르기

바로 왼발 제자리 몸을 왼쪽으로 돌려 오른발 끌어들이면서 "가" 방향보며 기본 바로

[앞모습]

27 "마"방향 왼발 내딛어 오른 뒷굽이 쳇다리 지르기

[앞모습]

26 "마" 방향 오른발 내딛어 왼 뒷굽이 오른 손날 등 거들어 바깥막기

21 "가"방향 오른발 앞차고 내딛어 오른 앞굽이 쳇다리 지르기
(두 주먹의 높이는 같게하고 뒷주먹은 약간 팔굽을 구부린다)

22 "가" 방향 왼발 앞차고 내딛어

왼 앞굽이 쳇다리 지르기

고사성어

百年河淸(백년하청)
백년을 기다린다 해도 황하(黃河)의 흐린 물은 맑아지지 않는다는 뜻.
곧 ①아무리 오래 기다려도 사물(事物)이 이루어지기 어려움의 비유.
②확실하지 않은(믿을 수 없는) 일은 언제까지나 기다림(기대함)의 비유

23 "가" 방향 오른발 앞차기 차고 내딛어 짓찧으며

오른 뒤꼬아서기 오른 얼굴 등주먹 거들어 앞치기
- 기합 -

※24~25동작을 빠르게 한다.

[앞모습]

25 "마" 오른발로 중심을 옮기며 왼발 당겨 왼 범서기 아래손날 엇걸어막기

[앞모습]

24 "마" 방향 몸 왼쪽으로 돌려 왼발 내딛으며 왼 앞굽이 바위밀기

지태 (地跆)

冬鍊三九, 夏鍊三伏
(동련삼구, 하련삼복)

겨울에는 삼구에 단련하고, 여름에는 삼복에 단련한다.

모든 생물(生物)은 땅위에서 나고 자라며 죽는다. 또한 계절을 변화시키는 바람(風)도 땅위에서 생겼다가 땅위에서 사라진다.
지태(地跆)란 하늘이 주신 최대의 생활처로 항여력(恒如力)을 주는 대능력자(大能力者)루 만유(萬有)의 안식처이다.
품새 지태는 위의 글처럼 땅을 응용하여 엮어진 동작을 말한 것이다.
품새 연무선도 지표(地表)에서 하늘을 가리키는「ㅗ」字형을 택하였고, 동작에 움직이는 형태는 땅에서부터 솟구치는 듯이 손으로 막기를 주로 적용하였다.
이 품새의 중요한 생명은 은근한 힘이 솟는 동작으로 등척성(等尺性)에 가까운 것을 주로 넣어 지태(地跆)의 웅대보우(雄大保佑)한 사상(思想)을 육체에 응용시킨 것이다.

지태(地跆)

준비
기본 준비

1
"다" 방향 왼발 내딛어
오른 뒷굽이 왼 안팔목
바깥막기

6
"가" 방향 왼발 약간
뒤로 물려딛고 오른 뒷
굽이 왼 손날 얼굴막기

5
"가" 방향 왼발 옮겨돌아
왼 앞굽이 왼 아래막기

※ 5, 6동작은 아주 빠르게
이어서 한 동작과 같이
한다.

百戰百勝(백전백승)
백 번 싸워 백 번 이긴다는 뜻으로, 싸울 때마다 반드시 이긴다는 말.

제3장 태권도의 품새_141

2 "다" 방향 오른발 앞으로 내딛어(중간동작) 2-1

오른 앞굽이 오른 얼굴막기 2-2

이어서 왼 지르기 2-3

※ 오른발 내딛는 동작과 얼굴막기는 천천히 힘을 주어하며(등척성운동) 이어서 몸통 바로지르기도 천천히 힘을 주어 멈춘다(지르지 않는다) 이때 오른 주먹은 상대를 잡아끄는 마음으로 한다.

오른 지르기 4-3

왼 앞굽이 왼 얼굴막기 이어 4-2

"라" 방향 왼발 내딛어 (중간동작) 4-1

4

3 "라" 방향 오른발 옮겨딛어 뒤로돌아 왼 뒷굽이 오른 안팔목 바깥막기

고사성어

覆水不返盆(복수불반분)
한번 엎지른 물은 다시 그릇에 담을 수 없다는 뜻. 곧 ①한번 떠난 아내는 다시 돌아올 수 없음을 비유. ②일단 저지른 일은 다시 되돌릴 수 없음의 비유.

지태(地跆)

7 "가" 방향 오른발 앞차기 차고 내딛어

7-1

7-2 왼 뒷굽이 오른 손날 거들어 아래막기

8 "가" 방향 두 다리 제자리 왼뒷굽이(그대로) 오른 바깥막기(천천히)

※ 이 동작은 힘을 주어 서서히 하며 왼팔목과 오른 팔목이 가슴앞에서 서로 엇갈려지게 한다.

9-1

9-2

9 "가" 방향 왼발 앞차고 내딛어

오른뒷굽이 왼 손날 거들어 아래막기

고사성어

焚書坑儒(분서갱유)
책을 불사르고 선비를 산 채로 구덩이에 파묻어 죽인다는 뜻. 곧 ①진(秦)나라 시황제(始皇帝)의 가혹한 법과 혹독한 정치를 이룸. ②학자·학문이 정치적 박해·탄압을 받음의 비유.

제3장 태권도의 품새_143

12 "가" 방향 두 다리 제자리 오른 거들어 안막기(안막기는
오른앞굽이(그대로)왼 안 빠르게 연결하여 한다)
막기하고 이어서

11-2 오른 앞굽이 오른 금강 앞지르기

※ 금강 앞지르기는 왼 팔목 올려
막기한 후 팔을 사진과 같이
내렸다가 올려막기와 (몸통)
지르기를 동시에 한다.

11 "가" 방향 오른발 내딛어
(중간동작)

10 "가" 방향 오른발 제자리 인발
내딛어 왼 앞굽이 왼 얼굴막기
(천천히)

고사성어

四面楚歌(사면초가)
사면에서 들려오는 초나라 노래란 뜻. 곧 ①사방 빈틈없이 적에게 포위된 고립무원(孤立無援)의 상태. ②주위의 반대자 또는 적이 많아 고립되어 있는 처지. ③사방으로부터 비난받음의 비유.

지태(地跆)

13 "가" 방향 왼발 제자리 오른발 "나"선상으로 물러 딛어 오른 뒷굽이 왼 손날 아래막기
- 시선 "가" 방향 -

14 "가" 방향 오른발 앞차고
14-1 "나"선상에

14-2 물러딛어 왼 앞굽이 몸통 두번지르기(오른 지르기)

14-3 왼 지르기

> **殺身成仁(살신성인)**
> 자신을 죽여서라도 인(仁)을 이룬다는 뜻으로, 인도(仁道:人道)를 실현하기 위해 목숨도 버린다는 말.

15 "나" 방향으로 왼발 물려딛어
주춤서기 (몸 정면 "다" 방향
-시선 "다" 방향) - 황소막기

16 "나" 방향 두발 제자리
주춤서기(그대로)
왼 아래 옆막기

17 "가" 방향 두 발 제자리 방향
바꾸어 주춤서기(그대로)
오른 손날 옆막기

18 "가" 방향 두다리 제자리
주춤서기(그대로)
얼굴 메주먹 표적 안치기
-기합-

발가락 끝으로 서는 자는 서지
못하고, 큰 걸음으로 걷는 자는
멀리 가지 못한다. 자기 스스로를 나타내려는 사람은
드러나지 못하고, 스스로 옳다고 하는 사람은 나타나지
못한다.
자기를 자랑하는 자는 공(功)이 없고,
자신을 추어올리는 자는 오래가지 못한다.
이것들이 도(道)에서 박찌꺼기나 보잘것 없는 것이라고
말한다. 무위자연(無爲自然)의 도(道)는 이런 것들을
싫어하며, 도(道)를 지닌 사람은 이런 것들을 몸에
두지 않는다.

지태(地跆)

※ 옆차기를 한 다음 중심을 잡기 위하여 가볍게 발을 구른다. (일부러 힘있게 구르지 않는다. 시선은 "가"방향에서 "나"방향으로 바뀐다.

22 "나" 방향 서기 그대로 왼주먹 허리로 당겨 오른 학다리 오른 작은 돌쩌귀

21-2 "왼발 위치에 바꿔딛어 오른 학다리 왼 아래 옆막기

21 "가"방향으로 오른발 옆차기차고 접어

20 "가" 방향 서기 그대로 오른주먹 허리로 당겨 왼 작은 돌쩌귀 -시선 "가" 방향-

19 "가" 방향 왼발 제자리 오른발 끌어올려 왼 학다리 서기 오른 아래 옆막기

23 "나" 방향 왼발 옆차기 차고 내딛어
23-1
23-2 왼 앞굽이 오른 지르기

24 "나" 방향으로 오른발 내딛어 오른 앞굽이 오른 지르기 -기합-

25 "다" 방향 왼발 옮겨돌아 오른 뒷굽이 왼 손날 거들어 아래막기

고사성어

三年不飛又不鳴(삼년불비우불명)
3년동안 날지도 않고 울지도 않는다는 뜻으로, 훗날 웅비(雄飛)할 기회를 기다리고 있음을 이르는 말.

26 "다" 방향 오른발 내딛어 왼 뒷굽이 오른 손날거들어 바깥막기

바로, "나"의 위치에서 오른발 제자리 몸을 왼쪽으로 돌려 왼발을 끌어들여 "가" 방향보며 기본 바로

28 "라" 방향 왼발 내딛어 오른 뒷굽이 왼 손날 거들어 바깥막기

27 "라" 방향 오른발 옮겨 뒤로 돌아 왼 뒷굽이 오른 손날 거들어 아래막기

천권 (天拳)

文以平心, 武以觀德
(문이평심, 무이관덕)

글로는 마음을 평하고, 무(武)로는 덕을 평한다.

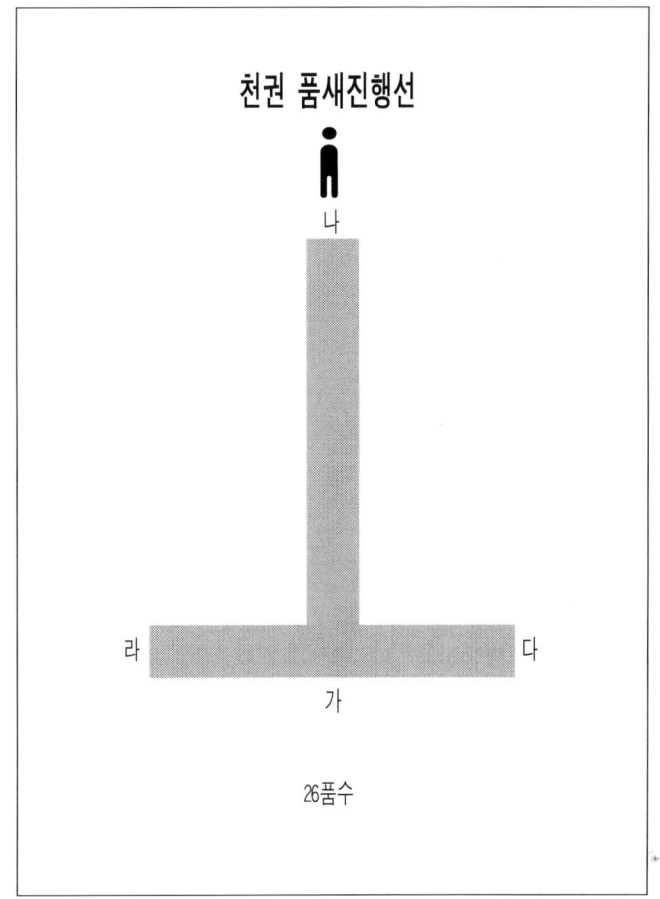

하늘은 만유(萬有)의 근본(根本)이며 구심적(求心的) 기점(基點)이고 모든 것의 최후(最後)의 완성자(完成者)이다.

천권(天拳)이란 아득히 높고 반원형(半圓形)을 이루는 시계(視界)의 공간이며 천지 만물(天地萬物)의 창주신(倉造神)이 통치한 무한(無限) 오묘(奧妙)한 상상의 세계로 유약한 인간들이 받들어 모시는 신으로 불린다.

품새 천권은 하늘의 무한히 넓고 오묘한 상상의 세계를 응용하여 엮어진 동작을 말한 것이다.

품새 진행선도 「ㅜ」字형을 택하였고 동작에 움직이는 형태는 하늘로부터 독수리가 내리는 듯이 날개펴기를 주로 적용하였다.

이 품새의 중요한 생명은 완만(緩慢)한 힘과 민속(敏速)한 절도(節度)를 주로 넣어 천권(天拳)의 높고 넓은 사상(思想)을 응용시킨 것이다.

천권(天拳)

1-3	1-2	중간동작 1-1	준비
날개펴기	(서기 그대로) 양손에 서서히 힘을주어	"나"의 위치에서 모아서기 두 손을 겹친채 서서히 가슴 앞으로 들어올린다	겹손 준비서기

1

1. 날개펴기는 힘주어 서서히 행한다.
2. 겹손에서 두 손을 가슴앞까지 올린다. (숨도 들이쉰다)
3. 두 손이 가슴앞까지 왔을 때 손목을 뒤로 제치고 손바닥을 바깥으로 틀면서 각각 좌우로 민다.(이때 숨을천천히 내쉰다)

준 비

모아서기 겹손

모아서기(중간동작)

2-1	2-2
치지르기(중간동작)	"가" 방향 왼발 뒤로 물러 딛어 오른 범서기 두 밤주먹 치지르기

2

1. 동작을 빠르게 한다.
2. "가"방향을 향하여"나"의 위치에서 날개 펴기 한 두 팔을 원을 그리며 밑으로 내렸다가 단전 앞에서 두 손을 모아 다시 가슴 앞으로 하여 머리위까지 올려 양옆으로 크게 헤쳐낸다.
3. 헤쳐낸 두 팔은 다시 원을 그리며 양 옆으로 돌려 단전앞에 두 주먹(밤주먹)으로 치지르기를 한다. 치지르기를 할때 왼발이 뒤로 물러난다. (이 동작들은 아주 빠르게 행한다)

3

3 "가"방향 오른 앞굽이 왼 손날 비틀어 바깥막기 (뒷발 뒤꿈치를 바닥에 붙인다)

4-1

4 "가" 방향 왼발내딛으며 왼손감아 잡아 잡아 당기면서

4-2

왼 앞굽이 오른 지르기(천천히)

8-2 왼 앞굽이 왼 아래막기

8 "가" 방향 왼발 옆차기 차고 -기합- 내딛어

8-1

7 "가" 방향 서기 그대로 오른 앞굽이 왼 손날 비틀어 바깥막기한 후 이어서 왼손으로 상대 팔목을 잡아 비틀어 당기며

※ 손날로 막은 손을 손목을 안으로 틀어 엄지가 밑으로 가게 하여 상대의 막힌 팔목을 감아 잡아 반대인 바깥쪽을 비틀면서 허리로 끌며 오른주먹으로 바로지르기한다. 이때는 천천히 힘주어 한다.

5 "가" 방향 서기 그대로 왼 앞굽이 오른 손날 비틀어 바깥막기

6-1

6 "가" 방향 오른발 내딛으며 오른손 감아 잡아 당기면서 (중간동작)

6-2 오른 앞굽이 왼 지르기

천권(天拳)

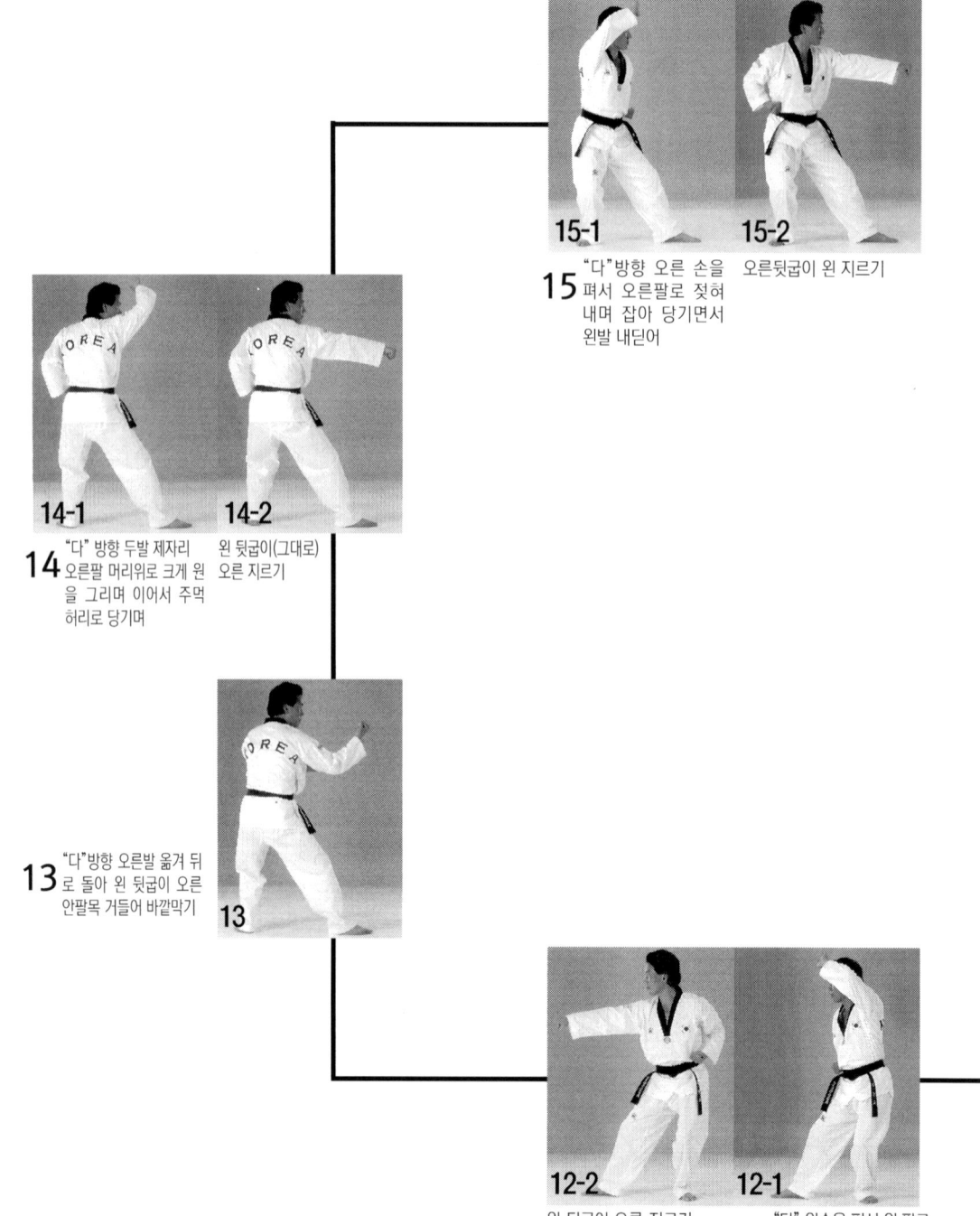

고사성어

首鼠兩端(수서양단)
구멍에서 머리만 내밀고 좌우를 살피는 쥐라는 뜻. 곧 ①진퇴·거취를 정하지 못하고 망설이는 상태. ②두 마음을 가지고 기회를 엿봄.

11-2 오른 뒷굽이(그대로)

11-1 / 11 "라" 방향 두발 제자리 왼팔 머리위로 크게 원을 그리며 이어서 주먹 허리로 당기며

10 "라" 방향 왼발 옮겨돌아 오른 뒷굽이 왼 안팔목 거들어 바깥막기

9 "가" 방향 오른발 내딛어 오른 앞굽이 오른 지르기

천권(天拳)

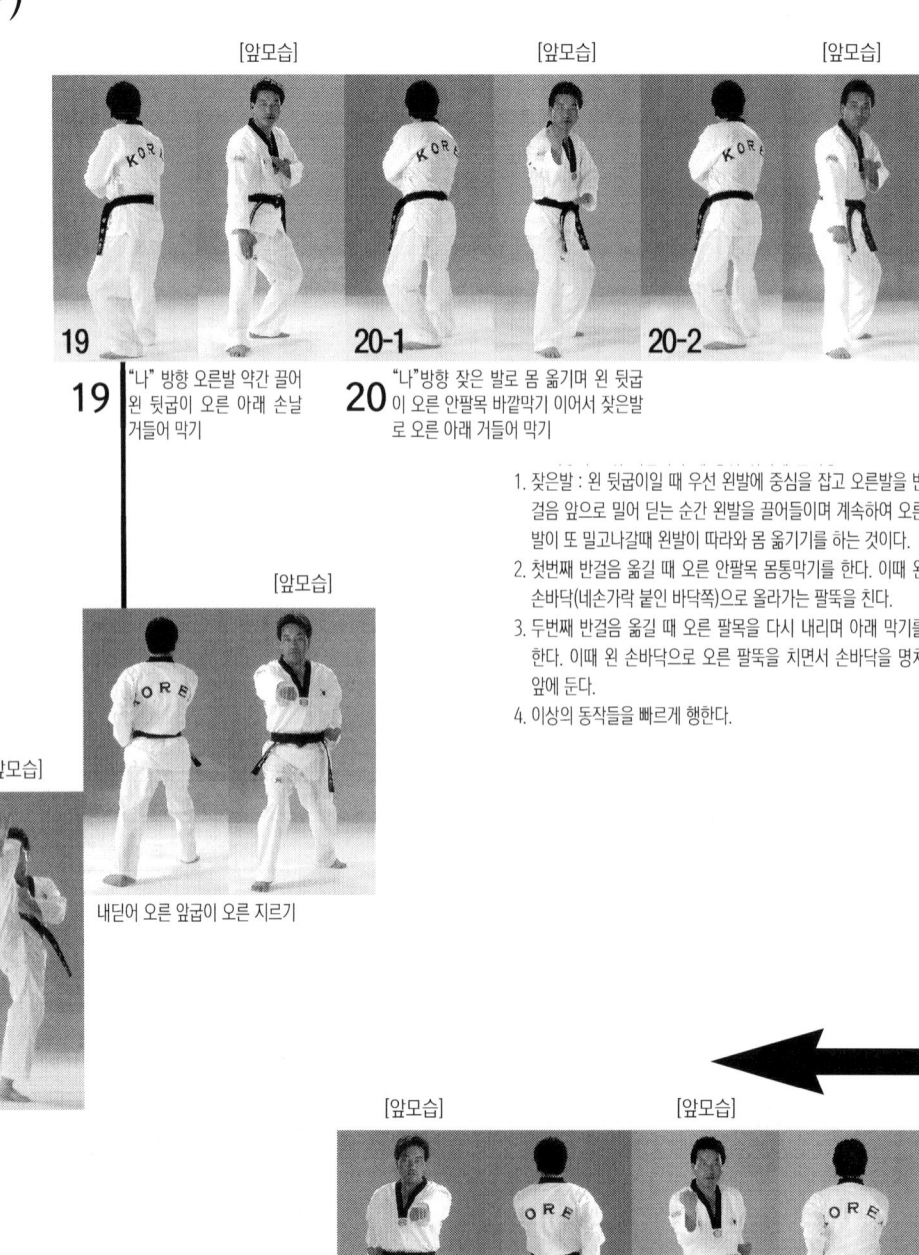

19 "나" 방향 오른발 약간 끌어 왼 뒷굽이 오른 아래 손날 거들어 막기

20 "나" 방향 잦은 발로 몸 옮기며 왼 뒷굽이 오른 안팔목 바깥막기 이어서 잦은발로 오른 아래 거들어 막기

1. 잦은발 : 왼 뒷굽이일 때 우선 왼발에 중심을 잡고 오른발을 반걸음 앞으로 밀어 딛는 순간 왼발을 끌어들이며 계속하여 오른발이 또 밀고나갈때 왼발이 따라와 몸 옮기기를 하는 것이다.
2. 첫번째 반걸음 옮길 때 오른 안팔목 몸통막기를 한다. 이때 왼 손바닥(네손가락 붙인 바닥쪽)으로 올라가는 팔뚝을 친다.
3. 두번째 반걸음 옮길 때 오른 팔목을 다시 내리며 아래 막기를 한다. 이때 왼 손바닥으로 오른 팔뚝을 치면서 손바닥을 명치 앞에 둔다.
4. 이상의 동작들을 빠르게 행한다.

내딛어 오른 앞굽이 오른 지르기

18 "나"방향 오른발 앞차고

17 "나" 방향 두발 제자리 왼 앞굽이(그대로) 왼 지르기

16 "나" 방향 왼발 옮겨 돌아 왼 앞굽이 오른 안팔목 비틀어 바깥막기

[앞모습]

21 "나" 방향 미끄름발 약간 내딛어 주춤서기
21 금강 옆지르기

22 "나" 방향 몸을 공중으로 띄워 왼쪽으로 돌며 얼굴 표적 안차고 내려딛어 왼 주춤서
22 기 금강 옆지르기

1. 공중표적차기는 우선 체중을 오른발에 옮기며 땅을 밀어 몸을공중으로 띄운다.
2. 이때 몸을 왼쪽으로 틀면 공중에서 몸이 360°회전된다.
3. 이와 같이 몸을 공중에서 도는 도중 왼발은 처저 땅에 딛게 되는데 땅에 딛기전에 왼 손바닥을 오른 발다박으로 돌려찬다.
4. 이때 표적차기 하기전에 왼발이 먼저 땅에 닿으면 안된다.

고사성어

脣亡齒寒(순망치한)
입술을 잃으면 이가 시리다는 뜻. 곧 ①이웃 나라나 가까운 사이의 한쪽이 망하면 다른 한쪽도 온전하기 어려움의 비유. ②서로 도우며 떨어질 수 없는 밀접한 관계, 또는 서로 도움으로써 성립되는 관계의 비유.

천권(天拳)

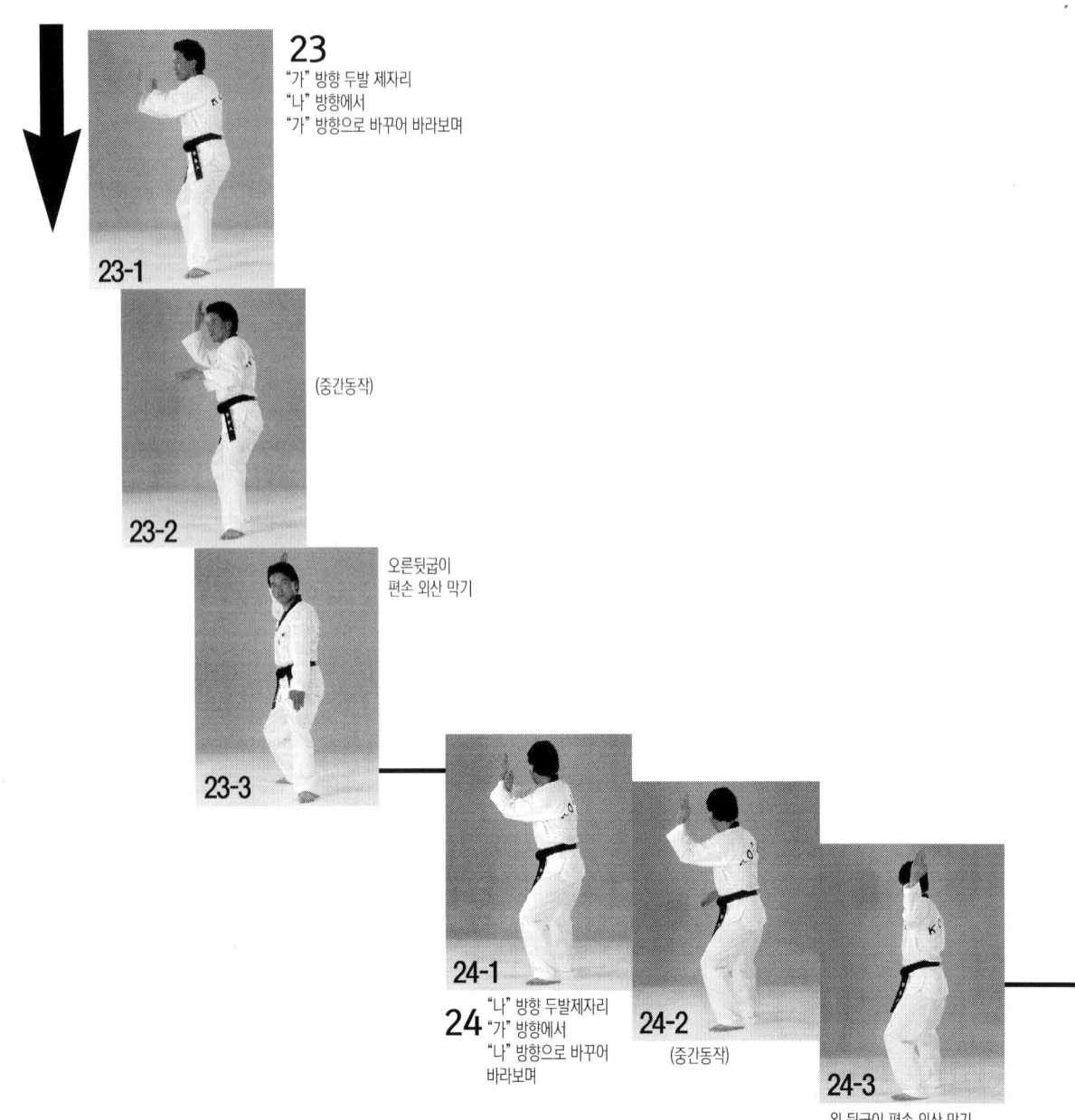

제3장 태권도의 품새_157

고사성어

안중지정(眼中之釘)
눈에 박힌 못이라는 뜻. 곧 ①나에게 해를 끼치는 사람의 비유.
②몹시 싫거나 미워서 항상 눈에 거슬리는 사람(눈엣가시)의 비유.

25-3
오른 범서기 태산밀기

25-2
오른발을 앞으로 내딛어
(중간동작)

25-1
"가" 방향 오른발 "나"에
25 위치하고 왼발끌어 모음
발로 모아서기하였다가

※ **태산밀기 보충설명**
1. "나"방향에서 몸을 왼쪽으로 돌려 왼발을 끌어 일어서며 모아서기를 한다.
2. 이때 두 손은 "단전" 앞에서 "겹손"으로 모았다 같이 가슴, 얼굴, 머리위
   순으로 올렸다기 양옆으로 긱긱 뭔을 그리며 내려
3. 두 손은 몸통 높이에서 팔굽을 굽히여 명치앞에 모으며 손목을 제껴
4. 오른손이 밑으로 왼손이 위로하여 두 바탕손을 가까이 하였다가
5. 오른발을 앞으로 밀어 내놓으며 오른 범서기를 하는 중에 두 바탕손을 아래, 위로 벌리면서 팔굽을
   펴가며 앞으로 민다. - 힘주어 천천히 -
6. 이때 위의 왼 바탕손은 "눈높이", 또는 "인중" 높이 오른 바탕손은 "단전" 또는 "낭심" 높이가 된다.
7. 위에 있는 왼 바탕손은 모두펴고 밑에 있는 오른 바탕손은 약간 굽힌다.

천권(天拳)

26 "가" 방향 오른발을 다시 끌어들여 모듬발로 모아 서기 하며 몸을 일으키면서 두 팔로 원을 그렸다가 (26-1)

왼발을 앞으로 내밀며 (중간동작) (26-2)

왼 범서기 태산밀기 (왼 범서기를 하는 중에 두 바탕손을 아래 위로 벌리면서 팔굽을 펴며 앞으로 민다. 등척성) (26-3)

바 로 왼발 끌어 모듬발로 모아서기 서면서 "가" 방향 바라보며 모아서 겹손 바로

고사성어

暗中摸索(암중모색)
어둠 속에서 손으로 더듬어 찾는다는 뜻으로, 어림짐작으로 찾는다 (혹은 추측한다)는 말

나에게는 세가지 보배가 있어 그것을 소중히
간직하고 있다.
첫째는 인자(仁慈)요, 둘째는 검소요,
셋째는 감히 천하의 앞이 되지 않음이다.
인자하기 때문에 용감할 수 있고,
검소하기 때문에 여유가 있으며, 남보다 앞서지
않기 때문에 영도자가 되는 것이다.
그러나 인자를 버리고 용감해지려하고,
검소를 버리고 넓어지려 하고, 물러섬을 버리고
앞서려고 한다면 결국 죽을 것이다.
무릇 인자로 싸우면 이기고, 그것으로 지키면
견고(堅固)하다.
인자한 사람은 하늘도 장차 도울 것이니,
이는 인자함을 스스로 지키기 때문이다.

고사성어

藥籠中物(약농중물)
약장속의 약품이란 뜻으로, 항상 곁에 없어서는 안될 긴요한 인물(심복)
을 이르는 말

한수 (漢水)

眼無神, 拳無魂
(안무신, 권무혼)

눈에 신(神)이 없으면, 권(拳)에 혼(魂)이 없다.

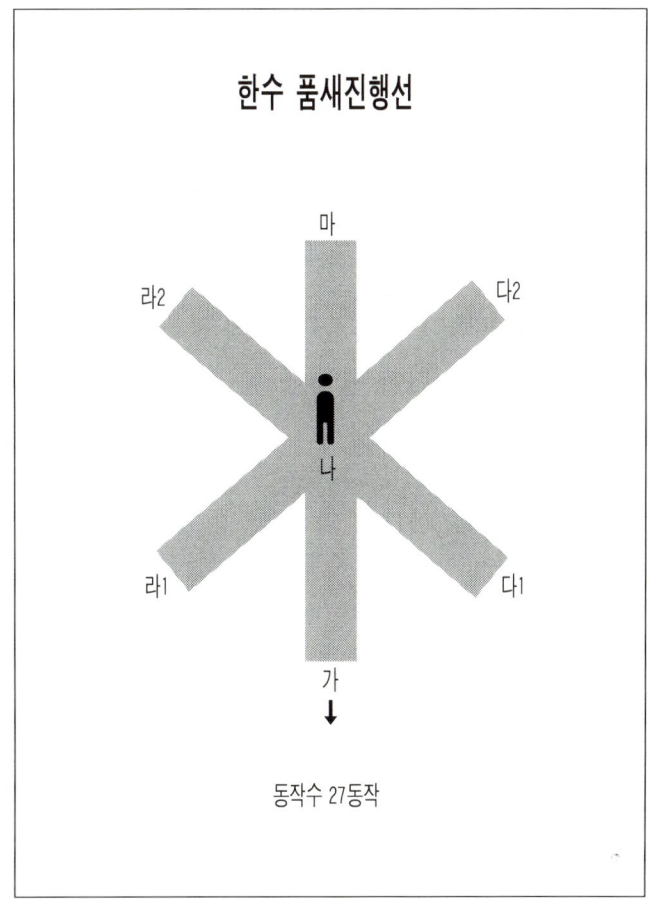

물은 만물(萬物)의 생명(生命)을 키워주는 근원(根源)이 된다. 냄새나 맛이나 색깔이 비록 없다손치더라도 그 양(量)이 작을 때 여리고 약하지만 괴고 또 괴어 큰물을 이룰 때 그 힘이란 무섭게 변하는 것이 곧 물인 것이다.

한 방울에서 시작하여 큰 강물을 이루는 융화성(融化性)은 사람이 배워야 할 진리(眞理)일 것이다.

비록 끓을 수도 높이 세울 수도 없는 유연한 것이지만 그릇의 형태에 따라 그 모양을 그대로 만들 수 있는 적응성(適應性)은 통일된 정신을 나타내는 것으로 태권도 정신과 인간 처세에 진리와 상통(相通)하는 것이다.

품새 한수(漢水)는 「水」자로 진행되며 품새의 중요한 동작은 물결처럼 유연하면서도 무서운 힘을 나타내는 것을 동작하는 데 중점을 두었다. 한수의 생명은 유연성(柔軟性)을 바탕으로 원심력(遠心力)으로 공방하는 융화된 통일성을 응용한 것이다.

한수(漢水)

준비
겹손 준비 　　　겹손준비서기 (중간동작)

1
"가" 방향 왼발 내딛어
왼 앞굽이
손날등 헤쳐막기

2
"가" 방향 오른발 내딛어 오른
앞굽이 두 메주먹 안치기
(손 동작을 크게한다)

※ 1. 헤쳐 막은 두 팔을 약간
벌렸다 메주먹을 마주
보게 하여 친다.
2. 치기 하였을 때는
두 팔굽을 굽힌다.
3. 목표는 상대의 양 늑골이다.

3
"가" 방향 바라보며 오른발
"나"의 위치에 물려딛어
오른 앞굽이 외산 막기

※ 1. 시선은 "가"방향이나
앞굽이는 "나"방향으로
하며 체중은 오른발에
많이 싣는다.
2. 오른쪽 팔은 "나"방향으로
얼굴 바깥막기
왼팔목은 "가"방향으로
내려막기를 한다.

4
"가" 방향 바라보며 두발 제자
리 왼 앞굽이 오른 지르기

※ 1. 오른발에 쏠렸던 체중을
왼발로 옮기며 오른지르기
를 한다.
2. 3, 4동작의 연결을 보면
파도치는 것과 같다.

梁上君子(양상군자)
대들보 위의 군자라는 뜻. 곧 ①집 안에 들어온 도둑의 비유.
②(전하여)천정위의 쥐를 달리 일컫는 말.

고사성어

漁父之利(어부지리)
어부의 이득이라는 뜻으로, 쌍방이 다투는 사이에 제 삼자가 힘들이지 않고 이득을 챙긴다는 말.

5 "가" 방향 바라보며 왼발 "마" 선상에 뒤로 물려 딛어 왼 앞굽이 외산 막기

6 "가" 방향 두발 제자리 오른 앞굽이 왼 지르기

7 "가" 방향 바라보며 오른발 "마"선상 뒤로 물려 딛어 오른 앞굽이 외산 막기

8 "가" 방향 두발 제자리 왼 앞굽이 오른 지르기

9 "가" 방향 오른발 앞으로 내딛어("나"의 위치에) 오른앞굽이 손날등 헤쳐막기

한수(漢水)

餘桃之罪(여도지죄)
'먹다남은 복숭아를 먹인 죄'란 뜻으로, 애정과 증오의 변화가 심함을 비유.

10 오른발 "나"의 위치에 두고 왼발 "다1"방향으로 내딛어 왼 앞굽이 왼목 아금손 거들어 앞 치기

※왼발을 "다1"방향으로 내딛을 때 오른 바탕손으로 눌러 막는 동시에 왼 아금손으로 칼재비를 한다.

11 "다2" 방향으로 오른발 뛰어 나가 딛으며 오른 곁다리서기 두 주먹 젖혀지르기

12 "다1" 방향 오른발 제자리 왼발 "나" 방향 물러딛어 주춤서기 오른 안팔목 표적 아래 안막기

※왼 아금손에 오른 안팔목을 끼우듯 친다.

13 "다2" 방향 바라보며 왼발 제자리 오른발 "나" 위치에 뒤로 물려 딛어 오른 뒷굽이 손날 금강막기
-시선 "다2"방향-

14 "다1" 방향으로 시선 돌리며 오른발 제자리 왼발 끌어올려 오른 학다리 오른 작은 돌쩌귀

제3장 태권도의 품새_165

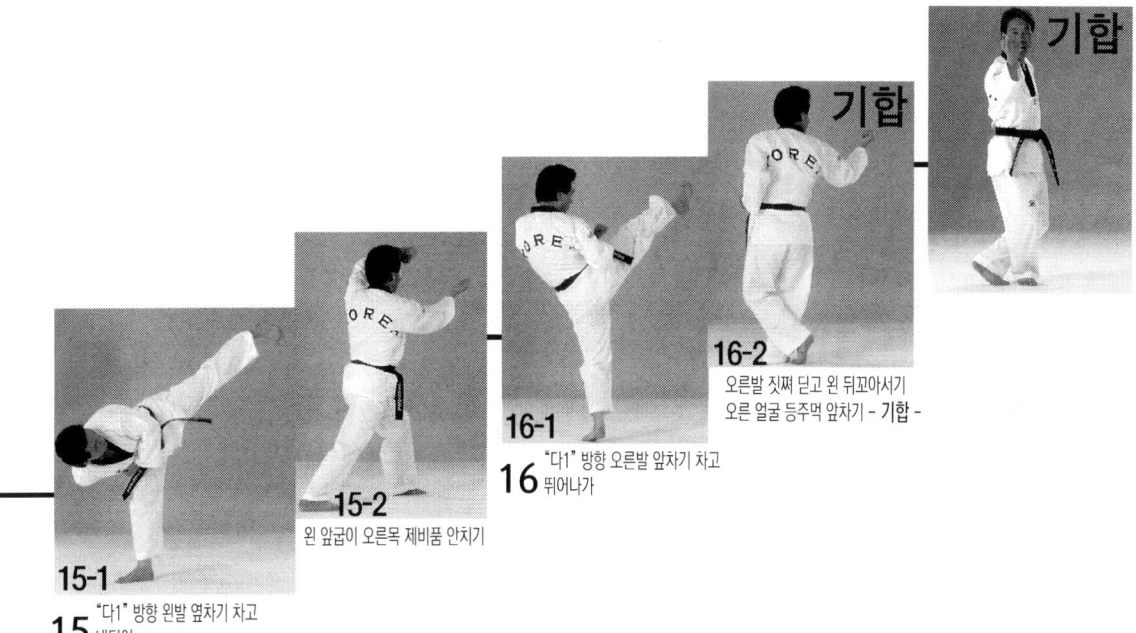

15 "다1" 방향 왼발 옆차기 차고
내딛어
15-1
15-2 왼 앞굽이 오른목 제비품 안치기

16 "다1" 방향 오른발 앞차기 차고
뛰어나가
16-1
16-2 오른발 짓쩌 딛고 왼 뒤꼬아서기
오른 얼굴 등주먹 앞차기 - 기합 -

[앞모습]

고사성어

緣木求魚(연목구어)
나무에 올라 물고기를 구한다는 뜻. 곧 ①도저히 불가능한(가당찮은) 일을 하려 함의 비유. ②잘못된 방법으로 목적을 이루려 함의 비유. ③수고만 하고 아무것도 얻지 못함의 비유.

한수(漢水)

22 "라2" 방향 바라보며
오른발 제자리
왼발 뒤로 물러딛어
("나"의 위치)
왼 뒷굽이 손날 금강막기

21 "라2" 방향 바라보며 왼발
제자리 "나" 방향으로 오른발
뒤로 물러딛어 주춤서기 왼
안팔목 표적 아래 안막기

20 "라2" 방향 왼발 뛰어 내딛어
왼 곁다리 서기
두 주먹 젖혀지르기

고사성어

五里霧中(오리무중)
사방(四方)5리에 안개가 덮여 있는 속이라는 뜻으로, 사물의 행방이나
사태의 추이를 알 길이 없음을 비유.

17 "나" 방향 왼발
물러딛어 주춤서기
왼 목 손날 옆치기
(시선 "나"방향)

18 "나"방향 오른발 얼굴
표적 안차기

18-2 "나"의 위치에 딛어 주춤서기
오른 팔굽치 표적 앞치기

19-2 오른발"라2" 방향으로 내딛어
오른 앞굽이 오른 목 아금손
거들어 앞치기

19 "라2" 방향 오른발 제자리
왼발 모듬발로 끌어 모아
서기를 하자마자 이어서

吳越同舟(오월동주)
적대(敵對)관계에 있는 오나라 사람과 월나라 사람이 같은 배에 타고 있다는 뜻. 곧 ①서로 적의를 품은 사람끼리 같은 장소, 처지에 놓임. 원수끼리 함께 있음의 비유. ②적의를 품은 사람끼리라도 필요한 경우에는 서로 도움.

한수(漢水)

26 "나" 방향 오른발 뒤로 물러딛어
26 주춤서기 오른 목 손날 옆치기

25-2 뛰어나가 왼발 짓밟으며 오른
뒤꼬아서기 왼 얼굴 등주먹
앞치기 - 기합 -

25-1
25 "라1" 방향 왼발 앞차기 차고

27-1 "나" 방향 오른발 제자리
27 왼발 얼굴 표적 안치기

27-2 왼 팔꿈치 표적 안치기

겹손 바로

바 로
왼발 제자리 "가" 방향 바라보며
모듬발로 모아서 겹손 바로

고사성어

> **蝸角之爭(와각지쟁)**
> 달팽이 촉각 위에서의 싸움이란 뜻. 곧 ①대국(大局)에는 아무런 영향이 없는 작은(쓸데없는)다툼의 비유. ②하찮은 일로 승강이하는 짓의 비유. ③ 인간 세계의 비소(卑小:보잘것 없이 작음)함의 비유.

24-2 오른 앞굽이 왼 목 제비품 안치기

24-1 "라1" 방향 오른발 옆차기 차고
24 내려딛어

23 "라1" 방향 바라보며 왼발 제자리("나"의 위치) 오른발 끌어올려 왼 학다리 왼 작은 돌쩌귀

일여 (一如)

고사성어

愚公移山(우공이산)
우공이 산을 옮긴다는 뜻으로, 어떤 큰 일이라도 끊임없이 노력하면 반드시 이루어짐의 비유.

신라의 고승(高僧) 원효(元曉)는 「마음이 있어야 모든 사물과 법이 있는 것이며 마음이 죽으면, 곧 해골이나 다름 없도다」
"부처님 말씀에 삼계(三界)가 오직 마음뿐이라고 한 것을 어찌 잊었더냐" 하였다.
그의 사상(思想)은 일칙일여(一則一如), 일여일칙(一如一則)이란 철리(哲理)를 세웠다.
일여는 마음(정신)과 육신(물질)이 하나라는 뜻이며 일칙은 오직 하나뿐이라는 뜻이다. 점이나, 선이나, 원이 하나로 된다는 진리(眞理)이다.
품새에서 일여의 깊은 뜻을 적용하여 동작과 정신을 하나로 만들었다.
연무 진행선은 불교(佛敎)의 상징인 「卍」자(字)으로 정하였고 동작의 움직이는 형태는 금강막기를 주 기술로 만들었다.
이 품새의 중요한 생명은 등척성(等尺性)과 평형성(平衡性)을 주로 넣어 정신과 육체는 하나라는 표현으로 전신(全身)에 힘주어 움직일 때 근육과 정신을 일치시켜 무아의 경지에 도달하면 이는 곧 일여(一如)의 사상과 직결되는 것이다.

일여(一如)

준 비
보주먹 준비

6
"나" 방향 오른 뛰어나가 딛으며 오른 오금서기("나"의 위치) 왼 거들어 세워찌르기
- 기합 -

1
"가" 방향 왼발 내딛어 오른 뒷굽이 왼 손날 거들어 바깥막기

4
"나" 방향 왼발 옮겨돌아 오른 뒷굽이 왼 손날 거들어 바깥막기

5
"나" 방향 두발 제자리 오른 뒷굽이 오른 지르기

2
"가" 방향 오른발 내딛어 오른 앞굽이 오른 지르기

3
"다2" 방향 왼발 옮겨딛어 오른 뒷굽이 금강막기
- 천천히 행한다 - 등척성

제3장 태권도의 품새_173

7 "마" 방향 오른 오금서기 그대로 왼발로 외산 옆차기 (천천히)   외산막기 옆차기 (옆모습)

[앞모습]

8 옆차기 찬 왼발 "마"선상에 내려딛어 오른 뒷굽이 얼굴 엇걸어 막기 -빠르게-

※엇걸어 얼굴막기는 앞에 나와 있는 발쪽의 팔목으로 올려막기할 때 뒤쪽의 팔목에 힘을 보태 주기위하여 뒤쪽에서 엇걸어 밀며 도와준다.

9 "마" 방향 엇갈린 상대의 팔목을 비틀어 잡아끌며 오른발 내딛어 오른 앞굽이 오른 지르기

※엇갈린 팔목에 막히어 걸쳐있는 상대의 팔목을 빼지 못하게 하며 엇걸어 막기에 기들이 준 손을 펴서 상대의 팔목을 잡아 챈다.

고 사 성 어

遠水不救近火(원수불구근화)
'먼 데 있는 물은 가까운 곳에서 난 불을 끄지 못한다'는 뜻으로, 먼 데 있으면 급할 때 아무 소용이 없다는 말.

일여(一如)

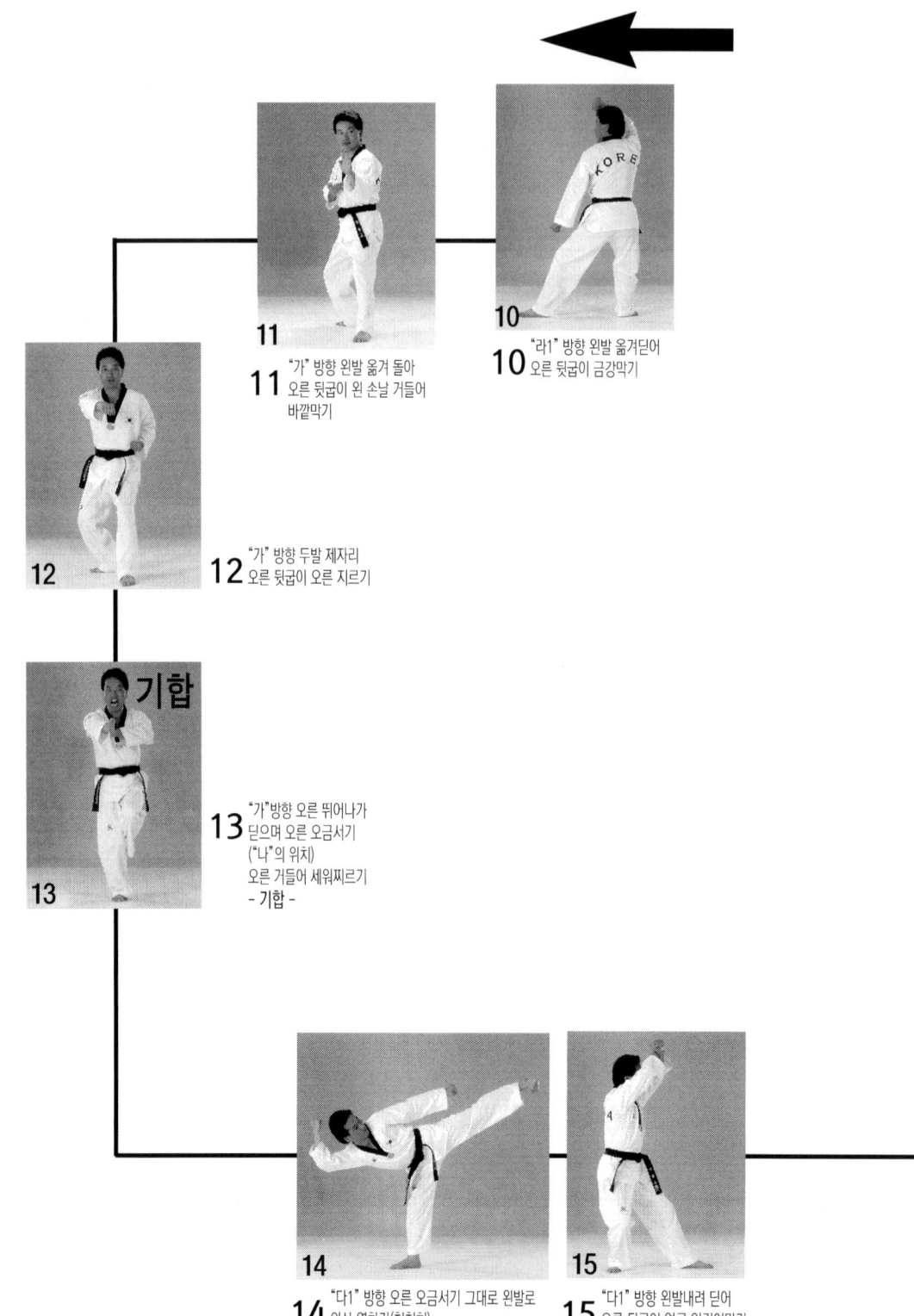

11 "가" 방향 왼발 옮겨 돌아
오른 뒷굽이 왼 손날 거들어
바깥막기

10 "라1" 방향 왼발 옮겨딛어
오른 뒷굽이 금강막기

12 "가" 방향 두발 제자리
오른 뒷굽이 오른 지르기

13 "가"방향 오른 뛰어나가
딛으며 오른 오금서기
("나"의 위치)
오른 거들어 세워찌르기
- 기합 -

14 "다1" 방향 오른 오금서기 그대로 왼발로
외산 옆차기(천천히)

15 "다1" 방향 왼발내려 딛어
오른 뒷굽이 얼굴 엇걸어막기

고사성어

一網打盡(일망타진)
한 번 그물을 쳐서 물고기를 다 잡는다는 뜻. 곧 범인들이나 어떤 무리를 한꺼번에 모조리 잡는다는 말.

18 "라2" 방향 오른발 제자리
왼발을 모듬발로 끌어들여
몸 왼쪽으로 돌려 모아서기
두주먹 허리

17 "마2" 방향
왼발 옮겨딛어
오른 뒷굽이
금강막기

16 "다1" 방향 엇걸어 막은
팔목을 비틀어 잡아끌며
(중간동작)

16-1 오른발 앞으로 내딛어
오른 앞굽이 오른 지르기

일여(一如)

20-2
오른발 내딛어 오른 앞굽이
오른 지르기

21 "가2" 방향 왼발 옮겨딛어
오른 뒷굽이 금강막기

22 "다1" 방향 오른발 제자리
왼쪽으로 돌려 왼발 모듬발
로 끌어 몸을 일으키며 모아
서기 두 주먹 허리

고사성어

一字千金(일자천금)
한 글자에 천금의 가치가 있다는 뜻으로, 아주 빼어난 글자나 시문(詩文)을 비유하여 이른 말.

제3장 태권도의 품새_177

20 "라2" 방향 엇걸었던 팔목을 비틀어 잡아끌면서 (중간동작)

19-3 내려딛어 오른 뒷굽이 얼굴 엇걸어막기

19-2 이어서 왼발 뛰어 옆차고

19 "라2" 방향 오른발 앞차고 "라1" 선상에 한걸음 내딛고

※오른발 앞차기 차고 앞으로 한걸음 내딛으며 그 발로 다시 땅을 밀어 몸을 공중에 띄우면서 오른쪽으로 돌려 왼발로 뛰어 옆차기를 찬다. 이는 몸 방향이 왼쪽에서 오른 쪽으로 바뀌기도 하지만 다리로 뛰어 탄력을 주는 발은 앞에 내딛고 상대를 차는 다리는 뒤에 있던 다리로 차게 된다. 또, 옆차기를 차기 때문에 바꾸어 뛰어옆차기라 한다.

23 "다1" 방향 왼발 앞차기 차고 앞으로 내딛어 몸돌려 바꾸어

23-2 오른발 뛰어 옆차기 차고 내려딛어

23-3 왼 뒷굽이 얼굴 엇걸어막기

바 로 바로, 왼발 제자리("나"의 위치) 몸을 오른쪽으로 돌려 "가"를 바라보며 오른발을 모듬발로 끌어들여 모아서기 보주먹 바로

拳練百遍, 身法自現, 拳練千遍, 其理自見
(권련백편, 신법자현, 권련천편, 기리자견)

권법을 백번 익히면 신법이 절로 드러나고, 권법을 천번 익히면 그 이치가 스스로 나타난다.

제 4 장
태권도 경기

文武兼備(문무겸비)
학문과 무예를 함께 갖춤. 즉 이론과 실기를 함께 갖춘 사람을 말한다.

제4장 태권도 경기

1. 경기의 개념

경기는 신체의 협응 능력과 기교(技巧)의 충분한 발휘로 경쟁하는 활동으로서 주로 시합의 형식을 통해 진행된다(이경명, 정국현 ; 1994).

시합은 손과 발, 온몸의 근육과 관절을 모두 사용하는 종합적인 신체 운동으로 신체 각 부위의 기능 발달과 체력을 향상시키며, 심리적으로는 강인하고 담력 있는 성품으로 변화시켜 모든 일에 앞장 설 수 있는 용기와 자신감을 북돋운다.

각각의 무술마다 시합을 하기 위한 경기 규정을 제정.시행하고 있고, 이에 따라 경기에 참가한 선수들의 안전을 고려하여 보호 장비, 경기 시간 및 경기 규칙을 적용하여 승패를 판정하고 있다.

최종삼(1997)은 무술이 경기화 되면서 다양한 경기 규칙이 마련되고 있는데 경기 규칙은 무술을 하나의 공식적인 사회제도(경기)로 인정하는 지표로서 체육사적 의미를 지니며, 경기 규칙은 경쟁의 조건을 공정히 하고, 참가자의 안전보장과 관중의 흥미를 고려해서 제정되어야 한다고 주장했다. 즉 공정성, 안전성, 흥미의 세 가지가 경기 규칙의 기초인 동시에 바로 경기규칙 제정의 기본적 정신인 것이다. 각각의 경기 규정에는 금지 행위(반칙)를 정하여 처벌하고 있는데 그 목적으로는 경기중 선수의 보호와 공정한 경기의 운영, 바람직한 기술의 발전 유도에 있다.

2. 태권도 경기의 발달

태권도 경기는 태권도의 구성원리에서 창출되는 각종 공방(攻防) 기술을 구사하여 상대와 겨루게 되는 특성을 갖고 있다(강원식, 이경명 ; 1999). 태권도 경기는 60여 년의 경기 역사 속에서 비약적인 발전을 이룩하였다. 1962년 6월 20일 대한체육회의 경기 단체로 대한태권도협회가 가입, 승인(承認)을 받았으며, 1962년 10월 24일 제43회 전국체육대회(대구)에는 태권도가 시범종목으로 참가한 후 1963년 10월 4일 제44회 전국체육대회(전주)부터 정식종목(이경명, 2002)으로 채택되었다. 이를 계기로 전국종별개인선수권대회를 비롯하여 대통령기전국단체대항태권도대회, 대한태권도협회장기전국태권도대회, 전국초등학교 태권도선수권대회, 전국남,여중·고등학교태권도선수권대회, 전국대학태권도개인선수권대회, 문화체육부장관기전국태권도대회, 각종 대학교총장기전국태권도대회 등 한 해에 약 30회의 전국 규모 태권도선수권대회가 전국적으로 개최되고 있다.

국제경기로는 1973년 세계태권도연맹 창설과 함께 제1회 세계태권도선수권대회(서울)를 시작으로 1974년 아시아태권도선수권대회가 2년마다 개최되고 있으며, 1975년 미국체육회(AAU)와 국제경기연합회(GAISF), 1976년에 국제군인체육회(CISM)에 정식경기 종목으로 채택되었다. 1980년에는 세계태권도연맹이 I.O.C.의 승인을 받았고 5개 대륙의 대회에서 정식종목으로 채택되었으며, 1986년 서울아시안게임, PANAM 대회, 아프리카 대회 등 각 지역에서 국제대회가 개최되고 있다.

1988년부터 매 2년마다 개최되어 온 세계대학태권도선수권대회는 2014년 6월 중국 내몽고에서 개최된 제13회 경기를 끝으로 대회가 폐지되었고, 대학생들의 올림픽인 유니버시아드대회에 정식종목으로 채택되어 2015년 7월 광주에서 개최되었다.

태권도는 1988년 서울올림픽과 1992년 바르셀로나 올림픽에서는 시범종목으로 채택되었으며 2000년 시드니올림픽 정식종목 채택과 함께 2004년 아테네, 2008년 베이징, 2012년 런던, 2016년 리우데자네이루, 2020년 동경올림픽을 성공적으로 개최하였으며, 2024년 파리에서 개최되는 하계 올림픽에도 정식종목으로 채택되어 7회 연
속 핵심종목으로 선정 세계인들이 즐겨하는 무도스포츠로 사랑받고 있다.

 그동안 우리 태권도는 선수들이나 지도자들 모두가 태권도 종주국이라는 정신적, 기술적 우위를 바탕으로 각종 세계 대회에서 우승할 수 있었으나 새로운 기술 개발 및 선수 보호를 위한 장비 개발, 각종 기술 이론의 체계적인 확립 등 경기력 향상과 발전을 위한 노력을 소홀히 하고 있다는 자성의 목소리가 뜻 있는 사람들로부터 자주 듣는 것도 사실 문제인 것이다. 이런 우려가 현실로 나타난 것은 2015년 5월 9일부터 18일까지 러시아 첼랴빈스키에서 개최된 제15회 세계태권도선수권대회에서 한국 선수단은 여자부는 금메달 3개를 획득 종합우승을 차지하였으나, 남자부가 금메달 1개와 동메달 1개를 획득하여 4위를 기록 역대 최 하위의 성적을 거두었고, 2023년 5월 아제르바이잔 바쿠 크리스탈홀에서 개최된 세계태권도선수권대회에서는 남자부가 종합우승을 달성하였으나, 여자부에서는 대회 역사상 노메달을 기록하면서 2024년에 개최되는 파리올림픽에서의 메달 전망을 어둡게 하고 있다.

 태권도는 그동안 품새 수련을 위주로 하는 전통(傳統) 태권도와 겨루기를 위주로 하는 경기 태권도로 병행 발전해 왔다고 볼 수가 있다.

 반면에 현재의 태권도는 무도 정신과 스포츠 정신이 함께 결정(結晶)된 무술로서 하나의 인간을 다듬어 바르고 참된 인품을 만드는 근원이 되며, 인간이 희구하는 육체적, 정신적 건강이 함께 하는 행복의 길잡이(김철영, 1997)로 국내는 물론 세계 각국의 사람들이 남·녀·노·소를 막론하고 누구나 익히고 즐기는 생활체육이나 여가 스포츠로 가치를 인정받고 있다고 할 수 있다.

제 5 장
태권도 심판의 정의 및 역할

군계일학(群鷄一鶴)
닭의 무리 속에 한 마리의 학이라는 뜻으로, 여러 평범한 사람들 가운데 뛰어난 한 사람이 섞여 있음을 비유.

제5장 태권도 심판의 정의 및 역할

1. 태권도 심판의 정의

심판의 사전적 설명은 경기의 승패를 판정함 또는 그 사람을 뜻한다. 심판이란 개념은 심판원의 준말이다. 태권도 심판(주심)은 태권도 경기에서 심판을 보는 사람을 말하고 경기규칙에 따라서 경기의 진행을 지도하여 경기를 개시시키고 종료시키는 경기의 임원을 의미한다. 다른 말로 심판원 또는 심판관이라고도 부르며, 심판은 영어로 흔히 game official 이라고 불리고 심판행위를 가리켜 officiating이라고 하는데 official이란 원래 타인에게 지시할 수 있는 힘을 가진 자를 뜻하는 단어로써 정부관리나 기업의 임원도 official로 불린다. 태권도에서 주심은 center referee라고 하며, 부심을 juddege라 한다..

심판은 선수를 위해서 존재하며 선수들이 없으면 심판은 있을 수 없다. 선수들의 목표나 심리를 충분히 이해하여 경기 시에 그들이 힘을 발휘할 수 있도록 도와주는 마음가짐을 갖고 있어야 한다. 높은 스포츠 정신과 함께 선수들의 심정을 잘 이해하고

책임을 자각하여 항상 좋은 컨디션으로 어떠한 심리적인 압박에 대해서도 굴하지 않는 정의감이 있어야 한다. 태권도 심판은 선수나 관중들로부터 항상 존경받고 신뢰받는 품위와 인격을 지닌 지도자임을 한시도 잊어서는 안 될 것이다.

2. 태권도 클린 심판(Clean Referee이란?

클린 심판이란 페어 플레이에 입각한 3C 정신으로 최선을 다하여 공정하게 판정을 내리는 심판을 의미한다.

- Clean(청렴) : 심판으로서 떳떳하고 하늘을 우러러 한 점 부끄럼 없는 판정을 내린다. 심판으로서 마음의 빚을 진 심판은 청렴 할 수 없다.
- Clear(명쾌) : 심판으로서 신속하게 판정을 내린다. 명승부 뒤에는 명심판이 있다.
- Correct(정확) : 심판은 확신을 가지고 정확한 판정을 내린다(김건태, 2019).

3. 태권도 심판의 역할

스포츠 경기에 있어서 그 목적이 오로지 승패에만 국한되는 것은 아니라 할지라도 팀을 위해 투자하는 구단이나 선수를 지도하는 감독과 코치, 그리고 경기에 직접 참가하는 선수 등 모든 팀 당사자들에게 경기에서의 승리는 최종의 목표이며, 경기를 관람하는 팬들에게

도 경기의 승패는 최대의 관심사이다. 이러한 스포츠 경기에서 경기 전 과정의 진행을 주도하며, 경기장 내에서 일어나는 제반 사항을 통제하는 절대적인 권한을 가지고 궁극적으로 경기의 승패를 최종적으로 결정하는 심판의 역할의 중요성은 아무리 강조해도 지나치지가 않다.

심판은 경기규칙을 만들어 역할을 수행하는 것이 아니라 경기규칙에 따라 경기를 운영하고 판정하는 중립적 존재로서의 수행을 해나가며 선수들에게 경기규칙을 지시하는 존재이기보다는 경기내용에 대하여 폭넓은 이해를 바탕으로 경기규칙을 공정하게 정확하게 적용해 경기 중에 발생하는 불가항력적인 부상이나 불미스러운 일들로부터 선수를 적절히 보호해야 한다. 또한, 심판은 경기에 부여된 자신의 역할을 원만하게 수행하기 위해 체력과 인지능력, 상황파악, 관찰력과 판단력, 결단력을 필요로 한다. 태권도 경기는 본질적으로 서로 실력을 겨루어 승패를 쟁취한다는 경쟁의 형식을 띠기 때문에 항상 규칙(Rule)이 존재하며 이 규칙의 적용을 통해 경기의 흐름을 원만하게 진행시키는 것이 심판이 가지는 가장 큰 역할이다. 명심판은 득점을 만들어주는 것이 아니라 득점을 찾아내는 것이다(박경선, 2010)

제 6 장
태권도 심판의 권위와 기능

국사무쌍(國士無雙)
나라 안에서 견줄 만한 자가 없는 인재라는 뜻으로, 국내에서 가장 뛰어난 인물을 일컫는 말.

제6장 태권도 심판의 권위와 기능

1. 태권도 심판의 권위

흔히 심판원을 부를 때 준말을 사용하여 심판이라 한다. 공인(authorization, 公認)이란 권위(authority, 權威)에서 파생된 말로 국가가 인정한 권위 있는 단체의 허가를 받은 것을 말한다. 또한, 권위는 개인적인 재능, 덕망이나 문벌 따위에서 생기는 사회적인 세력(prestige, 勢力)을 의미한다. 이처럼 공인 그 자체만으로도 심판의 권위를 느낄 수 있다. 즉, 공인은 권위를 뜻하는 중첩을 뜻한다. 급의 나눔은 높고 낮음이나 좋고 나쁨의 차를 여러 층으로 나눈 것으로 등수이며, 해마다 성장 변화하여 이룩된 역사로서의 연륜이며, 태권도 경기 판정 기술 경륜의 유능함 정도를 의미한다. 심판은 스스로 자신의 품격에 맞는 정직성을 바탕으로 한 정신적 성숙과 언행의 변화를 필요로 한다. 태권도 심판은 자기 스스로 심판으로서의 권위와 품격을 갖추기 위해 부단히 노력해야 한다.

2. 태권도 심판의 기능

심판의 열정, 선수를 대하는 태도, 경기장의 전체적인 통제와 단호함, 선수들이 최고의 경기력을 발휘할 수 있도록 적극적으로 경기운영을 주도하는 것이 심판의 기능이라 할 수 있다. 심판이라 하면 통상적으로 도착 순위의 판정, 던지기 경기에서 유효와 무효의 선언, 경기상의 행위에 관한 규칙 위반의 판정과 벌칙 적용 등을 주 임무로 하는 경기 임원을 의미하는 것으로 경기가 바람직하게 운용되어 성공하려면 우수한 심판을 양성하여 지속적으로 심판들에 대한 재교육과 고과표 작성 등 철저한 심판들의 관리로 매 경기마다 만전을 기해야 한다. 우수한

태권도 심판이란 학연, 혈연, 지연에 얽매이지 않고 소신 있고 공정하게 원활한 경기운영을 할 수 있는 능력을 갖춘 사람을 말한다.

태권도는 도(道)이다.

태권도인은 덕(德)을 나눠주는 사람을 일컫는다.

태권도인은 어질게(仁) 산다.

태권도인은 의(義)를 위해 자신을 아끼지 않는 사람이다.

태권도인은 예(禮)를 重히 여기는 문화의 전파자가 된다.

태권도인은 지(智)를 쉼없이 추구하는 사람이다.

태권도인은 신(信)을 가지며 생활한다.

최 선

작은일에
최선을 다하는 사람은
어디에 있어도
최선의 사람이 됩니다.
최고가 되려는 사람은
수단으로써
거기 이를 수도 있습니다.
그러나
최선의 기반 없이 된
최고는
결국
그것으로 인해 무너지고 맙니다.
있는 자리에서 최선은
우주에서
최고에 이르는
첩경입니다.

제 7 장
태권도 심판의 자질 및 책임

일도양단 一刀兩斷 [한 일/칼 도/두 량/끊을 단]
한 칼로 쳐서 둘로 나눈다. 일이나 행동을 머뭇거리지 않고 선뜻 결정하다.

제7장 태권도 심판의 자질 및 책임

　태권도 경기의 제반 특성에 의해 태권도 심판은 다른 경기종목에 비해 경기에서 책임의 중대성과 역할의 다양성 등 많은 어려움을 느끼고 있다. 때문에 심판은 기술적인 지식 외에도 직무수행의 수완이 필요하다. 그리고 경기장에서 심판이 발휘하는 경기운영은 대부분 그 심판의 특질에 기초를 두고 있다. 심판의 자질은 곧 심판을 평가하는 기준과 동일시되거나 평가의 기준으로 사용되고 있는데, 일반적으로 심판들이 갖추어야 할 심판의 자질을 살펴보기로 한다.

1. 태권도 심판의 자질

(1) 일관성

　심판은 직무수행에 있어 일관성의 중요함을 인식해야 한다. 동일한 상황이거나 비슷한 경우의 판정이 같아야 함을 강조한 것으로 경기규칙의 적용이 양 선수 모두에게 동일하게 적용되어야 한다. 심판이 일관성 있는 판정을 내리지 못하면 선수와 관중들로부터 신뢰를 받지 못하고 판정시비에 휘 말릴 수 있다. 일관성 결여로 발생되는 문제점으로는 첫째, 선수들이 심판판정에 대한 확신을 갖지 못하며, 둘째, 지도자들이 실망을 느끼고 심판의 자질을 의심하게 되며, 셋째, 일관성 없는 판정이나 또는 지나쳐버린 사항들로 승패가 뒤바뀌었을 때 심판들은 처벌받게 된다.

　김홍대(1974)의 "심판의 태도가 경기에 미치는 영향"의 연구에서 심판들은 판정의 실책 수, 지역적 편견, 지도자와 인간적인 유대관계, 개인의 성격 등에 따라 판정의 일관성이 떨어졌다고 주장했다.

(2) 결단력

　심판은 즉시 채점의 원칙을 지킨다. 심판은 자신이 지켜본 상황에 따라 즉시, 가능한 빠른 시간에 결단력 있게 판정을 내려야 한다. 주, 부심은 각자의 역할에 따라 자신이 목격한 상황에 대한 판단을 내리는데 신속하게 즉시 판정을 해야 한다.

(3) 판단력

심판은 태권도의 경기규칙을 이해하고 완전하게 숙지하고 있어야 올바른 판단을 내릴 수 있다. 심판은 경기규칙에 대해 연구하고 다양한 상황에서 판정을 내려야 하는 경험을 쌓음으로써 올바른 판단력을 향상 시킬 수 있다.

(4) 침착성

운동 경기는 일반적으로 흥분을 불러일으킨다. 경기 상황은 급속도로 변화하며 빠르게 진행된다. 특히 경기 종반에서는 선수, 지도자 및 관중들의 긴장 상태와 감정이 평상시와는 다르게 고조되어 있다. 심판은 어떤 상황이 발생하더라도 냉정함과 침착함을 잃지 말아야 하며, 끝까지 자신의 감정을 콘트롤 할 수 있어야 한다.

(5) 성실함

심판은 선수, 지도자 및 관중의 항의에 흔들리지 않는 의연함과 정직한 매너로 남은 경기 시간, 득점, 그리고 앞에 내려진 판정이나 앞으로의 판정에 성실하게 대처 할 때 심판은 흔들림 없는 경기규칙의 집행자로 인정받을 수 있다. 심판의 성실함을 인정받을 수 있는 것은 정해진 경기규칙 대로 판정을 하는 것이다. 심판은 경기장 뿐만 아니라 밖에서도 성실함을 유지 할 수 있도록 꾸준히 노력해야 한다.

(6) 자신감

자신의 판단, 자신의 능력에 대해 자신감을 지니고 있는 심판은 유능한 심판이다. 자신감이 있는 심판은 어떠한 역경에서도 흔들리지 않는다. 여기서 자신감이란 잘못 판정했을 때나 다른 차질이 생겼을 때도 올바르고 떳떳하게 직무를 수행 할 수 있다는 자기 자신에 대한 신뢰를 말한다. 대다수의 심판에게는 잊어버리고 싶은 경기가 있을 수 있지만 자신감 있는 심판은 자기가 내린 판정이 옳았다는 신념과 확신을 가지고 있다.

2. 태권도 심판의 책임

IOC와 UNESCO의 협력아래 ICSSPE(국제체육 스포츠평의회)에 의해 내려진 Pair Play에 관한 선언에서 나타난 심판의 의무는 다음과 같다. 심판은 스포츠 경쟁의 본성이 어떻든 그리고 경기가 가득찬 관중들 사이에서 치러지던 소수의 관중 앞에서 벌어지건 심판은 정해진 경기규칙에 맞추어 이루어 나가야 할 역할을 지니고 있다. 페어 플레이의 향상을 위해 심판이 기여하는 범위는 특별하고 필수적이다. 태권도 심판은 센스와 순간의 판단력을 요구하며, 그러한 심판은 특별한 권한을 가진다. 심지어 심판판단이 틀렸다하더라도 그의 결정은 최종적이며, 방해되어지지만 않는다면 그렇게 따라야 한다. 하지만 심판의 특별한 권리에는 책임감이 뒤 따른다. 심판은 경기규칙과 규정 그리고 최선의 것에 관한 전반적인 사항을 올바르게 이해하고 숙지하고 있어야 한다. 또한, 태권도 경기처럼 많은 움직임이 요구되는 경기나 스포츠의 움직임을 함께 가까이에서 해야 하는 경기에서는 상당한 수준의 체력을 유지해야 한다.

제 8 장
태권도 채점 기준 및 원칙

鍊從難處鍊　用從易處用(연종난처련 용종이처용)
단련은 어려운 것을 단련하되, 사용할 때는 쉬운 것을 사용하라.

제8장 태권도 채점 기준 및 원칙

1. 태권도 채점의 기준

태권도 경기에서 심판들의 채점이 공정하고 정확하게 이루어지기 위해서는 타당성, 신뢰성 및 객관성이 높아야 한다는 것은 주지의 사실이다. 주·부심들은 모든 경기에서 자신들의 채점이 이 세 가지 기준점에서 바라볼 때 얼마나 정확한지 또는 어느 기준에서 부족한지를 스스로 매 경기마다 점검하며, 심판 판정의 공정성 확보를 위해 지속적으로 노력해야 한다.

(1) 타당성

타당성이란 두 가지로 나누어 정의할 수 있다.

첫째, 현행 태권도 경기규칙이 정하고 있는 득·감점, 승패 판정 등의 기준이 실제 태권도 경기의 목적에 얼마만큼 부합하는가?

둘째, 심판의 경기규칙의 득·감점, 승패 판정 등의 기준에 대한 주관적인 해석이 실제 경기규칙의 적용이 얼마만큼 부합하는지의 문제이다. 즉, 심판들은 경기규칙대로 얼마나 공정하게 판정을 내리고 있는가의 문제로써 심판들은 타당성를 향상시키기 위해서 경기규칙을 올바르게 이해하고 반드시 숙지하고 있어야만 한다.

(2) 신뢰성

신뢰성이란 한 심판이 많은 경기에서 판정을 내릴 때 그 경기 기간에 경기규칙 적용을 변함없이 얼마만큼 일관성 있게 했는가를 가늠하는 척도이다. 그날 경기의 분위기, 경기 장소 또는 상황에 따라서 채점 기준이 변하는 심판은 신뢰성이 떨어진다고 할 수 있다. 심판들은 심판판정의 신뢰성을 잃지 않기 위해서는 모든 경기에 몰입하며, 다른 환경적 요인으로 판정에 흔들리지 않는 소신 있는 판정을 견지해야 한다.

김종철(0996)의 "운동경기 선수들의 의식에 대한 연구"에서 심판에 대한 신뢰도는 부정적이며, 정기적인 재교육이 필요하다고 보고하여 심판 판정의 신뢰성 확보가 요구된다.

(3) 객관성

객관성이란 다양한 심판들 간의 채점 기준의 일치 정도를 나타내는 척도이다. 실제 경기장에서 1부심과 2부심의 경기규칙 적용이 상이하며, 제1코트, 제2코트와 제3코트 등 각각의 경기장에서 심판들마다 판정 적용 기준이 제각각으로 나타난다면 이때 그 심판들의 판정은 객관성의 결여로 공정한 판정이 이루어질 수 없다. 심판들의 객관성을 향상시키기 위해서는 정기적인 심판 보수교육과 경기에 투입되기 전 판정 기준에 대한 충분한 논의를 하는 것이 중요하며, 특정 심판의 채점 기준이 동료 심판들과 크게 상반되게 나타났다면 경험이 풍부한 선임 심판(조장)의 조언으로 심판들과 일치 할 수 있도록 객관성을 높이는 데 노력해야 한다.

2. 태권도 채점의 원칙

(1) 즉시 채점의 원칙

부심은 득점이다 싶으면 1초 이내에 즉시 표출하여야 한다. 판단을 유보하여 경기의 다른 내용과 연결시켜 판정하거나 채점을 머뭇거려서는 안 된다. 득점 행위가 발생되는 순간 즉각적인 결정을 내려야 한다.

(2) 독자적 판단의 원칙

부심은 전광판을 보고 따라 누른다거나 동료 심판의 채점에 영향을 받아서는 안된다. 심판 자신 스스로의 판단에 의해 독자적으로 채점해야 한다(한상진, 2002).

(3) 일사부재리의 원칙

한번 내린 판정은 어떠한 경우라도 번복될 수 없다(단, 소청 결과에 따라서 판정이 번복될 수도 있다).

(4) 오심에 대한 보상 금지의 원칙

심판은 자신이 득점에 대한 채점을 순간적으로 놓쳤거나 자신이 오심을 범했다고 생각될 경우라도 또 다른 고의적인 오심이나 득점이 아닌 경우에 득점을 만들어서라도 오심에 대한 보상을 하려고 해서는 절대 안 된다. 심판들은 공정한 경기를 진행하다 보면 불가항력적인 판정 실책과 운영 미숙으로 판정 실책에 봉착하면 판정 기준이 흔들리기 시작한다. 이때 심판들은 자신의 실책을 메우려고 하는 보상의 심리 현상이 일어난다(유진, 박해용, 1990). 경기에서 이러한 불신 및 보상작용은 반복적으로 작용하며, 결국 경기의 질을 떨어뜨리고 선수들의 집중력을 저하시키는 현상이 나타나게 된다(김태훈, 2015).

제 9 장
태권도 심판 전문성 및 역량 강화

世間兩件事耕讀(세간양건사경독)
세상에서 두 가지 큰 일이 있다면 낮에는
밭 갈고 밤에는 독서하는 일이다.

제9장 태권도 심판의 전문성 및 역량 강화

1. 태권도 심판이 지켜야 할 원칙

태권도 경기에서 심판들이 반드시 준수해야 할 원칙들이 있다. 심판분과위원회 위원장과 부위원장들은 물론이고, 주심과 부심들은 다음과 같은 원칙들을 잘 이해하고 지킬 수 있도록 적극적으로 노력해야 한다.

(1) 심판 위촉 등 기밀 누설 금지

태권도 심판은 사전에 각 종 대회에 심판으로 위촉되었다는 사실을 팀의 선수나 팀 관계자 또는 타 협회 임원 등에게 미리 공개해서도 안되며, 심판으로서의 직무 수행상 알게 된 기밀 등을 누설(김성연, 2022)해서는 안된다.

(2) 동료 심판에 대한 비평, 비판 금지

심판은 각 경기장 내에서 일어 난 동료 심판의 판정에 대하여 일체의 비판, 비평, 비난 등 시시비비를 결코 논하지 않는다.

(3) 선수 및 팀 임원들과의 물리적 충돌 회피

태권도 심판은 선수나 학부모, 팀 임원 및 관계자들과 경기에서 발생한 심판판정에 대하여 어떠한 경우라도 물리적인 충돌을 피해야 한다.

(3) 팀 지도자 및 선수 관계자들과의 비공식적인 접촉 금지

태권도 심판은 팀 지도자나 선수와 관계된 임원들과 경기 전·후 또는 평상시에도 가능한 비공식적인 접촉이나 만남을 금하고(안영선, 2014), 제3자로부터 경기에 관련된 비공식 면담 또는 청탁이나 압력을 받았을 경우 즉시 심판위원장에게 보고한다. 필자가 심판으로 활동할 때는 지도자와 대화나 악수도 할 수 없었고, 아는 체 하거나 또는 인사도 제대로 하지 못했던 적도 있었다.

2. 태권도 심판이 경기에 임하는 마음 자세

(1) 최상의 컨디션 유지

심판은 경기 전날 충분한 휴식을 취하고 경기에 임하였을 때, 신체적, 심리적 안정감으로 최상의 컨디션을 유지해야 한다. 경기 전날 과음과 숙취로 인하여 동료 심판들에게 불쾌감을 주고, 판정 중에 조는 경우가 발생할 수 있어, 각별한 주의가 필요하다. 유선욱(1987)의 '하키 심판의 판정에 관한 연구'에서 오심이 발생하는 원인으로 심판이 공을 따라가지 못했을 때 또는 불충분한 수면이라고 주장하여 모든 종목의 심판들은 최적의 상태에서 심판의 임무를 수행하도록 노력해야 한다.

(2) 경기규칙 및 심판 규정 숙지

태권도 심판은 위원장을 위시하여 모든 심판은 경기규칙을 제대로 숙지하고 심판 규정을 올바르게 이해하고 있어야 한다. 해마다 경기규칙이 수정, 보완되어 보수 교육 시 충분하게 숙지하여 자신감 있는 큰 소리로 경기 운영을 해 나가야 한다. 김영학, 신승호(1999)의 '검도 심판들의 판정의식 성향 분석의 연구'에서 검도 단별에 따른 심판 규정 숙지와 심판 준비성에 관한 질문에서 검도심판의 70.1%가 심판 규정을 잘 숙지하고 있는 것으로 나타났고, 19.4%는 아주 잘 숙지하고 있다고 답변하였다. 그러나 응답자의 7.5%가 심판 규정을 잘 숙지하지 못하고 있다는 점을 주목해야 한다고 보고했다. 경기규칙 및 심판 규정 미 숙지는 심판으로서 자질부족으로 대회 심판위촉에서 제외 해야 할 것이다.

(3) 심판 판정 기준의 통일

이 말은 판정에 있어서 심판들이 하나같이 통일 된 판정을 내리는 일관성을 의미한다. 심판간의 판정은 어떤 비슷한 상황에서 동일한 결과가 나와야 하며, 양측의 선수에게 규칙들이 동등하게 적용되어야 한다. 선수, 코치, 그리고 관중들은 심판이 일관성을 가지고 판정을 내리기를 기대하기 때문에 그렇지 않을때에는 비난하게 된다(최영환, 2005). 각 경기 코트마다 심판들이 통일 된 시그널과 일관성을 유지한다면, 모든 사람들은 판정에 대하여 신뢰를 보낼 것이다.

(4) 다양한 경기 경험을 통한 노하우(know-how) 습득

훌륭한 심판이 되기 위해서는 심판으로서의 경험을 충분히 쌓아야 한다. 이 경험을 위해서는 횟수 뿐만 아니라 질적으로도 수준 높은 판정을 할 필요가 있다(박상록, 1996). 심판은 많은 경기에서 주, 부심으로서의 역할을 충실하게 이행하고, 자기만의 독특한 노하우를 찾아내어 자기화하는데 노력해야 한다. 모든 경기의 심판이 그러하듯이 태권도 심판 역시  하루 아침에 만들어지지 않는다. 다양한 경기 경험을 통하여 자기만의 경륜과 노하우를 습득한다.

(5) 경기의 연출자로서의 역할

심판은 양 선수가 자기의 기량을 십분발휘하여 공정한 판정으로 승패가 결정될 수 있도록 경기의 조력자가 되어야 한다. 경기를 원만하게 진행하는데 있어 심판은 절대적인 존재이며 그 권한은 불가침의 막강한 힘을 가지고 있다. 때문에 흔히들 그라운드의 재판관이라고도 하고 경기장의 연출자라고도 한다. 주심이 한 선수에게 과도하게 감점을 부여하여 감점패를 당하면 선수나 학부모, 팀 관계자는 자기 선수의 벌칙 행위를 인정하는 것이 아니라 주심이 감점을 부여하여 우리 선수를 지게 했다고 하여 모든 원망이 주심에게로 돌아온다. 주심이 일방적으로 한 선수에게 과한 페널티를 줌으로써 승패를 좌우해서는 안되며, 공정한 경기운영을 통하여 선수들이 제 기량을 발휘 할 수 있도록 경기 조력자로서의 역할에 최선을 다해야 한다. 즉 양 선수 중간에서 심판하고 조정과 판정을 통해 경기를 진행시키므로 오케스트라의 지휘자라고도 할 수 있다(한순남(2006).

(6) 모든 행동의 모범자

 태권도 심판은 모든 행동의 모범자이며 본보기로서 자타가 인정하고 있는 공인이다. 선수나 관중들로부터 항상 존경받고 신뢰받는 품위와 인격을 가진 무도인이어야 한다는 데 유의하여 노력해야 할 필요가 있다. 심판의 복장 및 두발은 단정해야 하며, 언행과 행동거지 하나하나는 선수들에게 지대한 영향을 미친다. 심판들은 장소에 불문하고 언제 어디서든지 심판으로서 품위와 명예를 잘 지킬 수 있도록 매사 노력해야 한다.

3. 심판 판정에 영향을 미치는 요인

(1) 혈연·학연·지연·팀 지도자와의 유착

 선수와 심판 간의 혈연·학연·지연·팀 지도자와의 관계 등이 심판 판정을 방해한다고 보고하고 있다. 박상록(1996)의 '심판의 판정에 대한 구기 운동선수들의 의식에 관한 조사 분석'의 연구에서 심판의 지연 관계에 의한 판정변화에서 선수들의 의식을 분석한 결과 그렇다가 23.9%로 가장 높게 나타났고, 김영학, 신승호(1999)의 "검도 심판들의 판정 의식 및 성향 분석"의 연구에서 지연이나 학연의 영향이 14.9%로 나타나 판정에 어느정도 영향을 받는다고 보고하였다. 정현도(2005)의 '태권도 경기 심판 판정에 대한 인식 조사'의 연구에서 심판 판정에 있어 실력 외에 가장 영향을 미치는 요인으로 학연이 32.9%, 지연이 25,5%, 혈연이 11,3%로 나타났다. 김하성(2003)의 '태권도 경기의 심판 판정 공정성에 관한 연구'에서 경기 경험이나 심판 경힘이 충분함에도 불구하고 학연, 혈연 등에 의해 한쪽에 편중하는 오판 문제를 지적하였다. 따라서 태권도 심판들은 소신을 가지고 학연·지연·혈연 등 어떠한 유혹에도 흔들림 없이 공정한 판정을 내리는데 최선을 다해야 할 것이다.

(2) 심판의 전문성 및 자질 부족

태권도 심판의 정직함, 가치관, 정의감 부족 등과 판정에 대한 전문성과 자질 부족 등으로 심판 판정에 대한 불신이 초래된다. 정현도(2011)는 '국제심판의 심판판정 인식에 대한 비교 연구'에서 심판 판정을 하는데 가장 장애가 되는 요인으로는 심판의 자질부족이 35,8%로 가장 높게 나타났고, 김신호, 정현도(2015)의 '세계태권도한마당 국제심판의 심판판정 공정성에 관한 연구'에서 외국심판은 실수에 의한 오심, 고의에 의한 판정이 종종 발생한다고 생각하는 정도도 높게 나타났다고 보고했다.

따라서 심판들은 판정에 대한 오심과 판정 고의성을 줄이기 위해 심판 재교육 참가, 다양한 경기 운영 경험이 필요하다. 또한 김미숙(2019)의 '심판제도의 이해'에서 체계적인 심판운영을 위해서는 심판인식 제고 및 심판 교육의 품질 강화가 필요하다고 주장했다. 태권도 심판들은 경기 규정의 숙지는 물론 심판으로서의 전문성 및 역량 강화를 위해 심판 보수교육 등의 참여와 심판 스스로 실력을 쌓도록 노력해야 할 것이다.

(3) 태권도 명문 팀에 관한 편견 및 선입견

선수들은 특정 명문 팀이나 지방 팀 등에 대한 편견이나 선입견이 심판 판정에 영향을 미친다고 생각하고 있었다. 김교준(1996)의 '태권도 경기의 심판 판정에 대한 조사 연구'에서 선수들은 지방 팀간에 차별을 두고 서울 팀, 또는 서울 선수를 밀어준다고 생각하는 정도가 75.1%로 나타났고, 전통있는 명문 팀을 밀어준다고 생각하는 선수도 59.8%로 높게 나타났다. 또한 이종목(1990)의 '태권도 경기에 있어서 심판의 태도가 경기에 미치는 영향'의 연구에서 선수가 심판에 선입견을 가지는 이유로 서울 지역에 편파성이 있어 보일때가 40.5%로 가장 높게 나타났고, 정현도, 임도순(2005)의 '중학교 태권도 선수의 심판 판정 실태 분석의 연구'에서도 심판들이 전통있는 명문팀을 도와준다고 생각하는가에 대해 조사한 결과 그렇다가 55.1%로 높게 나타났으며, 서울과 지방 팀에 대해 차별 판정을 한다고 생각하는가에 대해서도 그렇다가 52.9%로 나타나 선수들은 심판들이 편견을 가지고 판정을 한다는 의식을 갖고 있다. 현재 태권도 경기에서는 이러한 것들을 거의 다 찾아 볼수 없지만 태권도 심판들은 편견 및 선입견에 치우치지 않는 판정을 내리고, 학부모와 선수들은 심판 판정을 신뢰 할 수 있어야 한다.

(4) 태권도 외부의 영향력 행사

심판들은 협회 및 연맹 임원 팀 지도자들로부터 판정에 대한 압력 및 금전거래 청탁, 오더 등이 내려와도 흔들림 없어야 한다. 김하성(2003)의 '태권도 경기의 심판 판정 공정성에 관한 연구'에서 심판으로 경기에 임했을 때 협회 관계자로부터 압력을 받은 사실이 있는지와 팀의 관계자, 코치, 감독 또는 학부형으로부터 금전을 받은 경험이 있는지를  조사한 결과 한번도 받은 적이 없다는 응답이 82.4%와 96.6%로 각 각 높게 나타났고, 압력을 받았으나, 무시했다가 13.2%, 금전 제의를 받았지만 무시했다는 응답이 4.4%로 각각 나타났다. 이에 반해 자주 받았다는 응답자와 금전을 받아 본 경험은 각각 1명도 없는 것으로 나타났다. 그러나 김교준(1996)의 '태권도 경기의 심판 판정에 대한 조사 연구'에서 선수들은 심판장과 부심판장이 마음대로 판정 할 수 있다고 생각하는가라는 질문에 그렇다가 38.2%, 그렇지 않다가 13.3.%로 나타나 외부의 영향력이 크게 작용한다고 보고하였고, 장순권(1990)의 '태권도 심판 판정에 관한 조사 연구'에서도 선수들은 심판 판정에 있어 협회 임원들의 영향력이 작용한다고 생각하는가에 대해 약간 그렇다가 66.7%, 그렇다가 23.6%, 잘 모르겠다가 9.7%, 전혀 그렇지 않다가 0%로 나타나 많은 선수들은 협회 임원들의 영향력이 작용한다고 보고하였다. 정현도(2010)는 'A Study on Internation Taekwondo Referee Decisions'의 연구에서 외국 국제심판은 일명 오더 게임이 가장 판정에 장애가 된다고 주장했다.

위의 결과들을 종합해 보면 심판과 선수들 간의 견해 차이로 심판들은 협회 임원이나 심판위원장 등의 눈치를 볼 것 없이 소신껏 판정에 임해 이러한 불신을 해소하는데 적극적으로 노력해야 할 것이다.

4. 태권도 경기 오심의 유형

(1) 잘못된 경기규칙 적용

바람직한 태권도 경기가 운영되기 위해서는 무엇보다도 우수한 심판진의 구성과 공정한 판정이 선결되어야 한다. 태권도 주심의 잘못 된 경기규칙 적용으로 선수의  진로나 운명이 갈릴 수 있다. 최재만(1982)의 '축구 심판의 판정에 관한 연구'에서 심판의 고의적인 오심, 편파적인 판정, 공정하지 못한 판정이 경기에 부정적 영향을 미쳤다고 보고하였다. 심판은 매 경기마다 오심이 발생되지 않도록 태권도 경기규칙에 대한 철저한 숙지는 물론이고 꾸준한 이해와 연구하는 자세를 갖추어야 한다. 주심은 예리한 관찰력과 신속한 판단력으로 올바른 경기규칙을 적용하여 공정하게 판정을 내려야 한다.

(2) 심판 기량 미달 및 판정 미숙

고의적인 편파 판정은 아니지만 심판 기량 미달로 오심이 발생하는 경우가 종종 있다. 이종목(1990)의 '태권도 경기에 있어서 심판의 태도가 경기에 미치는 영향'의 연구에서 심판 기술 미숙, 규칙 해석 실수 등 심판의 자질 문제가 심판 판정의 불공정으로 나타났다고 보고하여, 심판들은 정기적인 심판 보수 교육, 충분한 경기 경험 등을 통하여 오심하지 않는 명 심판이 될 수 있도록 노력해야 할 것이다.

(3) 감정이 들어간 판정이나 보상 심리

주심은 자기가 내린 판정에 선수나 코치가 인정하지 않고 경기를 방해하고 주심의 명예를 훼손시키는 행동을 한 지도자에게 다음 경기에서 감정이 섞인 판정을 내릴 수가 있는데 그리해서는 안된다. 김성현(2009)의 '심판 판정에 대한 휠체어 농구 선수들의 인식도 조사' 연구에서 심판 판정에 이의를 제기했을 경우 감정에 치우치고 위축된 동작이 나타나 경기력과 승패에 부정적인 영향을 받았던 것으로 나타났다고 주장했다. 또한 심판은 전 경기에서 득점을 놓쳤거나 오심을 범하여 그 선수에게 미안한 감정을 가지고 보상을 해주려고 해서도 안된다.

(4) 도덕성 결여

태권도 심판에게 요구되는 최고의 덕목은 도덕성이다. 박성주, 이제헌(2019)의 스포츠와 윤리(심판 윤리)에서 오하이오주립대학교 연구팀이 미국 프로야구, 미식축구, 축구, 농구, 배구 심판들 250명을 대상으로 심판이 갖춰야 할 자질과 능력에 대해 설문조사를 실시 한 결과 도덕성(진실성)이 1위, 판단력이 2위, 절제력이 3위로 나타났고, 유진, 박해용(1999)의 "축구 심판들의 스트레스 요인과 대처방안", 한순남(2006)의 "유도 심판에 대한 선수와 심판원의 인식도 차이 분석"의 연구에서도 공정성을 잃지 않는 페어플레이 정신, 예의범절, 공정한 판정 등과 같은 도덕성 회복에 대한 관심도 필요하다고 주장했다. 도덕성이야말로 모든 종목의 심판들이 가장 우선적으로로 갖추어야 할 필수 덕목이다.

5. 태권도 영상 판독

(1) 영상판독 도입 배경

현대 스포츠 산업이 급속하게 발전함에 따라 TV 매체의 중요성이 부각되고 있는 실정으로, TV중계 기술의 발달로 미세한 동작까지 정확하게 표출.
심판이 인간 한계 이상의 판정은 불가능(구기종목은 영상판독 번복율이 평균 40%(김건태, 2019).

(2) 영상 판독의 효과 및 문제점

영상 판독을 통하여 경기 판정에 대한 신뢰성 및 공정성을 확보하고 심판의 부족한 부분을 IT기술을 활용하여 보완한다. 과학기술의 발전이 가져 온 영상 판독이 스포츠 문화현상으로 자리잡아가는 가운데 한편으로는 심판의 권위가 사라진 불신과 공정성의 상실이 자리잡고 있다(홍선희, 2016).

영상판독의 문제점으로는 경기의 흐름을 방해하고, 전략적으로 T·O(Time out)를 이용한다.

이기는 선수가 고의로 경기 시간을 지연시키고, 심판의 역할은 축소된다.

영상판독은 최종적인 판정으로 그 누구도 이의를 제기 할 수 없다.

*영상판독관은 어떠한 경우에도 추측(Guest), 예측(prediction), 또는 예상(Anticipation)을 토대로 결정해서는 안되며, 오직 육안으로 확인되는 확실한 경우에만 판정을 내려야 하며, 화면이 불확실하다면 이전의 심판 판정에 따라야 한다. 영상 판독은 평면적 판독을 의미한다.

제 10 장
심판원의 임무 및 구성

外鍊筋骨皮 內鍊一口氣(외련근골피 내련일구기)
밖으로는 근육과 뼈와 피부를 단련하고,
안으로는 한 호흡의 기(氣)를 단련한다.

제10장 심판원의 임무 및 구성

1. 태권도 심판원의 임무

(1) 주심의 임무

① 경기 진행에 관한 주도권을 갖는다.
② 경기의 "시작", "그만", "갈려", "계속", "계시", "시간", "승패의 선언", "감점선언", "퇴장선언"을 한다. 모든 선언은 결과가 확인 된 후 선언한다.
③ 주심은 규정에 따라 판정권을 독자적으로 행사 할 수 있다.

- 주심은 애매하다 싶을 때는 자연스럽게 넘어간다.
- 주심의 자세는 선수의 움직임에 기민하게 반응 할 수 있는 자세를 유지한다(반 앞굽이).
- 주, 부심은 협의를 통한 대화를 제외하고 경기장 내에서 마주 보고 웃거나 잡담하지 않는다.

- 심판은 개인이지만 팀의 조화를 이루어 내야 한다.
- 조(팀) 뿐만 아니라 교대하는 팀과의 협력도 중요하다(류호경, 2013).
- 경기에 위촉 된 심판들은 정해진 위치에 자리하고, 보행할 때 손을 호주머니에 넣거나 흡연하는 모습을 보여서는 안된다.
- 조별 교대할 때 절도 있는 모습과 상호간의 예의를 갖춘다.

〈주심의 승자 선언〉

④ 심판은 경기장 내의 범위에 대하여 철저하게 이해하고 있어야 하며, 가능한 경기의 원활한 운영을 위하여 경기장을 넓게 활용해야 한다.
⑤ 주심은 경기 시작 전 선수의 전체 개인 보호장구를 반드시 확인해야 하며, 매 회전 마우스피스 착용 여부를 확인해야 한다.

(2) 부심의 임무

① 득점이라고 인정되면 즉시 채점한다(규정이 정한 범위 내에서 득점을 채점한다).
② 주심이 의견을 물었을 때, 자기의 소견을 진술한다.

- 부심의 몸 가짐은 반듯하며, 늘 긍정적이고 적극적인 자세로 판정에 임한다.
- 경기장 내에 입장하기 전에 마인드 콘트롤을 통하여 몸과 마음의 상태를 최적의 상황으로 끌어 올린다.
- 부심 중에 하품을 한다거나 조는 행위 또는 다리를 꼬는 행위 등 심판의 품위를 손상시키는 자세는 지양한다.

- 부심은 선수가 경기 중 보호장비가 이탈되거나 호구가 풀렸을 경우, 또는 기록석에서 손을 들어 경기중단 상황을 요청하는 경우 등 주심에게 손을 들어 바로 잡을 수 있도록 '발의' 할 수 있다.

〈부심〉

③ 심판원은 본 협회가 정한 복장을 착용하여야 한다.
④ 심판원은 경기에 방해 되는 물건을 휴대할 수 없다.

(3) 판정의 책임

① 심판의 득점 판정은 영상판독에 따라 번복 될 수 있다.
② 심판은 영상판독 결과에 따라 영향을 받는다.

2. 태권도 심판의 구성

심판원의 구성은 다음과 같다.

① 심판은 구성은 대회 특성에 따라 3심제, 4심제로 구성 할 수 있다.
② 심판의 선발, 자격, 임무, 권한 등의 제반 내용은 본 협회의 심판 운영 규정에 따른다.

제 11 장
주심의 위치·감점·갈려 선언 및 사각이 발생하는 경우

先則制人(선직(칙)제인)
선손을 쓰면(선수를 치면) 남(적)을 제압할 수 있다는 뜻.

제11장 주심의 위치·감점·갈려 선언 및 사각이 발생하는 경우

1. 주심의 위치 선정

 태권도 경기에서 주심은 경기의 주도권을 갖는 것이 생명이다. 주심은 선수들이 다양한 기술 발휘를 할 수 있도록 유도하며, 시야를 넓게 보고 선수들이 경기장 전반을 사용하도록 리드한다. 주심과 선수들과의 거리는 어떠한 경우라도 즉각적으로 대처 할 수 있는 거리에 위치해야 한다. 양 선 수가 붙거나 끼는 행위는 강력하게 통제하고, 선수들이 한계선 밖으로 나가지 않도록 주심이 먼저 밖의 자리를 선점한다. 양 선수가 공격 후 또는 경기를 회피할 목적으로 붙거나 양팔로 낄 때에는 갈려 후 공격이 이루어지지 않도록 신속하게 '갈려'를 선언한 후 반칙을 범 한 선수에게 감점을 선언한다.

 주심은 경기장 가운데에서 선수들을 밖으로 밀어내는 상황이 발생되지 않도록 경기장 중앙에서 경기운영을 하는 것을 명심하고 주심의 직무를 수행한다. 본 장에서는 주심의 위치 선정, 주심의 감점 및 갈려 선언과 사각이 발생하는 경우에 대하여 살펴보기로 하자

 다음 사진들은 주심의 바람직한 위치 및 바람직하지 못한 위치 선정 장면들이다.

1) 주심의 바람직한 위치 선정

① 주심이 역삼각형(▼)의 상태로 바람직한 자세로 경기운영을 하고 있는 모습

제10장 주심의 위치 선정_215

② 주심이 선수들이 밖으로 나가지 못하게 한계선 밖에서 경기를 운영하고 있는 모습

2) 주심의 바람직하지 못한 위치 선정

① 주심이 선수와 너무 가까이 있어 선수들의 공격 및 방어를 제한한다.

② 주심이 양 선수와 너무 멀리 떨어져 있어 갈려가 늦거나 갈려 소리를 듣지 못해 갈려 후 공격이 종종 발생 할 수 있다.

③ 주심은 양 선수를 역 삼각형 모양으로 경기 운영을 해야 하는데 주심이 중앙을 차지하고 양 선수들을 밖으로 밀어내고 있다.

④ 주심은 기록원이 손을 들어 경기중단 상황을 요청하거나 또는 시간과 계시 등 제대로 수행하고 있는지를 경기 도중이라도 틈틈이 확인해야 하기 때문에 기록석을 등져서는 안 된다.

2. 주심의 감점 부여

다음은 주심의 감점 부여에 대한 장면들이다.

1) 주심의 바람직한 감점 부여

① 주심의 바람직한 감점 부여 : 주심은 갈려 선언 후 상대 선수를 등 뒤로 완전하게 격리 시킨 후 감점을 부여한다.

2) 주심의 바람직하지 못한 감점 부여

① 주심이 갈려 후 상대 선수를 격리하지 않고 감점을 부여하고 있는 모습들이다.

3. 주심의 갈려 선언

태권도 경기에서 주심의 "갈려" 선언은 승패를 좌·우 할 수 있는 매우 중요한 요소이다. 주심의 바람직한 갈려 선언과 바람직 하지 않은 갈려의 상황들을 살펴보기로 하자.

1) 주심의 바람직한 "갈려" 선언

주심은 경기 운영을 하면서 "갈려" 상황이 발생하였을 경우에는 지체없이 양 선수 사이를 신속하게 파고들어 가면서 큰소리로 "갈려"를 선언한다. 주심은 갈려를 선언 하면서 양 선수가 시야에서 멀어지지 않도록 예의 주시하며, 갈려 후 공격 또는 넘어진 상대를 공격하는 행위가 발생되지 않도록 신속, 정확하게 해야 한다. 갈려 후 공격은 상대 선수에게 큰 부상을 야기 할 수 있기 때문에 매 경기마다 긴장감을 가지고 판정에 임해야 한다.

2) 주심의 바람직한 못한 "갈려" 선언

주심은 양 선수를 가운데 두고 "갈려"를 선언해야 하는데 선수와 너무 멀리 떨어져 있으면서 경기 운영을 할 때 선수의 등 뒤나 멀리 떨어진 곳에서 갈려를 선언하면 선수들이 갈려 소리를 듣지 못하여 갈려 후 공격이 종종 발생한다. 다음 사진들은 바람직하지 못한 주심의 갈려 선언 장면들이다. 태권도학 전공생 및 처음으로 경기에 위촉된 심판들은 다음 상황 등을 잘 숙지하길 바란다.

4. 경기중 선수나 주심에 가려 사각(斜角)이 발생하는 경우

사각은 주심이 경기 운영을 할 때 부심의 시야를 가리거나 선수들이 부심의 위치 앞에서 경기를 할 때 한 선수가 잘 보이지 않을 때를 사각이라 한다. 사각이 발생하는 장면들이다. 주심은 사각이 발생되지 않도록 경기장 전반에 대한 시야를 넓게 보고 부심의 시야를 가리지 않도록 예의 주시하며 경기 운영을 해야 한다.

제 12 장
태권도 심판 수신호

만권독파(萬卷讀破)
만권이나 되는 책을 다 읽음. 곧 많은 책을 처음부터 끝까지 읽어냄.

1. 청, 홍 선수 위치
1) 양 주먹을 말아 쥐며 엄지는 중지 위에 놓고 인지를 곧게 편 주먹을 좌, 우 귀 높이까지 올린다.
2) 팔을 뻗으며 먼저 "청" 선수 위치를 오른손 인지로 가리킨 후, "홍" 선수 위치를 왼손 인지로 가리키며 "청" "홍" 구령을 한다.

2. 차렷 / 경례 / 머리보호대 착용
1) 양 손바닥이 마주 보도록 하여 양손을 수직으로 세운 후 양쪽 어깨를 중심으로 각각 45도 바깥쪽으로 팔을 벌린 상태에서 손끝을 눈썹 높이까지 올리며 "차렷" 구령을 한 다음
2) 양 손바닥을 명치 앞에 수평이 되도록 동시에 내리면서 "경례" 구령을 한다. 이 때 양손과 명치 사이 그리고 양 손끝 사이는 주먹 하나 간격이다.
3) 경례 구령 후 머리보호대 착용 수신호를 행한다. 이때 두 손바닥을 펴고 두 팔을 45도 구부려 머리 높이까지 올린다.

3. 준비
1) 오른 팔을 어깨를 중심으로 45도 굽혀 오른손을 귀 높이까지 올렸다가
2) 원 앞굽이 자세를 취하면서 45도 굽혀 오른손을 명치 높이로 뻗어 내리며 "준비" 구령을 한다.
※ 이때 왼손은 주먹을 가볍게 쥐고, 옆구리 아래로 뻗는다.

옆모습

4. 시작

1) 준비 자세에서 왼발을 끌어당겨 앞서기로 서면서 양 손바닥을 펴고 양 팔을 어깨를 중심으로 각 45도 바깥으로 벌린 후
2) 양 팔을 양 손바닥이 마주 보이도록 양 가슴 앞으로 약 25cm 간격으로 재빨리 끌어 당기면서 "시작" 구령을 한다.

 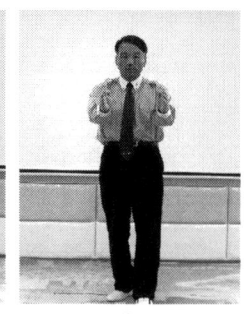

1   2

5. "갈려"/"그만"

왼앞서기 자세를 취하며 오른손을 명치까지 뻗어 내리며 "갈려"/"그만" 구령을 한다.

6. 계속

"갈려" 선언에서 오른손을 오른 귀 높이까지 들어올리며 "계속" 구령을 한다.

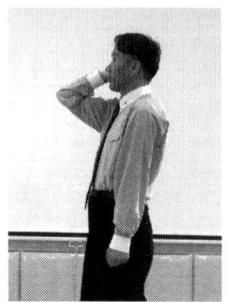

7. 회전 종료

1) 각 회전 종료 시 "갈려"/"그만" 선언 후 청, 홍 선수를 각 지도자 대기석으로 돌아가라는 수신호를 행한다. 이때 양 주먹을 명치 위에 올려 놓은 다음
2) 오른손은 청을 향하고, 왼손은 홍을 향해 양 옆으로 뻗는다.

1   2

8. 경기종료

경기 종료시 그만 선언 후
"청" "홍" 선수를
"청" "홍" 선수 위치에 세운다.

1   2

9. 판정 선언

1) "청" 선수 승자 시
2) 오른 주먹을 명치 앞으로 올렸다가
3) 손바닥을 위로 향하여 펴며 오른팔을 45도 각도 위로 뻗으며 "청승" 선언을 한다.
※ 이때 다른 손은 주먹을 가볍게 쥐고 몸통과 나란히 하여 아래로 뻗는다.
※ "홍" 선수 승자 시 같은 요령으로 왼손을 사용, "홍승" 선언을 한다.

1   2   3

10. 우세 기록

골든포인트 회전 종료 후에도 승자가 결정이 안되었을 경우 주심은
1) 왼발부터 두 발자국 뒤로 빼고
2) 왼발을 오른발 위치에 모은 뒤 "차렷" 자세에서 "우세기록" 구령을 한다.

1   2   3

11. 계시

오른팔을 팔의 내각이 135도가 되도록 뻗어 내리며 오른손 인지로 기록원석을 가리키며 "계시" 구령을 한다.

(계시)

12. 시간
양손 인지를 인중 높이에서 왼손 인지를 바깥으로 하여 서로 교차시키며 기록원석을 가르키며 "시간" 구령을 한다.

(시간)

13. 계수
주먹을 쥔 상태에서 큰소리로 오른손 엄지손가락부터 하나씩 1초 간격으로 편다. "다섯"과 "열"에서는 손을 틀어 손바닥이 선수를 향하도록 한다.

1 2

14. 회합 소집
부심 중 1명 이상이 앉은 자리에서 손을 들었을 경우 주심은 양팔을 바깥 쪽으로 뻗었다 몸 안쪽(명치 위)으로 당기는 수신호를 행하면서 회합을 소집한다.

1 2

15. 의료진 호출
주심은 즉시 "의무"를 외치며 오른팔의 손바닥을 펴 하늘 방향으로 하여 바깥쪽으로 뻗었다 얼굴쪽으로 접으며 반복한다.

1 2

16. "감점" 선언

1) 오른쪽 귀에 오른팔을 구부린 상태에서 인지를 편 오른손 주먹을 가져다 댄다.
2) 오른팔을 45도 각도로 펴면서 인지를 해당선수를 가리키며 "청" 또는 "홍" 구령을 한다.
3) 왼쪽 가슴에 주먹을 쥔 채 오른팔을 구부려 가져다 댄다.
4) 오른팔을 펴면서 인지로 해당선수의 이마를 가리키며 "감점"를 선언한다.

17. 득점 무효 선언

경기규칙 제12조 5항과 관련, 주심은 "갈려" 선언을 한 후 즉시 득점 무효를 선언한다.
1) "차렷" 자세에서 오른손바닥을 앞을 향해 이마 앞 20cm 위치까지 올린 후
2) 오른 손바닥을 오른쪽에서 왼쪽으로 어깨 넓이 만큼 흔들어 원점으로 돌아와 무효를 나타낸다.

18. 영상판독요청 선언

지도자의 요청에 의해 주심은 영상판독요청 선언을 한다.
이때 주심은 영상판독원식을 바라보며 지도자에게 전달 받은 카드를 머리 위로 올리면서 "청" "홍" "판독" 구령을 한다.

19. 영상판독후 득점선언

영상 판독 후 득점이 인정될 때 주심은 기록원석을 향해 오른손을 머리 높이까지 들고 "청" 또는 "홍" "일점" "이점" "삼점" 구령을 한다.

20. 영상판독후 득점 무효선언

영상 판독 후 득점이 무효로 인정될 때 주심은 기록원석을 향해 "청" 또는 "홍" "일점" "이점" "삼점" 구령 후 앞 (17. 득점 무효 선언)과 동일하게 수신호를 행한다.

21. 영상판독후 "감점" 선언

영상 판독후 "감점"이 인정될때 주심은(16. "감점" 선언)과 동일하게 수신호를 행한다.

22. 영상판독 후 "감점" 무효선언

영상 판독 후 "감점"이 무효로 인정될 때 주심은 기록원석을 향해 "청" 또는 "홍" "감점" 구령 후 (17. 득점 무효 선언)과 동일하게 수신호를 행한다.

23. 지도자의 영상판독요청 내용인정

주심은 해당 지도자석으로 다가가 공손하게 영상판독요청카드를 지도자에게 반납한다.

24. 지도자의 영상판독요청 내용기각

주심은 코트 중앙으로 돌아와 영상 판독요청 카드를 셔츠 주머니에 넣은 후 경기를 속행한다.

25. 무릎 가격 및 무릎으로 상대 공격을 막는 행위

감점 선언 후 오른쪽 무릎을 가볍게 들고 오른손을 무릎으로 곧게 뻗는다.

이때 손바닥이 무릎을 향하도록 한다.

26. 미는 행위

감점 선언 후 차렷 자세에서 양 손바닥을 가슴 높이로 선수를 향하여 접었다 민다.

27. 바람직 하지 못한 행위

감점 선언 후 차렷 자세에서 오른손 검지를 입술에 가까이 붙인다.

 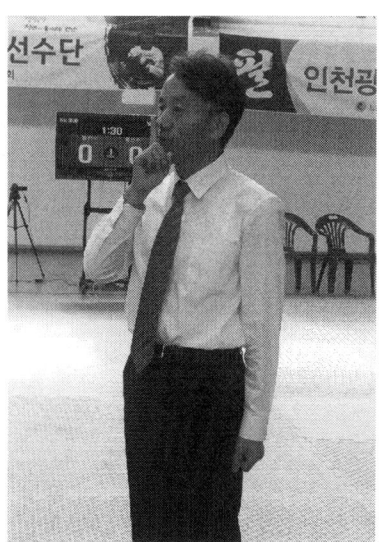

28. 잡는 행위

감점 선언후 차렷 자세에서 오른손 바닥이 하늘로 향하게 하여 주먹을 쥐며, 팔을 옆구리 쪽으로 접는다.

29. 허리 아래 가격

감점 선언 후 차렷 자세세에서 오른팔을 어깨 높이에서 오른다리를 가르키며 편 손을 오른쪽 다리 바깥쪽에 붙인다.

30. 넘어진 상대를 공격하는 행위

감점 선언 후 가볍게 앞차기를 한 후에 양 손날을 가슴 높이에서 왼 손날을 밖으로 하여 서로 교차시킨다.

31. 경기 회피 및 소극적 행위

감점 선언 후 가슴 높이에서 양 주먹이 서로 마주 보게 두 번 끌어당긴다.

32. 주먹으로 얼굴 가격

감점 선언 후 오른손 주먹을 쥐어 어깨 높이에서 오른쪽 얼굴 가까이 댄다.
이때 손등은 하늘을 향한다.

오법 (五法)

心 마음이 밝지 못하면 신(神)이 어둡고
眼 맑지 못하면 청의(淸意)가 어지러우며
手 빠르지 못하면 보법(步法)이 둔하게 된다.
身 몸을 낮추지 못하면 기락(起落)을 할 수 없고
步 걸음이 고르지 못하면 진퇴(進退)의 세(勢)를 잃게 된다.
　　(要點=밝은 마음 - 맑은 눈 - 빠른 손 - 영활한 몸 - 활발한 걸음)

33. 한계선 밖

감점 선언 후 오른쪽 손날을 세워 갈려 수신호를 한 후 손날을 뒤집어 손바닥이 제자리에서 하늘을 향하게 한다.

34. 주심의 '갈려' 선언 후 상대를 가격하는 행위

감점 선언 후 "갈려":와 같은 동작을 한 후에 양 손날을 가슴 높이에서 왼 손날을 밖으로 하여 서로 교차시킨다.

35. 몸통보호구, 머리보호대 및 전자감응양말 테스트

오른손(청 선수 방향)과 왼손(홍 선수 방향)을 편 상태에서 명치 높이의 손을 밖에서 안으로 번갈아 가리키며 "테스트" 라고 말한다.

제 13 장
태권도 겨루기 경기규칙

大器晚成(대기만성)
큰 그릇은 늦게 만들어진다. 크게 될 사람은 늦게 이루어짐을 비유.

제1조 (목 적)
이 규칙은 대한민국태권도협회(이하 '본 회'라 함)와 산하 지부 및 연맹이 주최·주관하는 모든 대회(본 회 승인대회 포함)의 경기를 통일된 규칙 아래 운영하는데 그 목적이 있다.

제2조 (적용 범위)
이 규칙은 본 회와 각급 산하 지부와 연맹이 주최하거나 주관하는 모든 대회(본 회 승인대회 포함)에 적용된다. 단, 별도 목적에 따라 본회의 승인을 받아 일부 변경하여 시행할 수 있다.

제3조 (경기장)
1. 경기지역은 장애물이 없는 평평한 표면이어야 하며, 탄력성이 있으며, 미끄럽지 않은 매트로 한다. 또한, 필요에 따라 경기지역은 바닥에서부터 높이 0.6~1m로 설치할 수 있으며, 선수의 안전을 고려하여 30도 이내의 경사각이 지도록 한다. 다음 경기지역의 모양 중 하나를 적용할 수 있다.
    1.1. 사각 모양
        경기장은 경기지역과 안전지역으로 구성된다. 폭 60cm 한계선을 포함한 8m x 8m 정사각의 지역을 경기지역으로 하고, 경기지역을 둘러싼 외곽지역을 안전지역으로 한다. 경기지역과 안전지역을 포함한 경기장은 10mx10m 이상 12mX12m 이하의 넓이로 설치되어야 한다. 만약 경기장이 일정 높이의 경기대로 설치될 경우에는 선수의 안전을 고려하여 안전지역의 넓이를 확장할 수 있다. 경기지역과 안전지역의 바닥은 다른 색으로 설치되어야 하며, 필요시 별도의 노란선을 표시할 수 있고, 그 색의 결정은 해당 대회의 관련 기술규정이나 현장 상황에 의한다. 단, 부별 상황에 따라 경기장 크기, 위치 등은 변경될 수 있다.
    1.2. 팔각 모양
        경기장은 경기지역과 안전지역으로 구성된다. 경기지역과 안전지역을 포함한 경기장은 10mX10m 이상 12mX12m 이하의 넓이의 정사각형으로 설치되어야 한다. 경기지역은 폭 60cm 한계선을 포함한 경기장 중앙에 마주 보는 면 사이의 직경이 약 8m이며 팔각의 각 면의 길이는 약 3.3m인 팔각형으로 한다. 경기지역 한계선과 안전지역의 외곽선 사이를 안전지역으로 한다. 경기지역과 안전지역의 바닥은 다른 색으로 설치되어야 하며, 필요시 별도의 노란선을 표시할 수 있고, 그 색의 결정은 해당 대회의 관련 기술규정이나 현장상황에 의한다. 단, 부별 상황에 따라 경기장 크기, 위치 등은 변경될 수 있다.

2. 위치표시
   2.1. 경기지역의 끝선을 한계선이라 하고 안전지역의 끝선을 외곽선이라 한다.
   2.2. 정면 기록석에 면한 외곽선을 제1 외곽선이라 하고, 그로부터 시계방향으로 제2, 제3, 제4 외곽선이라 한다. 한계선의 경우, 제1 외곽선에 평행하여 면한 것을 제1한계선으로 하고 그로부터 시계방향으로 제2, 제3, 제4 한계선으로 한다. 팔각 경기장의 경우는 제1 한계선으로부터 제2, 제3, 제4, 제5, 제6, 제7, 제8 한계선으로 한다.
   2.3. 선수와 주심의 위치 : 경기의 시작과 종료 시 선수는 제1 외곽선과 평행한 경기장 중심으로부터 각 1m 떨어진 위치에 자리한다. 주심은 경기장 중심으로부터 제3 외곽선 쪽으로 1.5m 거리의 위치에 자리한다.
   2.4. 부심의 위치 : 제1 부심은 제2 한계선 모서리로부터 최소 2m 떨어진 곳에 자리한다. 제2부심은 제5한계선 중심점으로부터 최소 2m 떨어진 곳에 자리한다. 제3 부심은 제8한계선 모서리로부터 최소 2m 떨어진 곳에 자리한다. 2부심제의 경우 제1부심은 제1 한계선 중앙 최소 2m, 그리고 제2부심은 제5한계선 중앙 최소 2m 후방에 자리한다. 단 방송 등 경기운영에 필요한 경우 부심의 위치를 변경 할 수 있다
   2.5. 영상분석과 기록석 : 영상분석과 기록석은 제1 외곽선으로부터 2m 후방에 자리한다. 그러나 중계방송 등 경기운영에 필요할 경우 그 위치를 변경할 수 있다.
   2.6. 지도자석 : 지도자석은 외곽선으로부터 2m 이상 떨어진 곳에 자리한다. 방송 또는 기타 경기운영에 필요한 경우 그 위치를 조정할 수 있다.
   2.7. 검사대 : 선수의 경기용품 및 보호구 착용의 적합성을 검사하기 위한 검사대는 경기장 출입구에 설치하여야 한다.

주

주① **탄력성 있는 매트** : 탄력성과 미끄럼의 정도는 본 회의 승인을 받아야 한다.

주② **색 상** : 색상은 반사가 심하지 않고 선수나 관중에게 시각적 피로를 주지 않는 종류로서 선수의 도복, 용구를 비롯한 경기지역 내 제반 색상의 배색이 고려되어야 한다.

주③ **검사대** : 검사대에서는 검사원이 대전 선수가 착용한 모든 장비가 본 회 공인용품인지 몸에 잘 맞는지를 점검한다. 부적합할 시에는 재 착용을 지시하고 출전 선수는 즉시 재 착용 하여야 한다.

[팔각형 경기장(플랫폼)]

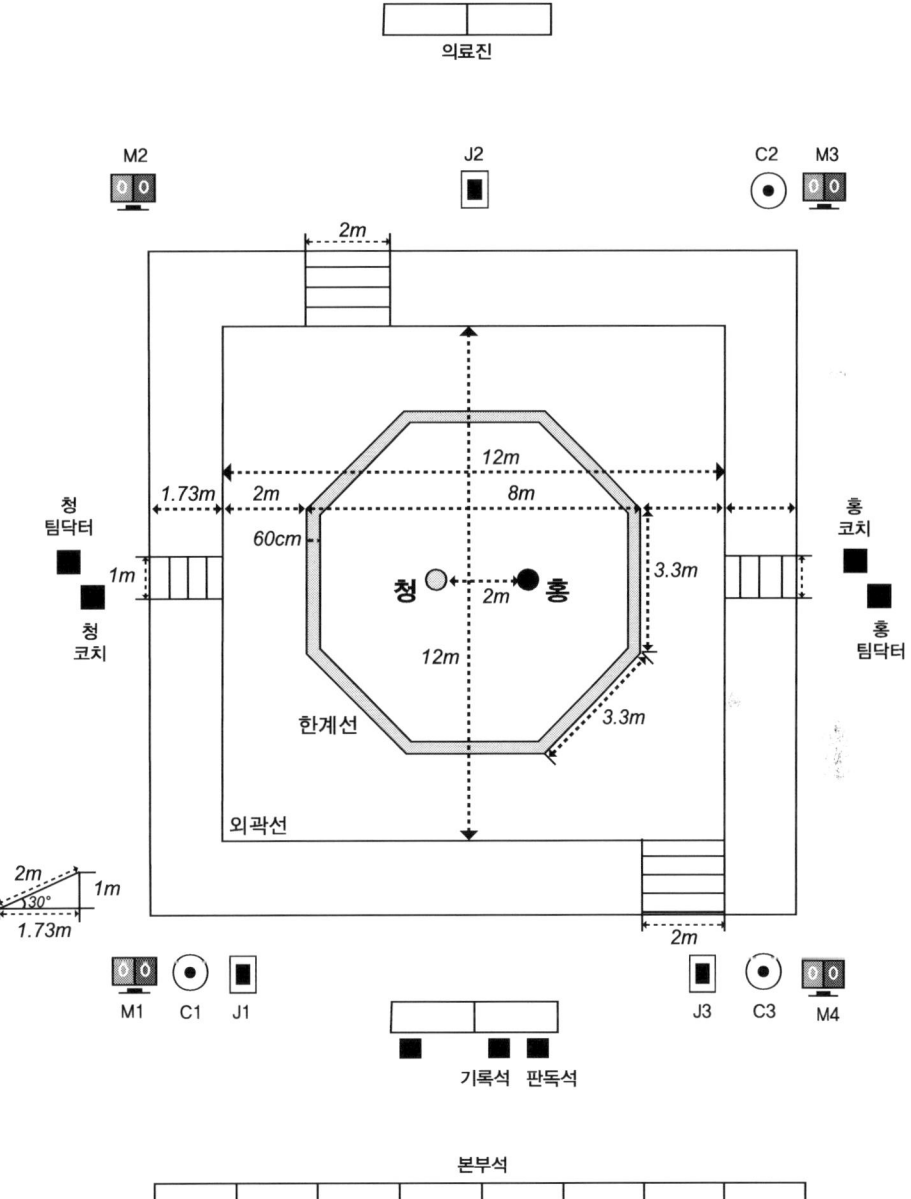

[M : 점수판   J : 부심   C : 카메라]

[팔각형 경기장(마루)]

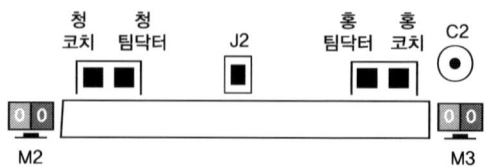

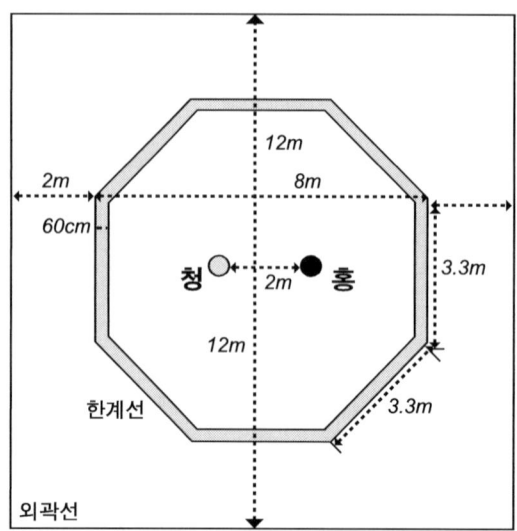

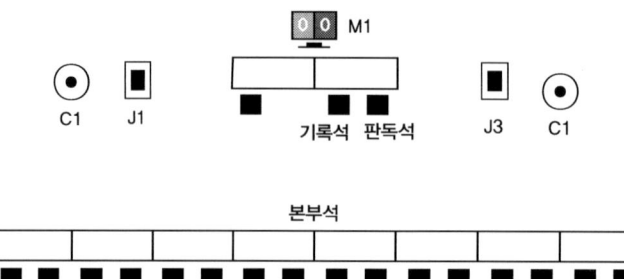

[M : 점수판 J : 부심 C : 카메라]

[사각형 경기장(플랫폼)]

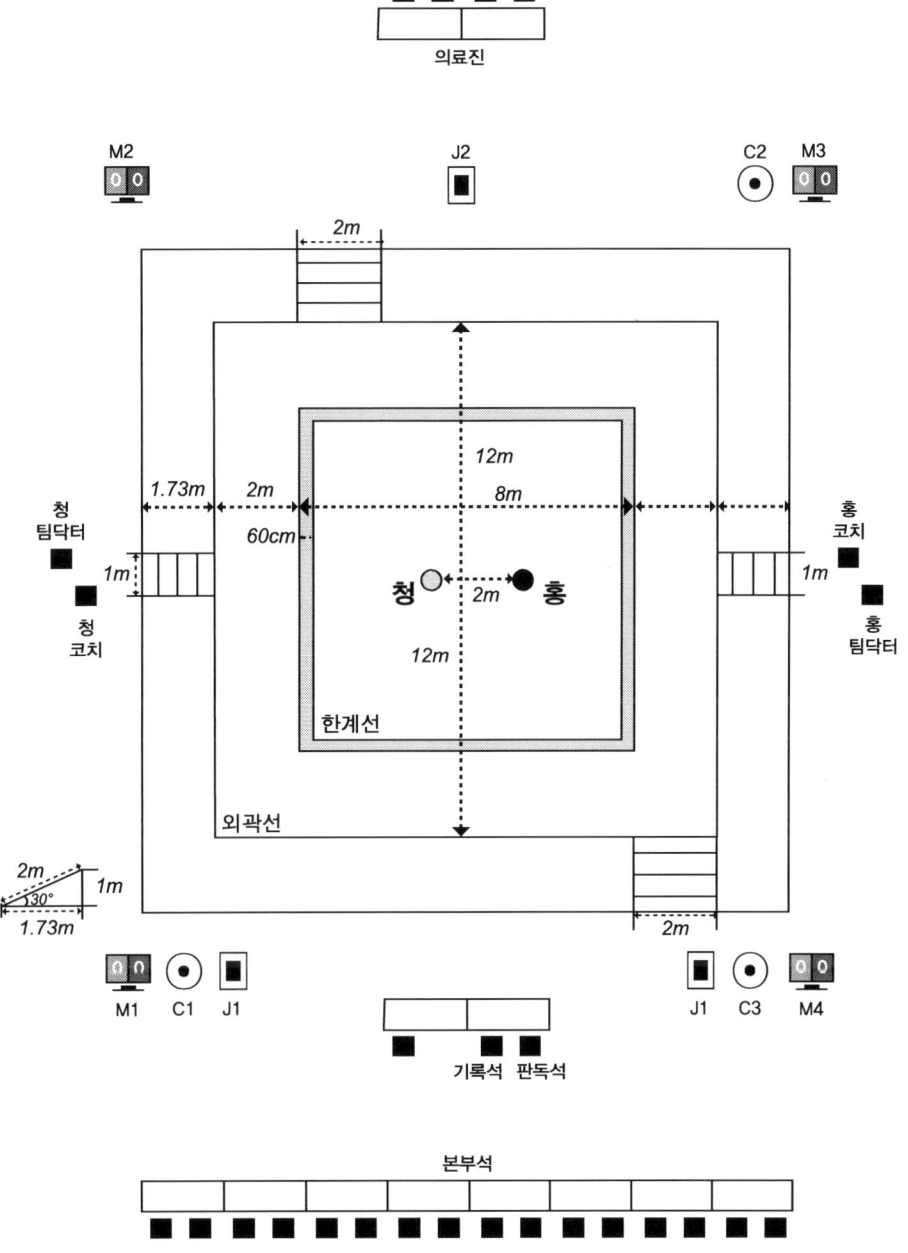

[M : 점수판   J : 부심   C : 카메라]

[팔각 매트(0.8m)]

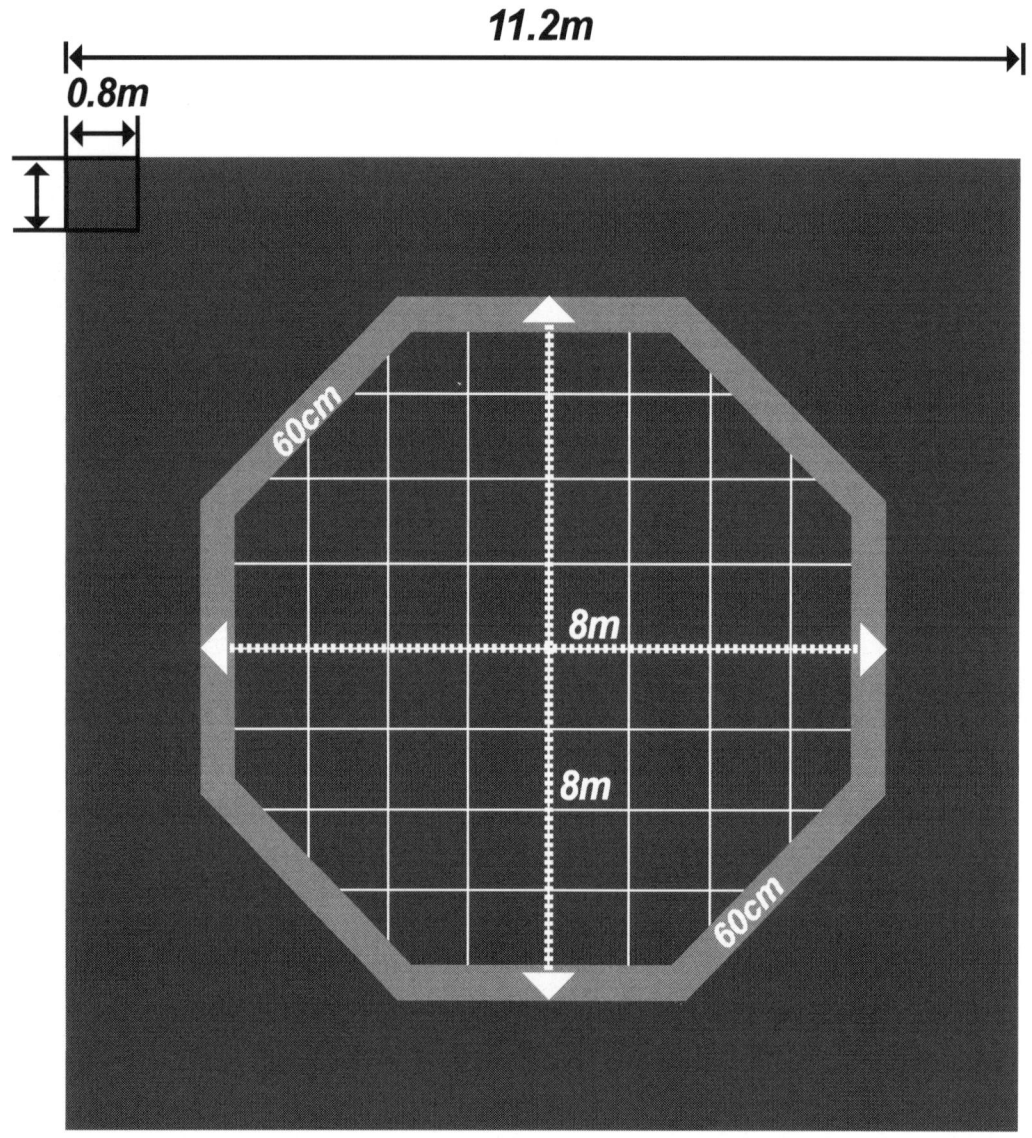

[팔각 매트]

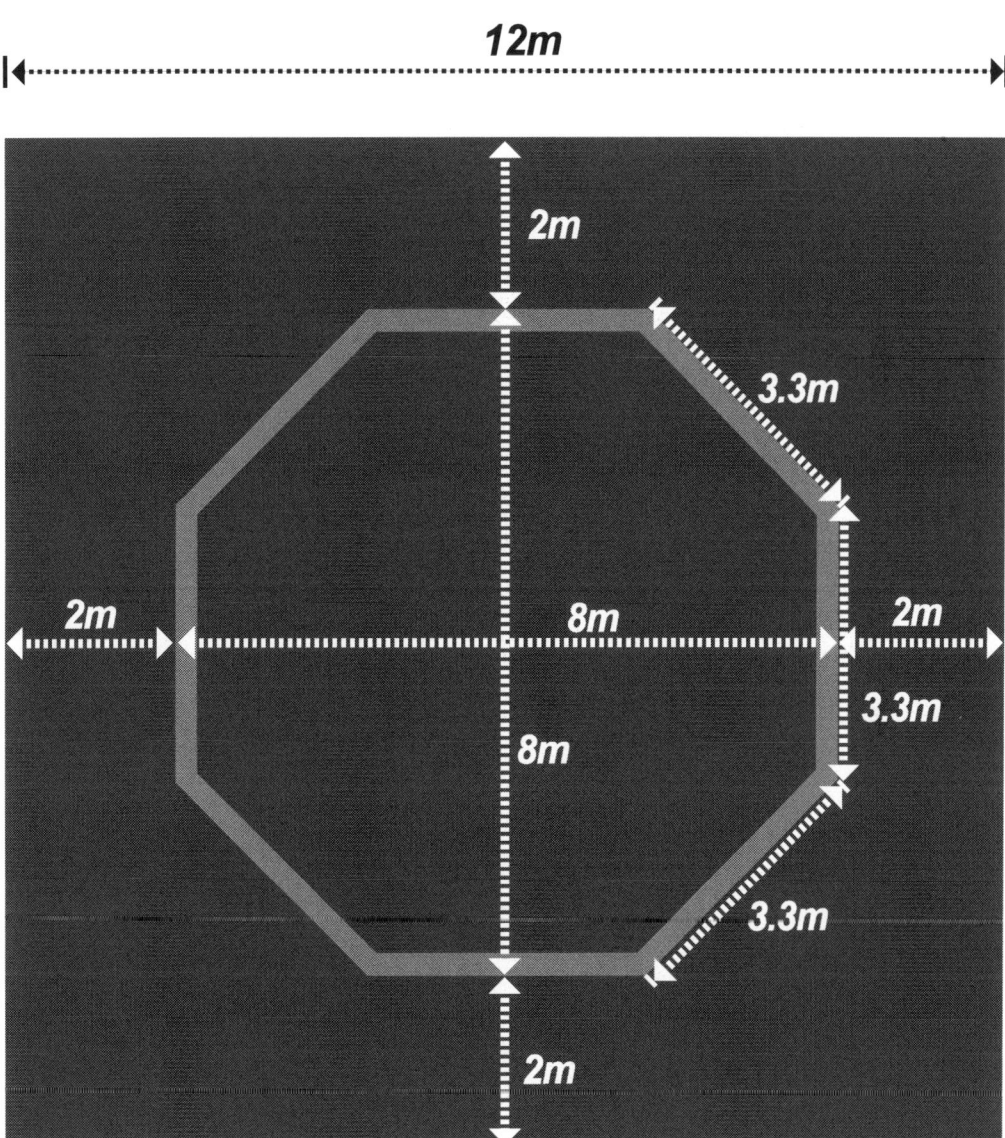

[팔각 매트(1m)]

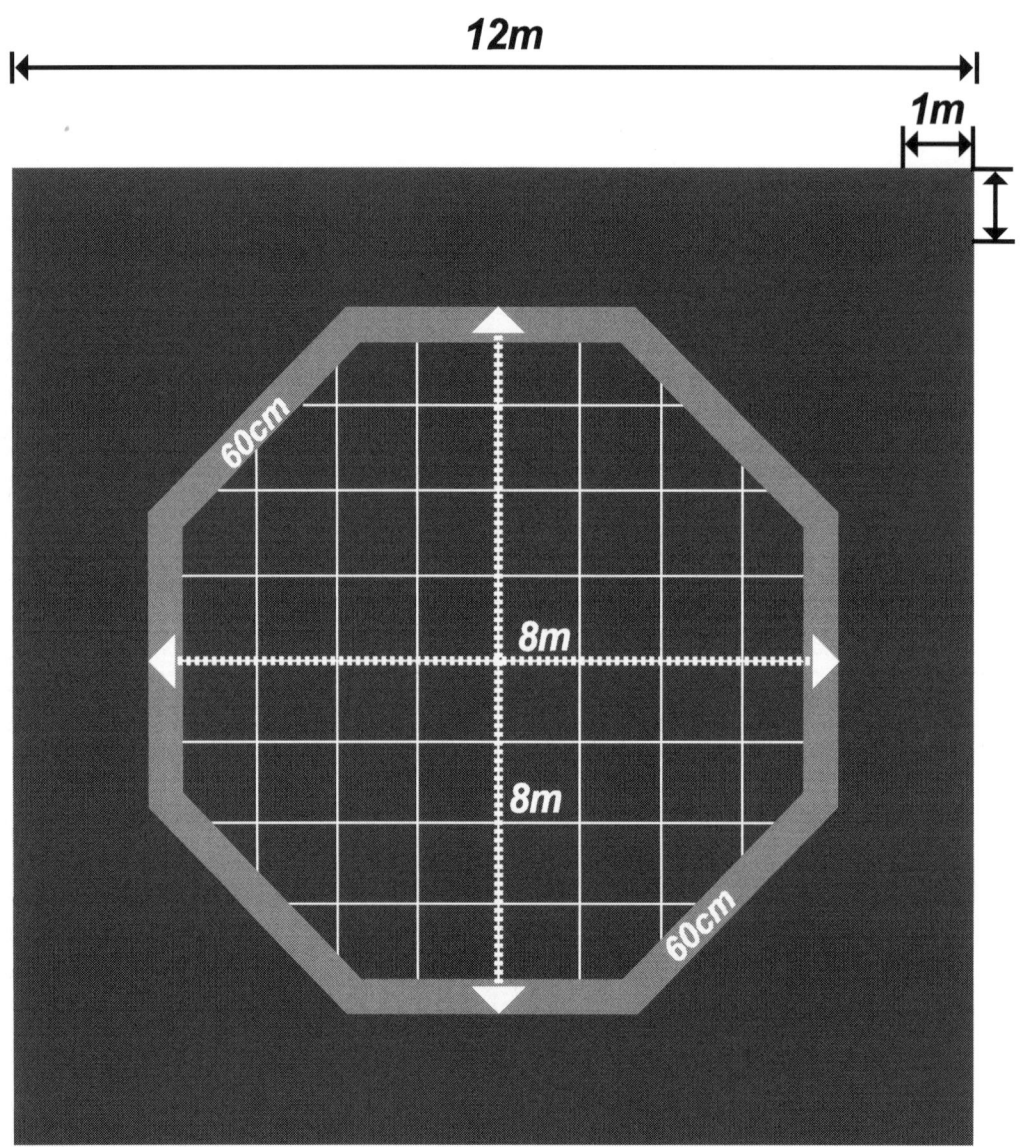

제4조 (선수 및 지도자)

1. 선수

    1.1. 자격

    가. 국기원 품·단증 소지자로서 당해연도 선수등록을 필한 자

    나. 경기 참가에 문제가 되는 심신의 결격이 없는 자 (단, 결격 사유가 있는 자가 경기에 참가 시 해당 지도자 및 선수는 경기운영본부에 회부할 수 있으며, 사고 발생 시 해당 지도자와 선수의 책임으로 한다.)

    다. 위 가, 나의 해당자로서 부별 요건은 다음과 같다. 단, 국제대회의 선수 자격 요건은 대회요강이 정한 규정을 따른다.

    라. 등록 구분은 연령(다만, 연령 기준은 출생연도를 기준으로 한다.) 등을 기준으로 하여 각 부를 둔다.

    1) 초등부(13세 이하부) : 초등학교에 재학 중인 자
    2) 중등부(16세 이하부) : 중학교 재학 중인 자
    3) 고등부(19세 이하부) : 고등학교 재학 중인 자
    4) 대학부 : 대학교 재학 중인 자
    5) 일반부 : 만20세 이상으로 대학생이 아닌 자

    마. 연령별 학제가 다를 경우 본 회 경기인 등록규정에 의거한다.

    1.2. 도복과 경기용품

    가. 본 회와 산하 지부 및 연맹이 주최·주관하는 모든 대회(본 회 승인대회 포함) 승인하는 모든 대회에서 사용되는 매트, 전자호구, 영상판독 시스템, 보호구 등 제반 경기용품 및 출전하는 선수의 도복 또는 경기복은 반드시 본 회 공인용품이어야 한다.

    나. 경기에 임하는 선수는 본 회에서 공인한 경기복 (도복), 몸통 보호대, 머리보호대, 샅보호대, 팔 보호대, 다리 보호대, 장갑, 전자감응양말 (전자호구 사용 시), 마우스가드를 경기장에 들어오기 전에 착용하여

야 한다. 머리보호대는 왼팔에 끼고 입장하여 주심의 신호에 따라 착용한다.

다. 도복 착용 시 팔 보호대와 다리 보호대는 도복 안에 입어야 하며 경기복 착용 시에는 팔 보호대와 다리 보호대는 부착되거나 삽입 될 수 있다. 샅보호대는 어느 경우에도 안에 입어야 한다.

주

주① 머리보호대와 몸통보호구 외 모든 보호구는 각 선수 개인이 지참하여야 하며, 보호구 및 보호대 미착용, 장비변경 및 변형 시 출전을 금지 실격처리한다. 단, 대표자회의 또는 경기운영본부에서 조정할 수 있다.

주② 도복 상의 끝 선은 무릎에서 상체 쪽으로 20cm 위, 소매는 팔목, 하의 끝 선은 발목을 기준으로 한다.

주③ 도복 착용 시 매듭에서부터 띠의 길이는 30cm(±5cm)로 한다.

주④ 머리보호대 득점을 방해하는 머리 형태(예 : 꽁지머리)를 금지한다.

주⑤ 도복 상의는 소속(지역) 및 선수 성명 표기 가능하며, 도복 하의는 무릎 위 상표 외 10cm 이내 학교나 팀 로고는 허용

1.3. 의무사항

가. 한국도핑방지위원회(KADA)가 금지하는 약물을 사용 또는 복용하여서는 안 된다.

나. 본 회는 필요에 따라 약물 복용 여부를 검사하며, 검사에 불응하거나 금지하는 약물을 복용한 사실이 판명되면 입상자는 등위가 박탈되며 차위자가 그 등위를 승계하고 당해연도 선수등록을 무효 조치하며 스포츠공정위원회에서 징계 처리한다.

다. 경기 중 발생한 상해 및 사망에 대하여 협회 및 경기 주최·주관 단체 또는 상대 선수에게 책임을 묻지 못한다. 단, 고의적인 행동에 의하여 발생한 사고에 대해서는 과실을 범한 선수 측에서 그 책임을 져야 한다.

라. 소재지 정보제공 대상 선수는 분기마다 자신의 소재지를 세계반도핑기구 소재지 정보 프로그램에 입력해야 하며, 이와 관련하여 발생하는 불이익 등에 본 회는 책임지지 아니한다.

주

주① 입상자의 등위가 박탈되는 경우는 박탈입상자와 대전했던 차 하위자가 등위를 승계토록 한다.
주② 본 회는 선수가 경기대회 참가 전에 상해보험에 가입할 것을 권장한다.
주③ 마우스가드: 마우스가드의 색깔은 흰색이나 혹은 투명한 색으로 제한하며, 마우스가드는 최소 3mm의 두께와 함께 윗니 전체를 보호하여야 한다. 치아 교정기 착용 시에는 윗니와 아랫니를 모두 보호하는 특수한 마우스가드를 치과의사의 추천에 따라 착용할 수 있으며, 이때에는 특수한 마우스가드가 경기 시 착용해도 안전하다는 치과의사의 소견서를 본 회에 제출하여야 한다.
주④ 머리보호대 : 머리보호대의 색은 청색 혹은 적색이어야 하며 그 외 색은 허용되지 않는다.
주⑤ 테이핑 : 손과 발의 테이핑은 검사대 또는 선수대기실에서 이를 엄격하게 확인하도록 한다. 과도한 테이핑에 관해서는 본 회 의료진의 승인을 득해야 한다. 일반계체 시에는 테이핑 없이 참가해야 하는데, 이는 피부가 벌어진 상처 (창상), 열상 혹은 출혈이 있는지를 확인하기 위함이다.
주⑥ 전자감응양말: 발가락을 넘어서지 않도록 바르게 착용한다.
주⑦ 아래의 (1) ~ (6)과 같이 제대로 된 안전 보호 장비를 착용하지 않거나 혹은 잠재적으로 위험할 수 있는 물건을 신체에서 제거하지 않은 채 검사 간 적발된 선수의 경우 대회에 참가할 수 없다.
　(1) 보호 장비(머리 보호대, 몸통 보호대, 살 보호대, 팔 보호대, 다리 보호대, 마우스가드)를 착용한 선수가 보호 장비에 의해 신체 부위가 충분히 보호되지 않거나, 보호 장비의 크기가 부적합하거나, 확연한 형체 (혹은 소재)의 결함이 있는 경우
　(2) 검사 간 규정에 맞는 적절한 마우스가드를 착용하지 않거나, 경기 중 규정에 명시된 마우스가드를 착용하지 않은 것이 적발되거나, 혹은 명시된 마우스가드를 착용하지 않아 검사대, 주심, 혹은 본 회 의료진으로부터 경고를 받고도 규정에 맞는 적절한 마우스가드를 착용하지 않는 경우
　(3) 검사 간 혹은 경기 중 피어싱, 귀걸이, 혹은 얼굴이나 신체에 단단한 물체를 착용하였다고 검사대, 주심, 혹은 본 회 의료진으로부터 경고를 받고도 이를 시정하지 않은 경우

(4) 치아 보정기, 렌즈, 뼈 고정용 핀 등 착용 선수는 각종 상해와 관련하여 상해에 대한 본인 책임의 확인서를 제출하고 경기에 임하여야 한다.
(5) 손·발톱이 상대 선수에게 위해를 가할 수 있다고 판단되면 대회운영본부는 해당선수의 출전을 금지시킬 수 있다.

주⑧ 안전 보호장비 규정을 준수하지 않거나, 의료 판단 하에 안전에 위협이 되는 건강 상태이거나, 의료 확인서에 실격에 해당하는 건강 상태가 확인될 경우 대회 참가 자격이 상실된다.

주⑨ 경기에 임하는 선수가 검사대 통과 이후 보호장비를 임의로 수정·미착용·변형·변경이 적발된 경우 경기운영본부의 결정에 의하여 별도로 제재할 수 있다.

2. 임원 (감독·지도자)

2.1. 자격

가. 문화체육관광부 발급 2급 전문스포츠지도사(경기지도자 자격증 2급) 자격증 소지자 (단, 국기원 사범자격증 소지자는 2026년도까지 유예함)

나. 당해 연도 경기규칙강습회 교육을 수료한 자

다. 심신의 결격 사유가 없는 자로서 당해 연도 임원(감독·지도자)등록을 필한 자

라. 위 "가" 목의 자격증을 소지하지 못한 학교 감독교사는 해당연도 경기규칙강습회를 수료하고 소속장으로부터 추천을 받아 임원 등록을 할 수 있다.

마. 상기 조항 이외의 사항에 대하여는 본 회 지도자선수등록규정에 의한다.

2.2. 복장

가. 경기에 임하는 임원(감독·지도자)은 본 회가 발급한 임원증을 패용하여야 한다.

나. 임원(감독·지도자)의 복장은 경기장 내에서 주의를 끄는 복장이거나 심판원의 복장과 동일해서는 안된다.(예 : 반바지, 슬리퍼, 민소매, 모자 등 금지)

다. 경기장(코트) 내에서는 구두 착용 금지

2.3. 임원의 의무

　　가. 임원(감독·지도자)은 경기규칙을 잘 알고 지켜야 한다.

　　나. 임원(감독·지도자)은 선수를 보호하고 경기 진행에 협조하여야 한다.

　　다. 임원은 소속팀 외 선수의 경기에 지도자로서 임할 수 없다. (단, 특별한 사유 발생 시 경기운영본부에서 조정할 수 있다.)

　　라. 주심의 허락없이 경기지역 내에 출입할 수 없다.

> **주**
>
> 주① 지도자는 경기 시작 전 지정된 지도자석에 위치하여야 하며, 경기 중 자기 측 선수가 곤경에 빠졌을 때는 기권을 시킬 수 있다.

제5조 (체 급)

1. 남자, 여자부로 구분한다.
2. 성별 체급은 다음과 같다.(단위 : kg)

　2.1. 초등부

부별 체급	저학년부(1, 2학년)	중학년부(3, 4학년)	고학년부(5, 6학년)	
			남자	여자
핀 급	23kg까지	28kg까지	32kg까지	30kg까지
플라이급	23kg초과 25kg까지	28kg초과 30kg까지	32kg초과 34kg까지	30kg초과 32kg까지
밴텀급	25kg초과 27kg까지	30kg초과 32kg까지	34kg초과 36kg까지	32kg초과 34kg까지
페더급	27kg초과 29kg까지	32kg초과 34kg까지	36kg초과 39kg까지	34kg초과 37kg까지
라이트급	29kg초과 31kg까지	34kg초과 36kg까지	39kg초과 42kg까지	37kg초과 40kg까지
L-웰터급			42kg초과 45kg까지	40kg초과 43kg까지
웰터급	31kg초과 33kg까지	36kg초과 39kg까지	45kg초과 49kg까지	43kg초과 47kg까지
L-미들급			49kg초과 53kg까지	47kg초과 51kg까지
미들급	33kg초과 35kg까지	39kg초과 42kg까지	53kg초과 57kg까지	51kg초과 55kg까지
L-헤비급			57kg초과 61kg까지	55kg초과 59kg까지
헤비급	35kg초과	42kg초과	61kg초과	59kg초과

※ 단, 대회 성격에 따라 학년별부를 둘 수 있다.

2.2. 중등부, 고등부

부별 체급	남자부		여자부	
	중등부	고등부	중등부	고등부
핀 급	41kg까지	52kg까지	40kg까지	45kg까지
플라이급	41kg초과 45kg까지	52kg초과 56kg까지	40kg초과 43kg까지	45kg초과 48kg까지
밴 텀 급	45kg초과 49kg까지	56kg초과 60kg까지	43kg초과 46kg까지	48kg초과 51kg까지
페 더 급	49kg초과 53kg까지	60kg초과 64kg까지	46kg초과 49kg까지	51kg초과 54kg까지
라이트급	53kg초과 57kg까지	64kg초과 68kg까지	49kg초과 52kg까지	54kg초과 57kg까지
L-웰터급	57kg초과 61kg까지		52kg초과 55kg까지	
웰 터 급	61kg초과 65kg까지	68kg초과 72kg까지	55kg초과 58kg까지	57kg초과 60kg까지
L-미들급	65kg초과 69kg까지	72kg초과 76kg까지	58kg초과 62kg까지	60kg초과 64kg까지
미 들 급	69kg초과 73kg까지	76kg초과 80kg까지	62kg초과 66kg까지	64kg초과 68kg까지
L-헤비급	73kg초과 77kg까지	80kg초과 84kg까지	66kg초과 70kg까지	68kg초과 72kg까지
헤 비 급	77kg초과	84kg초과	70kg초과	72kg초과

※ 대회 성격에 따라 학년별부를 둘 수 있으며, 또한 고등부의 경우 대학(일반부)의 체급으로 대회를 진행 할 수 있다.

2.3. 대학부, 일반부

남자부(대학·일반부)		여자부(대학·일반부)	
-54kg급	54kg까지	-46kg급	46kg까지
-58kg급	54kg초과 58kg까지	-49kg급	46kg초과 49kg까지
-63kg급	58kg초과 63kg까지	-53kg급	49kg초과 53kg까지
-68kg급	63kg초과 68kg까지	-57kg급	53kg초과 57kg까지
-74kg급	68kg초과 74kg까지	-62kg급	57kg초과 62kg까지
-80kg급	74kg초과 80kg까지	-67kg급	62kg초과 67kg까지
-87kg급	80kg초과 87kg까지	-73kg급	67kg초과 73kg까지
+87kg급	87kg초과	+73kg급	73kg초과

3. 올림픽경기 성별 체급은 다음과 같다.

남 자 부		여 자 부	
-58kg급	58kg까지	-49kg급	49kg까지
-68kg급	58kg초과 68kg까지	-57kg급	49kg초과 57kg까지
-80kg급	68kg초과 80kg까지	-67kg급	57kg초과 67kg까지
+80kg급	80kg초과	+67kg급	67kg초과

4. 세계주니어선수권대회 성별 체급은 다음과 같다.

남 자 부		여 자 부	
-45kg급	45kg까지	-42kg급	42kg까지
-48kg급	45kg초과 48kg까지	-44kg급	42kg초과 44kg까지
-51kg급	48kg초과 51kg까지	-46kg급	44kg초과 46kg까지
-55kg급	51kg초과 55kg까지	-49kg급	46kg초과 49kg까지
-59kg급	55kg초과 59kg까지	-52kg급	49kg초과 52kg까지
-63kg급	59kg초과 63kg까지	-55kg급	52kg초과 55kg까지
-68kg급	63kg초과 68kg까지	-59kg급	55kg초과 59kg까지
-73kg급	68kg초과 73kg까지	-63kg급	59kg초과 63kg까지
-78kg급	73kg초과 78kg까지	-68kg급	63kg초과 68kg까지
+78kg급	78kg초과	+68kg급	68kg초과

5. 유스올림픽 성별 체급은 다음과 같다.

남 자 부		여 자 부	
-48kg급	48kg까지	-44kg급	44kg까지
-55kg급	48kg초과 55kg까지	-49kg급	44kg초과 49kg까지
-63kg급	55kg초과 63kg까지	-55kg급	49kg초과 55kg까지
-73kg급	63kg초과 73kg까지	-63kg급	55kg초과 63kg까지
+73kg급	73kg초과	+63kg급	63kg초과

6. 세계유소년(12~14세) 태권도대회 성별 체급은 다음과 같다.

남 자 부		여 자 부	
-33kg급	33kg까지	-29kg급	29kg까지
-37kg급	33kg초과 37kg까지	-33kg급	29kg초과 33kg까지
-41kg급	37kg초과 41kg까지	-37kg급	33kg초과 37kg까지
-45kg급	41kg초과 45kg까지	-41kg급	37kg초과 41kg까지
-49kg급	45kg초과 49kg까지	-44kg급	41kg초과 44kg까지
-53kg급	49kg초과 53kg까지	-47kg급	44kg초과 47kg까지
-57kg급	53kg초과 57kg까지	-51kg급	47kg초과 51kg까지
-61kg급	57kg초과 61kg까지	-55kg급	51kg초과 55kg까지
-65kg급	61kg초과 65kg까지	-59kg급	55kg초과 59kg까지
+65kg급	65kg초과	+59kg급	59kg초과

◈ 카뎃 체급은 아래와 같이 분류된다.

남자부	MAX. Weight	BMI (WHO)
1,48cm & Under	45kg	20.54
1,49cm - 1,52cm	48kg	20.78
1,53cm - 1,56cm	51kg	20.96
1,57cm - 1,60cm	53kg	20.70
1,61cm - 1,64cm	56kg	20.82
1,65cm - 1,68cm	59kg	20.90
1,69cm - 1,72cm	61kg	20.62
1,73cm - 1,76cm	64kg	20.66
1,77cm - 1,80cm	67kg	20.68
1,81cm & Over	80kg	

여자부	MAX. Weight	BMI (WHO)
1,44cm & Under	43kg	20.74
1,45cm - 1,48cm	45kg	20.54
1,49cm - 1,52cm	48kg	20.78
1,53cm - 1,56cm	51kg	20.96
1,57cm - 1,60cm	53kg	20.70
1,61cm - 1,64cm	56kg	20.82
1,65cm - 1,68cm	59kg	20.90
1,69cm - 1,72cm	61kg	20.62
1,73cm - 1,76cm	64kg	20.66
1,77cm & Over	75kg	

7. 전국소년체전 초등부 체급은 다음과 같다.

남자 13세이하부	남자 16세이하부	여자 13세이하부	여자 16세이하부
~34kg까지	~41kg까지	~33kg까지	~40kg까지
34kg~38kg까지	41kg~45kg까지	33kg~36kg까지	40kg~44kg까지
38kg~42kg까지	45kg~49kg까지	36kg~39kg까지	44kg~48kg까지
42kg~46kg까지	49kg~53kg까지	39kg~42kg까지	48kg~53kg까지
46kg~50kg까지	53kg~57kg까지	42kg~46kg까지	53kg~58kg까지
50kg~54kg까지	57kg~61kg까지	46kg~50kg까지	58kg~63kg까지
54kg~58kg까지	61kg~65kg까지	50kg~54kg까지	63kg~68kg까지
58kg급 초과	65kg~69kg까지	54kg급 초과	68kg급 초과
	69kg~73kg까지		
	73kg~77kg까지		
	77kg급 초과		
8체급	11체급	8체급	8체급

주

주① "까지" : -kg 이하의 뜻으로 구체적인 적용은 단위 소수점 한 자리까지를 기준으로 한다. 예를 들어 50kg 까지는 50.09kg 까지를 말하는 것으로 50.1kg 부터는 실격 처리된다.

주② "초과" : 50kg 초과란 50.1kg 이상을 말하는 것으로써 50.0kg 까지는 미달로서 실격이 된다.

제6조 (경기의 종류 및 방식)

1. 경기의 종류는 다음과 같이 구분한다.

    1.1 개인전 : 각 체급별 개인 간의 대전 방식이며, 어떤 선수도 한 대회에서 1체급만 참가 할 수 있다.

    가. 본 회, 각 산하 연맹 및 지부는 대표자 회의에서 통합체급 여부를 결정 할 수 있다.

    나. 통합체급으로 경기를 진행할 시, 차 상위 체급과 2체급의 통합전을 할

수 있으며 계체는 최초 등록한 체급 기준으로 실시한다. 단, 각 부별 가장 무거운 체급(ex : 헤비급)은 차 하위 체급과 통합전을 실시할 수 있으며 계체는 차 하위 체급 기준으로 계체을 실시하며, 어떤 선수도 한 대회에서 2체급 이상 참가할 수 없다.

  1.2. 단체전 : 단체간의 대전방식

    가. 남, 여 3인단체전

    나. 남, 여 5인단체전

    다. 남, 여 혼성단체전

    ※ 단, 각 단체전의 경기 운영방식은 별도로 정한다.

2. 경기의 방식은 다음과 같이 구분한다.

  2.1. 개인 토너먼트(single elimination tournament)

  2.2. 리그전(Round Robin)

3. 국가대표선발전 등에서는 각 체급 별 개인 간의 대전 방식으로 하며, 개인 토너먼트 방식과 패자부활전 방식을 혼합하여 시행될 수 있다.

4. 본 회가 주최·주관하고 승인하는 모든 대회는 4개 팀(명) 이상이 참가하여 대전하여야 하며, 4개 팀(명) 이상 참가하지 않은 체급의 경기결과는 공식 결과로 인정되지 않는다. ※ 미계체, 계체 실격, 미출전 등의 사유로 4개 팀(명)이상 대전하지 않은 경우는 공식 결과로 인정되지 않음.

◀해설▶

1. 개인전은 각 체급별, 개인단위로 대전하는 방식을 원칙으로 하나 대회규정이 정하는 채점방식에 따라 개인전의 성적을 종합하여 단체등위를 결정할 수도 있다.

2. 개인전에서 득점을 가장 많이 한 선수를 우수선수로 선정하며, 그 방법은

  2.1. 체급별 1위를 한 선수 중에서 선정한다.

  2.2. 32강~결승까지의 총 득점에서 총 실점을 뺀 점수의 합계를 계산한다.

  2.3. 점수차승, 주심직권승, 넉아웃, 기권승, 반칙승 등의 상한점수를 20점까지만 인정하고 가산점을 부여한다.

    가. 20점 이상 차이가 나면 무조건 20점까지만 인정

ex. 25:3으로 경기 종료 시 그 회전에서의 득점은 25-3=22점이 아닌 20점이다.
　나. 넉아웃의 경우 20점 이상 차이가 나지 않으면 경기 종료 시 까지의 득점에서 실점을 뺀 후 가산점을 부여한다.

2.4. 승리유형 별 가산점

승리유형 \ 회전	1회전	2회전	3회전
점수차승	×	1	×
주심직권승, 기권승	5	3	×
넉아웃	20	18	15

　※ 주심직권승, 기권승은 20점 이상 차이나는 경기만 가산점을 부여한다.
　※ 상대의 감점에 의한 반칙승은 20점 이상 차이가 나는 경우 20점까지만 인정하고 가산점은 부여하지 않는다.

2.5. 3전다승제 우수선수 가산점

승리유형 \ 회전	1회전	2회전	3회전
주심직권승, 기권승	3	2	1
넉아웃	12	10	8

승리유형 \ 회수	1회	2회
점수차승	×	1

　※ 점수 차 회전은 최고 12점으로 한다.
　※ 각 회전에서 점수 차 승의 경우 1회는 가산점을 부여하지 않고, 2회의 점수 차 승에 대해서는 1점의 가산점을 부여한다.

2.6. 동점이 나올 경우
　가. 경기를 다수 임한 선수를 우선으로 한다.
　　※ 경기를 진행하지 않은 강수의 경기(ex.상대선수의 계체실격, 실

격승, 경기포기각서 제출의 기권 경기)는 포함하지 않는다.
　　　　나. 가)의 내용이 동일할 시 다수 참가한 체급의 선수를 우선으로 한다.
　　　　다. 나)의 내용이 동일할 시 실점에 관계없이 득점이 많은 선수를 우선
　　　　　　으로 한다.
　　　　라. 다)의 내용이 동일할 시 득점에 관계없이 실점이 적은 선수를 우선
　　　　　　으로 한다.
　　　　마. 라)의 내용이 동일할 시 경기운영본부에서 결정한다.
3. 개인단체전의 종합성적은 메달 수(금, 은, 동 순)로 결정되며, 메달 수가 동일할 경우 참가선수 수가 많은 체급의 상위입상자(예:금, 은, 동 순)로 한다. 단 미계체 또는 계체 실격 선수는 참가선수 수에 포함되지 않는다.
4. 단체전은 단체간 대전의 결과에 따라 단체단위로 승패가 가려지는 방식을 말한다.

제7조 (경기 시간)

1. 부별 경기는 2분×3회전, 회전 간 휴식시간을 1분으로 한다. 동점으로 3회전 종료 시 1분간의 휴식 후, 연장회전(골든라운드) 1분 1회전을 실시한다.
　　1.1. 3전다승제 : 2분 3회전, 회전 간 휴식은 1분으로 하며, 골든라운드(1분) 는 진행되지 않는다. 3회전이 끝나고 동점일 경우 승자는 제15조에 의해 결정된다.
2. 대회에 따라 5분 단회전을 실시 할 수 있다.
3. 본 회는 요강 또는 대표자회의를 통해서 1항 및 2항의 경기시간을 조정할 수 있다.

제8조 (추 첨)

1. 추첨은 본 회 전자결제시스템을 통해 대회접수기간 내에 참가비를 결제 완료한 선수를 대회요강에 의하여 실시하며 추첨방식은 수동 또는 전자추첨으로 한다. 단, 경기의 효율을 위해 대회 요강에 따라 시드를 배정할 수 있다.
2. 추첨에 불참한 참가팀에 대하여는 추첨을 담당한 임원이 이를 대행한다.
3. 추첨 순위는 대회요강에 따라 결정한다.

4. 본 회 랭킹에 의거하여 상위 선수들에게는 시드를 배정할 수 있으며, 시드 배정 선수의 수는 각 대회별 요강에 명시된다.

제9조 (계 체)

1. 당일 대전 선수는 경기 전날에 계체를 받아야 하며 본인의 체중 기록을 확인 후 서명하여야 한다. (단, 대표자 회의에서 이를 조정할 수 있다.)
2. 계체 시 남자는 팬티, 여자는 팬티와 브레지어만 착용하고 계체한다. 단, 본인이 원할 경우 나체로 할 수도 있다.
   2.1 초등부 및 중등부 참가 선수들은 속옷을 입은 후 계체를 해야 하며, 이때 해당체급의 100g 초과를 허용한다.
3. 계체는 1회로 하며 미달 또는 초과 시에는 계체시간 내에 한하여 1회의 계체를 더 할 수 있다.
4. 당일 계체선수는 계체 시 선수등록여부 확인을 위한 선수등록증을 필히 지참하여야 하고, 부득이한 사정으로 선수등록증 지참이 불가할 경우 본인 확인을 위한 사진이 부착된 신분증(품증, 단증, 학생증, 주민등록증, 운전면허증, 여권)을 필히 지참하여야 한다. 선수등록증이나 신분증 미지참자는 미계체로 실격 처리 한다.
5. 대회 성격에 따라 현장 당일(랜덤)계체를 실시할 수 있다. (방식은 세계태권도연맹 규정에 의한다.)

주

주① 당일 대전선수 : 본 회 또는 대회 조직위원회가 미리 발표한 대전 일정상 경기가 예정된 모든 선수를 말한다.
주② 경기 전날 : 계체시간은 본 회(경기운영본부)가 사전에 정한 것을 따르며 이는 대표자회의 시 선수단에 통보되어야 한다. 계체시간은 최대 2시간으로 한다. 단, 대표자회의에서 조정될 수 있다.
주③ 계체 장소는 남, 여 별도로 설치하여야 한다.
주④ 계체 실격 : 각 선수가 대회에 임하여 계체에 실격되었을 때는 기본점수의 배정을 받을 수 없으며 참가인원 산정에서 제외된다.
주⑤ 대회일정이나 상황에 따라 계체 시간 및 장소를 조정할 수 있다.

제10조 (경기 진행 절차)

1. 선수의 호출 : 원활한 경기진행 운영관리를 위하여 경기운영본부에서 경기시작 30분전부터 3회 호출한다. 만약 참가자가 3번째 호출 뒤에도 검사대에 최종 확인되지 않을 경우, 선수는 실격 처리 되며 이를 경기장내에 공지한다.
2. 신체 및 복장 점검 : 선수는 호출 즉시 선수대기실에 대기하여 규정에 의한 복장 및 각종 보호장구를 규정에 의하여 착용하고 출전에 대비하여야 한다. 선수대기실에서 준비된 후 호구실에서 체급에 맞는 몸통보호구를 착용 후 대기실에서 선수증(신분증 등)을 제출하고 머리보호대를 수령한다. 검사대에서 본 회가 지명한 검사원에 의해 최종적으로 검사의 유·무, 신체 및 복장, 용구검사를 받아야 하며, 상대방에게 혐오를 주는 용모나 위해를 끼칠 수 있는 물건을 지녀서는 안된다.
3. 선수입장 : 검사를 마친 선수는 1명의 지도자와 1명의 유자격 의무트레이너(선택)와 함께 지정된 대기석에 입장한다
4. 경기 진행의 절차
   4.1. 경기 시작 전에 주심은 "청, 홍" 선수를 호출한다. 두 선수는 왼쪽 팔에 헤드기어를 끼고 경기지역에 입장한다. 주심이 "청", "홍" 호출할 때까지 지도자가 지도자석에 입장해 있지 않거나(진행절차 : 지도자(부재시) 호출방송→선수호출→경기시작→갈려→감점부여→계시→3분 후 승패선언) 지정된 경기용품을 모두 착용한 상태로 지도자석에 입장해 있지 않은 선수는 대전 포기로 간주하고 주심은 그 상대 선수를 승자로 선언한다.
   4.2. 주심은 "청, 홍" 선수를 호출한 후 마우스가드 착용 여부를 확인하고 몸통보호구(전자호구)와 머리보호대(헤드기어), 전자감응양말의 성능에 이상이 없는지 확인(테스트) 한다.
   4.3. 선수들은 서로 마주 보고 심판의 "차렷"과 "경례"에 따라 인사한다. 인사는 허리는 30도 이상의 각도로 구부리고 머리는 45도 이상의 각도로 숙여 자연스러운 자세로 예를 표한다. 선수들은 인사 후 헤드기어를 착용한다.
   4.4. 심판은 "준비"와 "시작"을 선언하여 경기를 시작한다.

4.5. 각 회전의 경기는 주심의 "시작" 선언으로 시작된다. 주심이 "시작"을 선언했다 하더라도 기계적 오작동 등으로 인하여 경기시간이 흐르고 있지 않을 시 선언된 금지행위, 득점 등 경기내용은 무효로 한다. 단, 경기 중 기록원의 조작 실수나 기계적 오작동으로 인해 경기시간이 흐르고 있지 않을 시 발생한 금지행위 사항은 유효하다.

4.6. 각 회전의 경기는 주심의 "그만"을 선언함으로 종료된다. 비록 심판이 "그만"을 선언하지 않았다 할지라도 경기는 지정 시간이 끝났을 때 종료된 것으로 간주한다. 다만, 종료 시에도 주심의 감점 선언은 유효하며 이는 결과에 반영 되어야 한다.

4.7. 회전 중 주심의 "갈려" 선언으로 경기는 중단되며 주심의 "계속" 선언으로 경기가 속개된다. 주심이 "갈려"를 선언하였을 때는 기록원은 즉시 경기시간을 중단시켜야 하며 주심이 "계속" 선언을 하였을 때는 즉시 경기시간을 속개시켜야 한다.

4.8. 경기 중 주심이 "갈려" 선언을 하였으나 기록원의 실수로 경기시간을 흘려보냈을 때 주심의 영상판독 신청으로 경기시간을 수정할 수 있다.

4.9. 경기 중 영상판독이 끝난 후 주심은 마지막으로 "갈려"를 선언한 지점부터 경기를 속개한다.

4.10. 마지막 회전 종료 후 주심은 승자 쪽 손을 들어 선언한다. 선수들은 승자 선언 후 서로 인사한다.

    4.10.1. 3전다승제에서, 주심은 각 회전마다 승자를 선언한다.

4.11. 선수 퇴장

◀ 해설 ▶

전자호구 사용 시, 주심은 경기 개시 전에 양 선수의 전자호구와 전자감응양말이 모두 작동하는지를 확인하도록 한다. 그러나 경기를 신속히 진행하기 위하여 본 과정을 생략할 수 있다.

제11조 허용기술과 부위

1. 허용기술

    1.1. 손기술 : 바른 주먹, 종주먹(세운주먹)의 앞부분을 이용한 지르기 공격

1.2. 발기술 : 복사뼈 이하의 발 부위를 이용한 공격
2. 허용부위
   2.1. 몸통부위 : 몸통호구로 보호되는 부위로서 손기술과 발기술의 공격이 허용된다. 단, 척추 부위는 공격할 수 없다.
   2.2. 머리부위 : 쇄골 위 부위. 발기술만 허용된다.

> **주**
>
> 주① **손기술** : 바르게 쥔 주먹의 앞부분을 이용하여 상대의 몸통 득점 부위를 강하게 가격하는 것을 말한다. 주먹의 출발점이 어깨선 위일 때에나 허리 아래일 때에는 득점으로 인정하지 아니한다.
> 주② **발기술** : 복사뼈 이하의 발 부위를 이용한 공격.(복사뼈 위 다리 부위, 정강이 또는 무릎 등의 부위를 이용한 타격은 인정되지 않는다는 뜻이다.) ※ 복사뼈 이하의 발 부위를 이용한 타격기술은 반칙에 의한 기술이 아니면 어떤 기술이라도 정당한 기술로 인정된다.
> 주③ **몸통부위** : 그림과 같이 쇄골과 장골 사이에서 호구로 보호된 부분을 몸통 허용부위로 한다.
> 주④ **머리부위** : 그림과 같이 쇄골 위 목 부위부터 머리 전체를 허용부위로 한다.

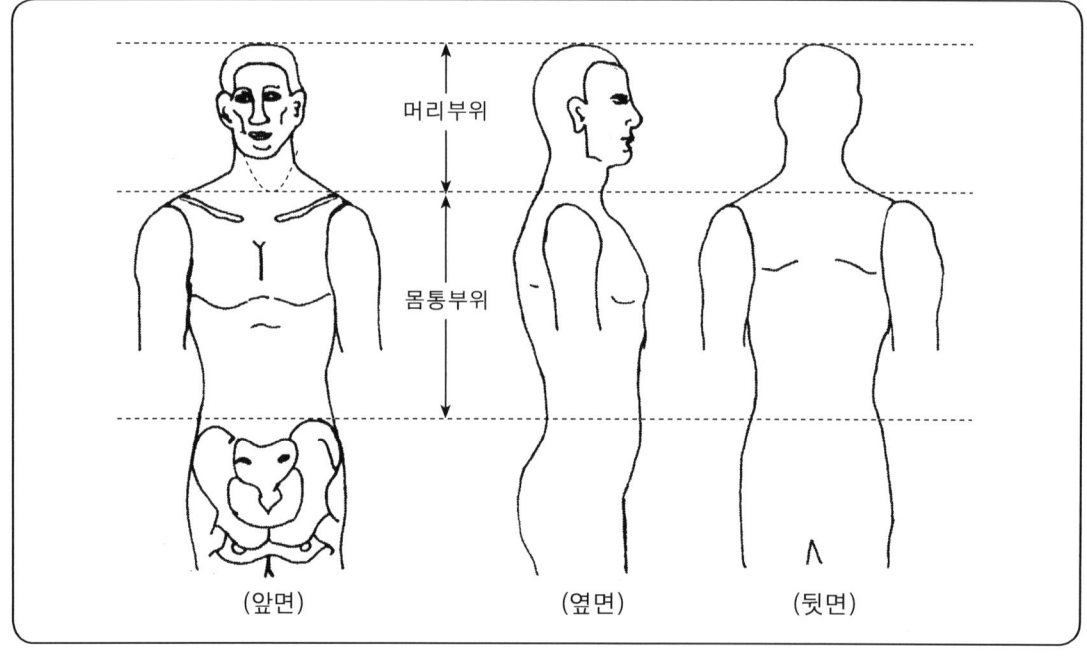

(앞면) (옆면) (뒷면)

제12조 (득 점)

1. 득점부위
    1.1. 일반호구 사용 시
        가. 몸통 : 몸통보호대의 청·홍 색깔로 표시된 부위
        나. 머리 : 머리보호대 아래 끝선으로부터 머리 부위 전체
    2.2. 반자동 전자호구 사용 시
        가. 몸통 : 몸통보호대의 청·홍 색깔로 표시된 부위
        나. 머리 : 머리보호대 아래 끝선으로부터 머리 부위 전체
    3.3. 전자동 전자호구 사용 시
        가. 몸통 : 몸통보호대의 청·홍 색깔로 표시된 부위
        나. 머리 : 머리보호대 아래 끝선으로부터 머리 부위 전체

    주
    주① 머리보호대 아래 끝선 아래부터 쇄골 위까지 목 부위는 득점 부위가 아닌 허용부위이며, 발 공격에 의해 1분후에도 경기불능 상태가 지속되면 주심직권승(RSC)을 선언한다.
    주② 머리보호대 끝선에 겹쳐맞아도 득점으로 인정한다.

2. 득점 기준
    2.1. 몸통부위 : 몸통 득점부위에 허용 기술로 적정한 강도 이상의 타격을 가했을 때 득점이 부여된다.
    2.2. 머리부위 : 머리 득점부위에 발기술로 터치하였을 때 득점을 부여한다.
    2.3. 손기술을 제외한 기술의 유효성, 타격 강도, 타격부위의 타당성은 전자채점 장치에 의하여 판정된다. 위 사항에 대한 전자채점 장비에 의한 판정은 머리공격을 제외하고 영상판독의 대상이 될 수 없다.
    2.4. 본 회 경기운영본부는 체급과 성별, 연령별 등을 고려하여 적정한 강도와 감응도 등을 결정한다. 필요한 경우 본 회는 강도와 감응도 등을 조정하는 결정을 할 수 있다.
3. 득점은 다음과 같이 분류된다.

3.1. 1점 : 몸통부위 주먹공격
3.2. 2점 : 몸통부위 발공격
3.3. 3점 : 머리부위를 공격한 발기술
3.4. 4점 : 몸통부위를 몸의 회전을 이용하여 공격한 발기술
3.5. 5점 : 머리부위를 몸의 회전을 이용하여 공격한 발기술
3.6. 상대 선수가 1회의 "감점" 선언을 받음으로써 얻어지는 1점
4. 득점은 전 3회전을 통산하며 단회전 경기는 종합 채점 결과로 한다.
   4.1 3전다승제에서, 경기결과의 기록은 1회전부터 3회전까지의 승리한 회전을 합산한다.
5. 득점의 무효 : 공격자가 반칙 행위를 이용하여 가격했을 때 득점에 해당하여도 무효로 한다.
   5.1. 공격자가 반칙행위를 이용하여 득점을 얻었을 때는 주심은 벌칙을 선언하고 득점을 무효로 한다.

> **주**
>
> 주① 주심이 반칙행위를 인지하지 못하여 벌칙을 적용하지 않은 경우, 지도자가 벌칙을 요청하기 위해 영상판독신청을 하면 판독카드를 회수한다.(단, 상대선수의 한계선 밖으로 나간 행위, 넘어지는 행위, "갈려" 후 공격, 넘어진 상대 공격은 예외로 한다.)
>
> 주② 뒤차기는 회전발차기 기술 중 하나이며, 머리와 어깨가 회전하여야 뒤차기로 간주되고, 기술점수가 부여된다: 머리와 어깨의 동시 회전 없이 선수가 상대선수에게 뒤차기 공격을 하면 그 공격은 회전발차기 기술로 인정되지 않는다.

   5.2. 공격자의 감점행위 이후에 이루어지는 득점은 무효로 한다.
      가. 주심의 "갈려" 선언 전이라 할지라도 한계선 밖을 나간 이후 공격을 해서 점수가 표출된 경우 감점을 부여하고 득점을 무효한다.
      나. 주심의 "갈려" 선언 전에 발바닥을 제외한 신체의 일부분이 바닥에 닿았다가(넘어진 경우) 공격을 해서 점수가 표출된 경우 감점을 부여

하고 득점을 무효한다.
다. 주심이 감점을 부여하기 위해 "갈려" 하는 순간 반칙행위를 한 선수의 "갈려" 전 공격은 득점으로 인정하지 않는다.(단, 상대선수의 공격은 득점으로 인정)

제13조 (채점과 표출)

1. 득점은 즉시 채점되어야 하며 채점된 점수는 즉시 표출되어야 한다.
2. 득점의 채점은 전자 채점보호구(PSS)에 의하여 하는 것을 위주로 하고 주먹 득점과 몸통의 회전이 가미된 기술에 대한 추가 점수의 채점은 부심이 수동 채점기로 한다. 단 전자 채점보호구를 사용할 수 없을 때는 모든 채점은 부심이 수동 채점기로 한다.
3. 머리부위 전자 채점보호구를 사용하지 못할 때에는 머리부위에 대한 채점은 부심이 수동 채점기로 한다.
4. 몸통부위의 회전이 가미된 기술에 대한 추가 채점은 전자 채점보호구에 의하여 득점으로 채점되지 않았을 때는 유효하지 않다.
5. 3부심제의 경우 채점은 두 명 이상의 부심이 인정하였을 때 유효하다.
6. 2부심제의 경우 채점은 두 명의 부심이 모두 인정하였을 때 유효하다.
7. 한 선수가 머리 부위의 타격에 의한 비틀거림, 머리에 강한 충격, 눈 공격으로 시야 확보 불가 및 출혈이나 위험한 상태에 빠졌을 때(knock down) 주심이 계수를 시작하였지만 전자채점보호구에 의하여 득점으로 채점되지 않았을 때는, 주심은 계수를 완료한 후 득점의 유효성을 확인하기 위하여 비디오 판독을 반드시 요청해야 한다.
8. 전자채점보호구를 사용한 경기에서 몸통부위에 강한 타격 행위가 일어났지만 득점으로 표출되지 않았을 경우, 주심은 선수이 보호를 위해 계수를 한 후 경기를 계속 진행한다.
9. 정상적인 공격에 의해 상대선수 넉 다운 되어 경기진행이 불가능할 경우는 10까지 계수를 세고 계시선언 후 영상판독을 신청하여 정상적인 공격인지를 확인한다. 단, 반칙으로 판독되면 공격자에게 감점을 부여하고 반칙자를 패자로 한다.

10. 주먹 득점의 시간 차는 득점으로 인정한다.
11. 주먹에 의한 공격으로 위험한 상태(knock down)가 되면 부심들에 의해 득점 표출이 되지 않았다하더라도 득점 부위에 대한 정상적인 공격이었다면 즉시 계수를 하고 부심들은 셋을 셀 때 득점을 수신호로 한다.

주

주① 전자호구 사용에 따른 득점에 관련된 세부사항에 대한 별도의 기술지침은 대표자회의에서 결정하고 대회 중 발생한 상황에 대해서는 대회운영 본부(경기운영본부)에서 정한다.

제14조 (금지행위와 벌칙)
1. 금지행위에 대한 벌칙은 주심이 선언한다.
2. 본 회 경기규칙 14조에 명시된 금지행위에 대한 벌칙은 "감점"으로 한다.
3. "감점"은 상대 선수의 1득점으로 계산된다.
4. 금지행위
   4.1. 다음 행위를 금지행위로 간주하며, 이 행위를 범할 시 감점을 선언한다.
       가. 한계선 밖으로 나간 행위
       나. 넘어진 행위
       다. 선수가 경기를 회피하거나 지연시키는 행위
       라. 상대를 잡거나 미는 행위
       마. 다리를 들어 막는 행위 또는 상대의 공격을 방해할 목적으로 상대의 다리를 차는 행위
          마.1 다리를 들어 막는 행위
          마.2 상대의 공격을 방해할 목적으로 상대의 다리를 차는 행위
          마.3 허리 아래 방향으로 차는 행위
          마.4 허리 위 방향으로 허공에 4번 혹은 그 이상 차는 행위
          마.5 상대의 공격을 방해할 목적으로 3초 이상 다리를 드는 행위
       바. 상대의 허리 아래 부위를 가격하는 행위
       사. 주심의 "갈려" 선언 후 상대를 공격하는 행위

아. 손으로 상대 머리 부분을 가격하는 행위

자. 무릎 또는 이마로 상대를 가격하는 행위

차. 넘어진 상대를 공격하는 행위

카. 붙어있는 상황에서 발날, 발바닥이 몸통 전자보호대를 가격하는 행위(제기차기, 전갈발차기 등 변칙발차기) 및 머리 전자보호대의 뒤통수를 가격하는 행위

타. 선수나 지도자의 바람직하지 못한 행위

4.2. 과도한 금지행위를 한 선수 또는 지도자가 심판의 지시를 따르지 않을 경우 심판은 노란카드를 들어 징계를 요청할 수 있으며, 이 경우 경기운영본부는 해당 선수 또는 지도자의 금지 행동에 관해서 징계의 적절 여부를 조사한다.

5. 선수나 지도자가 고의로 또는 반복적으로 규칙을 부정하거나 심판의 지시를 따르지 않을 때는 주심은 노란카드를 들어 경기를 중단시키고 반칙패를 선언할 수 있다.

6. 검사대 또는 경기장에서 심판이나 경기임원이 선수나 지도자가 전자 채점보호구를 조작하여 그 기능에 영향을 미치는 행위를 발견하였을 때는 그 선수를 실격시킨다. 이 때 필요하다고 판단되면 전자 채점보호구 기술진의 조언을 참고할 수 있다.

7. 회전마다 마우스가드 착용여부를 검사하여야 하며 미착용 시 실격처리 한다.(단, 1분의 시간을 주어 착용 시 감점부여 후 속개한다.)

8. 선수기 감점 10회를 받으면 심판은 벌칙으로 그 선수를 반칙패 패자로 선언한다.

8.1. 3전다승제에서, 한 회전에 선수가 5개의 감점을 받으면, 상대 선수는 그 회전에 승자가 된다.

9. 14.8. 항에서 감점은 전 3회전을 통산한다.

◀ 해설 ▶

1. 본 경기규칙이 금지행위를 정하여 처벌하는 목적은
   첫째, 선수의 보호
   둘째, 공정한 경기의 운영
   셋째, 바람직한 기술발전의 유도를 그 목적으로 하고 있다.
2. 감점 행위
   2.1. 한계선 밖으로 나간 행위 : "감점"은 선수의 한발이라도 한계선을 넘을 때 선언된다. 선수가 상대 선수의 금지 행위로 인해 한계선을 넘으면 "감점"은 선언되지 않고 반칙을 범한 선수에게 벌칙을 부여한다.
      가. 한계선을 나간 발이 바닥에 정확히 닿지 않고 허공에 떠있을 경우에는 감점이 아니다.
      나. 선수의 발이 한계선 밖에 나간 상태에서 주심의 "갈려" 전에 상대 선수에게 득점을 허용하였을 경우는 득점은 인정하고 한계선 밖에 나간 선수의 공격 득점은 인정하지 않는다.
   2.2. 넘어진 행위 : 넘어진 행위에 대해서는 즉각 "감점"을 부여한다. 하지만, 상대의 반칙으로 인하여 선수가 넘어졌을 경우 "감점" 처리하지 않고 반칙을 범한 선수에게만 벌칙을 부여한다. 단, 두 선수가 서로 부딪혀 넘어진 경우 또는, 회전발차기 기술로 득점 후 넘어진 경우에는 "감점"을 부여하지 않는다.
3. 선수가 경기를 회피하거나 지연시키는 행위
   3.1. 선수가 공격의 의사 없이 경기를 회피하거나 고의로 경기를 지연시키는 행위로 양 선수 중에 보다 방어적인 자세와 뒤로 물러서는 한 선수를 가려 벌칙을 선언한다. 두 선수가 3초 동안 움직이지 않고 그대로 있다면 주심은 "공격" 지시 신호를 보낸 후 3초 동안 원래 위치에서 뒤로 움직인 선수에게 감점을 부여하고 두 선수 모두 움직이지 않았다면 두 선수 모두에게 감점을 부여한다.
   3.2. 상대방의 공격을 회피할 목적으로 등을 돌려 도망가면서 피하는 행위는 페어플레이정신에 위배되며 심각한 부상을 야기할수 있으므로 "감점"을 부여한다. 또한 몸을 허리 이하로 숙여서 피하거나 웅크려서 피

하는 행위도 이 조항에 준하여 "감점"을 부여한다.

3.3. 경기 시간을 허비하기 위하여 상대의 공격을 회피하며 물러나는 행위는 소극적 행위로 감점을 부여한다.

3.4. 상대가 행한 공격 행위를 반칙 행위인 것으로 판단하게 할 의도로 지나치게 아픔을 과장하거나 가격된 부위를 사실과 다르게 하여 고통을 표시하거나 또는 경기 시간을 고의로 지연시키기 위해 아픔을 과장하는 행위 등은 경기 정신에 어긋나는 행위로 감점을 부여한다. 단 주심은 감점 부여 전 정확한 상황 판단을 위해 영상판독을 요청 할 수 있다(판독 결과가 인정으로 판정되면 이중 벌칙 적용 가능).

3.5. 또한 선수가 보호장구를 정비하기 위하여 주심에게 경기의 중단을 요청하는 행위는 경기를 지연시키는 행위로 감점을 부여한다.

4. 상대를 잡거나 미는 행위

4.1. 상대 선수의 신체 또는 도복이나 보호용구의 일부를 손으로 잡거나 또는 상대 선수 공격을 방어하는 과정에서 다리나 발을 잡거나 팔 위에 거는 행위도 '잡는 행위'에 적용시켜 "감점"을 부여한다. 하지만, 빠른 타격 혹은 한 번의 미는 행위 후 상대방으로부터 떨어지는 경우에는 허용된다.

4.1.1 상대방을 지속적으로 미는 행위

4.1.2 상대방을 한계선 밖으로 미는 행위

4.1.3 정상적인 기술 발휘를 못하게 하려고 밀어서 상대의 공격을 방해하는 행위

5. 다리를 들어 막는 행위 또는 상대의 공격을 방해할 목적으로 상대의 다리를 차는행위. 또는, 상대의 공격을 방해할 목적으로 3초 이상 다리를 들고 있거나 허공에 차는행위. 또는, 허리 아래 방향으로 차는행위. 단, 다리를 드는 동작이나 컷트발 동작이 나오더라도 그 다음 연결 동작에서 주먹 또는 발 공격기술이 행하여 질 경우에는 "감점"을 부여하지 않는다.

6. 허리 아래 부위를 공격하는 행위 : 허리 아래 부위에 대한 공격은 처벌한다. 이 조항은 또한, 상대의 공격을 막거나 방해할 목적 또는 정상적인 기술 발휘가 아닌 상황에서 상대의 허벅지 또는 무릎, 정강이 등 다리 부위를 차거

나 강하게 밟거나 하는 행위를 포함한다..
7. 주심의 "갈려" 선언 이후 상대 선수를 가격하는 행위 :
   7.1. "갈려" 후 공격은 실제로 상대 선수의 신체에 타격이 이루어진 경우를 말한다.
   7.2. 만약 공격 동작이 "갈려" 선언 전에 시작되었을 경우는 처벌되지 않는다.
   7.3. 영상 분석의 경우 "갈려" 선언의 시작 기준은 주심의 "갈려" 수신호의 팔이 완전히 펴진 순간으로 하며 "계속"은 수신호 출발 시점으로 한다. 공격동작의 시작 기준은 발이 바닥을 완전히 떠난 순간으로 한다.
   7.4. "갈려" 후 공격으로 인하여 실제 타격이 일어나지 않았더라도 고의적이며 악의적인 공격 동작이 이루어졌을 때는 바람직하지 못한 행위로 감점을 선언할 수 있다.
   7.5. 주심이 감점행위를 보고 "갈려"를 선언하였으나 그 이후 바람직하지 못한 행위가 연이어 일어난 경우는 감점을 두 번 줄 수 있다.(예, 고의적 "갈려" 후 공격, 바람직하지 못한 행위 등)
8. 손으로 머리 부위를 가격하는 행위 : 손(주먹) 또는 팔, 팔목이나 팔꿈치 등으로 상대의 머리 부위를 가격하는 행위를 말한다. 그러나 가격 당한 선수가 부주의에 의하여 가격 당한 경우, 즉 지나치게 숙이거나 주의 없이 몸을 돌리는 등으로 인해 불가항력으로 가격한 경우는 제외된다.
9. 무릎 또는 이마로 가격하는 행위 : 접근 상태에서 명백히 의도적으로 무릎으로 가격하거나 머리로 상대선수를 받는 행위를 말한다. 단, 발기술을 발휘하여 공격하는 순간 상대방이 앞으로 들어오거나 공격자의 의도와는 달리 거리가 맞지 않아 무릎 부위가 부득이 상대를 가격하게 된 경우나 고의성이 없이 우연히 머리로 상대선수를 받는 행위는 여기에서 제외한다.
10. 넘어진 상대를 가격하는 행위 : 이 행위는 매우 위험한 행위로서 상대 선수에게 심한 상해를 입힐 가능성이 많은 것이다. 넘어진 상대는 순간적으로 무방비 상태에 있기 쉽고 또 낮은 위치에 있는 상대의 신체 부위에 가해지는 발기술의 위력은 강하게 가해지기 마련이므로 그 위험성이 더욱 크다. 뿐만 아니라 넘어진 상대를 공격하는 행위는 태권도 선수로서 해서는 안 될 행위

에 속하는 것으로서 올바른 스포츠 정신에 어긋나는 행동이기도 하다. 이와 같은 이유로 해서 넘어진 상대에 대한 공격은 고의성 여부와 관계없이 벌칙이 선언된다.

11. 선수들의 접촉 상황에서 무릎이 바깥쪽으로 향하고 발날 및 발바닥으로 몸통 전자호구를 가격하는 행위(제기차기, 전갈발차기 등 변칙발차기)

    11.1. 한 선수라도 신체 일부분이 상대에게 닿고 있을 경우 감점을 부여한다.

    11.2. 밀고 난후 상대선수와 접촉이 없는 상태에서 공격은 득점으로 인정한다.

12. 선수, 지도자의 바람직하지 못한 언동: 여기에서 바람직하지 못한 언동이란 다음과 같은 경우를 말한다.

    12.1. 주심의 지시나 경기규정을 따르지 않는 행위(경기 시작 전 지도자가 지정석에 배석하지 않는 경우 등)

    12.2. 심판의 판정에 대하여 부적절한 방법으로 항의하거나 비판하는 행위

    12.3. 지정된 지도자석을 벗어나거나 일어서서 경기를 방해하는 행위

    12.4. 회전 중 큰 소리로 경기를 방해하는 행위

    12.5. 경기 중 심판이나 상대선수 또는 상대 지도자 또는 관중을 모욕하거나 자극하는 행위

    12.6. 그 외 스포츠 정신에 어긋나거나 바람직하지 못한 행위.

      가. 이 조항은 후항 감점사항 5항 2호와 연관되는 조항으로서 그 행위가 몹시 부당하거나 또는 행위 자체가 심하게 행해질 때는 감점 선언을 한다.

      나. 선수 또는 지도자가 회전 간 휴식 시간 중 스포츠 정신에 어긋나거나 바람직하지 않은 행위를 할 때는 주심은 회전 간 휴식 시간일지라도 즉시 벌칙을 선언하여 "감점"을 부여할 수 있다. 이때 경기가 끝난 후 5초가 지난 경우라면 "감점"은 다음 회전으로 기록되지만, 5초 이내라면 "감점"은 전 회전의 기록으로 인정된다.

    12.7. 부적절한 방법으로 판정이나 경기결과에 영향을 미치거나 혼란스럽게 하려는 행위

12.8. 오직 등록된 팀 지도자만이 지정석에 앉을 수 있으며, 승인되지 않은 지도자 및 소속이 다른 지도자가 임석할 경우 해당 관계자는 경기장을 나가야 하고, 선수 또한 감점 부여 후 실격된다.

12.9. 지도자가 1,2회전에 몸통보호구 및 머리보호대의 테스트를 요청할 시 주심카드로 테스트를 하고 2,3회전(골드라운드)에 요청 시에는 지도자의 카드를 받아 테스트하고 이상이 없을 시 지도자의 카드를 회수하고 바람직하지 못한 행위로 감점을 부여한다.(3회전 통산 해당)

12.10. 지도자가 1회전에 몸통보호구 및 머리보호대의 테스트를 요청할 시 주심카드로 테스트를 하고 2,3회전에 요청 시에는 지도자의 카드를 받아 테스트하고 이상이 없을 시 지도자의 카드를 회수하고 바람직하지 못한 행위로 감점을 부여한다.(3전다승제 해당)

★ *심판지침* ------

※ 다리를 드는 행위(일명 컷트발)를 "감점" 처리 하는 이유 :

첫째, 부상을 야기하는 위험한 상태이기 때문이다.

둘째, 정상적인 공격을 방해하고 경기를 소극적으로 하려는 의도를 가진 행위이기 때문이다. 따라서 이 행위는 엄격하게 규정을 적용하여야 한다. 또한 다리를 드는 행위가 공격 방해나 상대방에 부상을 야기하거나 위험을 줄 때에는 바로 감점 처벌한다.

제15조 (골든라운드와 우세의 판정)

1. 3회전까지 승패를 가리지 못할 경우 1분 휴식 후 연장회전(골든라운드)을 실시한다.
2. 연장회전(골든라운드)을 실시할 경우 3회전까지의 점수 및 벌칙사항은 무효로 처리하고 연장회전(골든라운드)의 점수만으로 판정을 한다.
3. 연장전에서는 선득점 2점 이상을 취득하거나 상대방이 2개의 "감점"을 받았을 때 승자로 선언된다.

> **주**
>
> 주① 골든라운드에서 승패를 가리지 못한 경우엔 골든 라운드에서 주먹공격으로 1득점을 성공한 선수가 우세승을 거둔다.
> 주② 골든라운드에서 반칙에 의한 파워치가 표출되면 주심은 감점부여 후 손바닥이 앞을 향하게 손을 들어 주먹을 쥐었다 편 후 파워치 무효 수신호를 한다.

4. 연장회전(골든라운드)에서 어느 선수도 2점 이상을 얻지 못하였을 때는 다음의 기준에 따라 우세승을 결정한다.

   4.1. 주먹으로 득점을 기록한 선수
   4.2. 두 선수 다 주먹 득점이 없거나 주먹 득점이 같을 경우 연장회전(골든라운드) 동안 전자 채점보호구에 기록된 유효타의 횟수가 많은 선수
   4.3. 유효타가 동수 일 때는 기존 3회전 중에서 회전 승리 횟수가 많은 선수
   4.4. 회전 승리 횟수가 동수일 때는 1회전부터 연장회전(골든라운드)까지 누적된 "감점" 횟수가 적은 선수
   4.5. 위 두 가지 기준이 모두 동일할 경우 주심과 부심이 연장회전(골든라운드)의 경기 내용을 평가하여 우세승을 결정한다. 주심과 부심의 우세판정이 동수를 이루었을 때는 주심이 우세승을 결정한다.

> **주**
>
> 주① 골든 포인트 2점
> 가. 골든 포인트 2점 이상 승
> 나. 주먹점수1점과 상대 반칙 감점에 의한 1점 승(2점)
> 다. 청=1점(주먹득점) : 홍=1점(상대반칙) 점수 우세로 청승(1:1 경우)
> 라. 주먹득점 1점으로 종료되면 우세승
> 마. 골든 라운드 감점 하나는 승패에 영향을 미치지 않으며 1~3회전 감점에 포함 우세판정
> 주② 주, 부심의 우세승 판정의 기준은 골든라운드에서의 경기 공격주도권, 기

술 발휘 횟수, 고난도 기술 횟수, 경기 매너 순으로 한다. 이는 일반호구 사용 시에도 동일하게 적용된다.

주③ 골든라운드 회전에서 한 선수가 상대 머리에 대한 공격을 먼저 성공시켰으나 상대 선수의 몸통 득점이 먼저 표출되었을 경우 주심이 영상판독을 요청할 수 있다. 영상판독원이 머리 공격에 대한 득점이 빨랐다고 판단 시 주심은 몸통득점을 취소시키고 머리 득점을 한 선수를 승자로 선언한다.

주④ 골든라운드 회전에서 상대의 감점 1점에 본인의 주먹 득점 1점으로 2점을 득점하는 상황과 상대의 몸통 또는 머리 공격이 동시에 이루어졌을 시 주심이 영상판독을 요청할 수 있다.

★ 심판지침

"3전 다승제"를 제외하고 우세승의 결정을 해야 할 경우 절차는 다음과 같다.
1. 심판원은 경기에 임할 때 반드시 우세판정표를 지참한다.
2. 우세승 판정을 해야 할 경우 주심은 각 부심에게 "우세 기록"이라고 외친다.
3. 주심의 "우세 기록" 선언이 있으면 부심 전원은 10초 이내에 기록을 마치고 기록표에 본인의 서명을 하여 주심에게 제출한다.
4. 주심은 부심의 우세판정표를 받아 종합 기록을 한 후 승패를 선언한다.
5. 승패선언 후 주심은 우세판정표를 기록원에게 전달하고 기록원은 경기운영본부에 전달한다.

※ 3전다승제

1. 동점인 회전에서 우세승 판정을 해야 할 경우 주심은 각 부심에게 "우세기록"이라고 외친다.
2. 주심의 "우세 기록" 선언이 있으면, 부심은 팔을 편 상태에서 주심의 "하나", "둘", "셋" 구령에 맞춰 "셋"을 셈과 동시에 손으로 승자를 가리킨다.
    2.1. 부심이 2명인 3심제의 경우, 주심과 2명의 부심이 승자를 결정한다.
    2.2. 부심이 3명인 4심제의 경우, 주심을 제외한 3명의 부심이 승자를 결정한다.
3. 영상판독원은 주, 부심이 결정한 최종결과를 기록하고, 기록원에게 회전 승자를 알린다.
4. 승자를 선언함에 따라, 주심은 회전 또는 경기의 승자를 선언한다.

5. 3전다승제에서 동점으로 회전을 마쳤다면 다음의 기준에 따라 해당 회전의 승자를 결정한다.

   5.1. 회전공격으로 많은 점수를 득점한 선수

   5.2. 회전공격의 점수가 동점일 때는 기술 가치가 더 높은 공격(머리, 몸통, 주먹 감점) 순으로 더 많은 득점을 획득한 선수

   5.3. 기술 가치에 따른 공격 득점이 동점일 경우 전자채점보호구에 유효타의 횟수가 많은 선수

   5.4. 위 3가지 기준이 모두 동일할 경우 주심과 부심이 해당 회전의 경기내용을 평가하여 우세승을 결정한다. 주.부심의 우세판정 기준은 경기 공격주도권, 기술발휘횟수, 고난도 기술횟수, 경기매너 순으로 한다.

      5.4.1. 부심이 2명인 3심제의 경우 주심과 2명의 부심이 승자를 결정한다.

      5.4.2. 부심이 3명인 4심제의 경우 주심을 제외한 3명의 부심이 승자를 결정한다.

제16조 (경기 결과 판정)

1. 주심 직권승
2. 최종 점수승
3. 점수차승
4. 골든 포인트승
5. 우세승
6. 기권승
7. 실격승
8. 반칙승
9. 비스포츠맨쉽 실격승

주

주① 주심직권승 : 주심은 다음의 경우에 주심 직권승을 선언한다.
  1. 선수가 득점 기술에 의하여 쓰러져 주심이 "여덟"까지 계수할 때에도 경기 속행이 불가능한 경우, 또는 계수의 진행에 상관없이 주심이 경기 속행이 불가하다고 판단했을 때
  2. 선수가 1분의 응급처치 시간 후에도 경기 속행에 임하지 못할 때
  3. 선수가 주심의 3회의 경기속행 지시("일어서")에 따르지 않을 때
  4. 주심이 선수의 안전을 위하여 경기를 중단시켜야 한다고 판단했을 때
  5. 의료진이 선수의 부상으로 인하여 경기 중단을 결정했을 때

주② 최종 점수승 : 득·감점을 통산하여 점수가 많은 선수에게 선언되는 승리

주③ 점수차승 : 2회전 종료 시점 또는 3회전 중 언제라도 20점 차가 날 경우 주심은 경기를 중단시키고 승자에게 점수차승을 선언한다. 또는 대회 경기중 상황에 따라 2회전 경기 중이라도 점수차승을 선언할 수 있다. (단, 전국소년체육대회, 전국체육대회 또는 국가대표최종선발전대회의 준결승, 결승전은 점수차승을 적용하지 않는다.)

주④ 골든 포인트승 : 1~3회전 종료 후 동점으로 승패를 가리지 못할 경우 1분 휴식 후 1분 연장회전(골든라운드)의 경기에서 선 득점(2점), 상대선수 감점 2회 또는 우세승으로 얻어지는 승리

주⑤ 우세승 : 제15조(골든 라운드와 우세의 판정)심판지침에 의한다.

주⑥ 기권승 : 상대방 경기 포기로 인하여 얻는 승리
  1. 한 선수가 부상 또는 기타 이유로 혹은 자의로 경기를 포기하였을 때
  2. 회전 간 휴식을 한 후 계속 경기에 응하지 않을 때
  3. 지도자가 자기 소속 선수의 열세로 더 이상 경기를 속행 시킬 필요가 없다고 판단하여 경기장 내로 수건을 던졌을 때
  4. 선수의 사정으로 경기포기각서를 경기진행본부에 제출했을 때

주⑦ 실격승 : 상대 선수가 계체 실격 또는 3번째 선수 호출 후에도 선수 대기석에 나타나지 않을 경우 내려지는 승리이며 실격승의 사유에 따라 다른 조치를 취한다.
  1. 선수가 계체에 불참하였거나 계체를 통과하지 못했을 경우 이 사실은 모든 기술임원과 관계자에게 사전에 통보된다. 해당 경기에는 심판이 배정되지 않고 상대 선수도 시합을 위해 입장해 있을 필요가 없다.
  2. 선수가 계체는 통과하였으나 선수대기석에 나타나지 않았을 경우에는 배정된 심판과 상대 선수가 입장 하여 대기하다가 주심이 상대 선수의

승리를 선언한다. 자세한 절차는 제10조 4항에 따른다.
주⑧ 반칙승 : 주심은 다음과 같은 경우 반칙승을 선언한다.
1. 상대 선수가 10개의 "감점"을 받았을 때
2. 양 선수 감점행위로 경기종료가 되었을 시 양 선수 모두 반칙패로 적용한다.

주⑨ 비스포츠맨쉽 실격승 : 다음과 같은 경우 비스포츠맨쉽 실격승을 선언한다.
1. 선수 또는 팀 관련자가 전자감응장치를 조작하여 적발 되었을 경우
2. 계체 시 부정 행위를 저질렀을 경우
   가. 본 회 반도핑 규정을 위반 했을 경우
   나. 선수 또는 지도자가 본 회 스포츠공정위원회 규정 등 징계 조항에 명시한 스포츠맨쉽 등에 어긋나는 행동을 했을 경우
   다. 비스포츠맨쉽에 의해 패자가 된 선수의 경기 기록은 삭제되고 이에 영향 받은 선수들의 기록은 재조정된다.

주⑩ 비인정 경기결과 표시
   가. 양선수 실격승
   나. 양선수 기권승
   다. 양선수 비스포츠맨쉽 실격승

제16조의 2 (3전다승제 시 경기 결과의 판정)

3전다승제에서, 경기 결과 판정은 아래의 절차대로 한다.
1. 주심직권승
2. 최종점수승
3. 기권승
4. 실격승
5. 비스포츠맨쉽 실격승

주

주① 주심직권승 : 주심은 다음의 경우에 주심 직권승을 선언한다.
1. 선수가 득점 기술에 의하여 쓰러져 주심이 "여덟"까지 계수할 때에도 경기 속행이 불가능한 경우, 또는 계수의 진행에 상관없이 주심이 경기 속행

　　　　이 불가하다고 판단했을 때
　　2. 선수가 1분의 응급처치 시간 후에도 경기 속행에 임하지 못할 때
　　3. 선수가 주심의 3회의 경기속행 지시("일어서")에 따르지 않을 때
　　4. 주심이 선수의 안전을 위하여 경기를 중단시켜야 한다고 판단했을 때
　　5. 의료진이 선수의 부상으로 인하여 경기 중단을 결정했을 때
주② 최종 점수승(최종회전승) : 회전간 승리가 많은 선수에게 선언되는 승리
　　1. 3회전 중 각 회전 승의 합계로 승자를 정한다.
　　2. 한 회전에서 12점 차이가 나면 심판은 경기를 중단시키고 회전 간 승자선언을 한다. 단, 소년체육대회, 전국체육대회, 국가대표최종선발전, 국가대표평가전에서 토너먼트 4강 및 결승에는 적용되지 않는다.
　　3. 양 선수 감점행위로 경기종료가 되었을 시 양 선수 모두 반칙패로 적용한다.
　　　　3.3.1. 1회전 양선수 반칙패 시 2회전 승자를 승자로 한다.
　　　　3.3.2. 2회전 양선수 반칙패 시 1회전 승자를 승자로 한다.
　　　　3.3.3. 3회전 양선수 반칙패 시 양선수 반칙패로 한다.
주③ 기권승 : 상대방 경기 포기로 인하여 얻는 승리
　　1. 한 선수가 부상 또는 기타 이유로 혹은 자의로 경기를 포기하였을 때
　　2. 회전 간 휴식을 한 후 계속 경기에 응하지 않을 때
　　3. 지도자가 자기 소속 선수의 열세로 더 이상 경기를 속행 시킬 필요가 없다고 판단하여 경기장 내로 수건을 던졌을 때
　　4. 선수의 사정으로 경기포기각서를 경기진행본부에 제출했을 때
주④ 실격승 : 상대 선수가 계체 실격 또는 3번째 선수 호출 후에도 선수 대기석에 나타나지 않을 경우 내려지는 승리이며 실격승의 사유에 따라 다른 조치를 취한다.
　　1. 선수가 계체에 불참하였거나 계체를 통과하지 못했을 경우 이 사실은 모든 기술임원과 관계자에게 사전에 통보된다. 해당 경기에는 심판이 배정되지 않고 상대 선수도 시합을 위해 입장해 있을 필요가 없다.
　　2. 선수가 계체는 통과하였으나 선수대기석에 나타나지 않았을 경우에는 배정된 심판과 상대 선수가 입장 하여 대기하다가 주심이 상대 선수의 승리를 선언한다. 자세한 절차는 제10조 4항에 따른다.
주⑤ 비스포츠맨쉽 실격승 : 다음과 같은 경우 비스포츠맨쉽 실격승을 선언한다.
　　1. 선수 또는 팀 관련자가 전자감응장치를 조작하여 적발 되었을 경우
　　2. 계체 시 부정 행위를 저질렀을 경우
　　　　가. 본 회 반도핑 규정을 위반 했을 경우
　　　　나. 선수 또는 지도자가 본 회 스포츠공정위원회 규정 등 징계 조항에 명시

한 스포츠맨쉽 등에 어긋나는 행동을 했을 경우
다. 비스포츠맨쉽에 의해 패자가 된 선수의 경기 기록은 삭제되고 이에 영향 받은 선수들의 기록은 재조정된다.

제17조 (위험한 상태)

1. 상대의 유효한 타격에 의한 득점으로 인하여 발바닥을 제외한 신체의 일부분이 바닥에 닿고 있을 때
2. 상대의 유효한 타격에 의한 득점으로 공격이나 방어의 의사 없이 비틀거리고 있을 때
3. 상대의 강한 타격에 의한 득점으로 주심이 경기를 지속할 수 없다고 인정했을 때

주

주① 위험한 상태 : 타격에 의한 충격으로 쓰러지거나 쓰러지지 않았더라도 중심을 잡지 못하고 비틀거릴 때는 위험한 상태로 본다. 또 주심이 계속 경기진행이 위험을 초래하거나 일시적으로 선수의 보호가 필요하다고 판단할 만한 타격이 있을 때는 이를 위험한 상태로 처리할 수 있다.

제18조 (위험한 상태에 대한 조치)

1. 유효부위에 정당한 가격으로 인하여 위험한 상태를 보일 때 주심은 다음의 조치를 취한다.
   1.1. "갈려"로 가격선수를 먼 거리에 위치토록 한다.
   1.2. 주심은 위험에 처한 선수의 상태를 확인한 후 그 선수에게 큰소리로 "하나", "둘" "의무(2회)" "넷" "열" 까지를 1초 간격으로 세며 이를 수신호로 알린다.
      1.2.1. 의무 : 현장에 참여한 의무진
      1.2.2. 의무진의 조언을 받아 주심이 최종 판단한다.
   1.3. 주심은 계수하는 도중 위험한 상태에 처한 선수가 일어나 경기 지속 의사를 표시하더라도 여덟을 셀 때까지 선수를 쉬게 하며 선수의 회복을 확인

후 경기를 계속하게 한다.
1.4. 주심이 "여덟"을 셀 때까지 위험에 처한 선수가 경기 지속 의사를 취하지 못하면 이를 패자(주심직권승=RSC)로 한다.
1.5. 양 선수가 동시에 위험한 상태에 처한 경우 그 중 1명이 위험한 상태에 있는 한 계수는 계속한다.
1.6. 양 선수가 동시에 위험한 상태에 처해 "열"을 셀 때까지 회복되지 않았을 경우 위험한 상태에 처하기까지의 점수로 승패를 결정한다.
1.7. 주심은 선수가 위험한 상태에 이르렀다고 판단되면 계수 없이 또는 계수 도중이라도 승패를 결정할 수 있다.
2. 사후 조치 : 어느 부위든 심한 부상으로 경기 속행이 불능했던 선수가 30일 이내의 경기에 출전하기 위해서는 신체에 이상이 없다는 의사의 진단서를 본회에 제출하여 승인을 득해야 한다. (주심이 "열"까지 계수 할때까지도 의식을 잃은 상태이거나, 정신이 혼미한 경우, 혹은 안정적이며 자발적 움직임을 보이지 않아 주심직권승(RSC)이 부여된 경우)

주

주① 먼 거리에 위치토록 한다. 일반적으로 선수 위치를 말한다. 그러나 다운된 선수가 상대 선수의 위치 주위에 있을 때는 가격 선수를 자기 지도자석 앞의 주의선상에 위치하도록 한다.
주② 주심이 계수하는 도중 위험한 상태에 처한 선수가 일어나 경기 지속 의사를 표시 한다. 계수를 하는 가장 중요한 목적은 선수를 보호하기 위한 것이다. 선수가 비록 여덟 이전에 경기 지속 의사를 표시하더라도 여덟까지 세기 전에 경기를 속행시킬 수 없다. 계수를 여덟까지 하는 것은 주심이 임의로 바꿀 수 없는 강제 조항이다.
주③ 선수의 회복을 확인한 후 경기를 계속한다. 여덟을 셀 때까지 주심은 선수의 회복 여부에 대한 판단을 마쳐야 한다. 여덟 이후의 확인은 단순한 점검이다. 짧은 순간에 확인하고 바로 경기의 속행을 명해야 한다.
주④ 주심이 여덟을 셀 때까지 위험한 상태에 처한 선수가 경기 지속 의사를 취하지 못하면 이는 패자(주심직권승)로 한다. 경기지속 의사란 선수가 겨루기 자세로 서서 겨눈 양 주먹을 가볍게 흔들어 주는 것을 말한다. 계수 여덟까지 선수가 경기지속 의사를 표지하지 않으면 주심은 아홉, 열을 센 후 상대

선수에게 승리를 선언한다. 여덟 이후의 경기지속 의사는 아무 효력을 가질 수 없다. 또 비록 경기지속 의사를 표했을 지라도 선수가 대전을 계속할 수 없다고 판단될 때는 열까지 센 다음 경기 결과를 선언할 수 있다.

주⑤ 주심은 선수가 상대의 강한 공격으로 인한 득점에 의해 위험한 상태에 이르렀다고 판단되면 계수 없이 또는 계수 도중이라도 승패를 결정할 수 있다. 선수가 받은 충격의 정도가 몹시 위험하여 응급조치에 시간을 지체할 수 없다고 판단되었을 때는 계수 없이 또는 계수 중이라도 언제든지 바로 승패를 결정할 수 있다.

★ *심판지침*------

1. 주심은 경기 진행 중에 갑자기 일어나는 강한 타격과 그로 인한 위험한상태 즉, 녹다운 또는 스탠딩다운의 상황에 대해 기민한 판단으로 대처할 수 있어야 한다.
2. "여덟"을 세는 과정에서 선수의 회복 여부를 결정하지 못하고 확인을 위해 시간을 끄는 행위를 해서는 안 된다.
3. "여덟" 이전에 선수가 의식을 분명히 회복하고 경기지속 의사를 표했으며, 주심도 경기 속행이 가능하다고 판단하였으나, 부상 선수의 치료를 위해 경기 속행이 어려울 때는 "계속"을 명하는 즉시 다시 "갈려" 선언을 하고 "계시"를 선언한 후 제19조 경기중단상황의 처리 방법에 따라 조치한다.

제19조 (경기 중단 상황의 처리)

1. 부상으로 인하여 경기가 중단되었을 때 주심은 다음의 조치를 취한다. 부상 외 이유로 인하여 경기가 중단되었을 때 주심은 "갈려"를 선언하여 경기시간을 정지시키며 "계속"을 선언하여 경기를 재개한다.

    1.1. 주심은 경기를 중단시킨 후 "계시"를 선언하고 치료를 조치할 수 있다.

    1.2 치료는 1분을 초과하지 않는 범위 내에서 허용한다.

    1.3 1분이 경과하도록 경기지속 의사를 표하지 않는 선수는 패자로 한다.(단, 의료진(의무진)의 진단에 의해 1분의 추가시간을 줄 수 있다.)

    1.4. 1분이 경과하여 속행이 불가능 할 경우, 부상이 "감점" 행위에 의한 경우는 부상케 한 자를 패자로 한다. (단, 의료진(의무진)의 진단에 의해 1분의 추가시간을 줄 수 있다.)

1.5. 양 선수가 동시에 쓰러져 1분이 경과하여도 속행이 불가능 할 경우 부상 시까지의 점수로 승패를 결정한다.
1.6. 만약 주심이 선수의 통증이 타박에 의하여 야기된 경우로 판단했을 때는 "갈려" 선언으로 경기를 중단시키고 "일어서"로 경기속행 지시를 한다. 선수가 주심의 세 차례의 "일어서"로 경기속행 지시에도 경기 속행에 임하지 않을 때는 상대 선수에게 주심직권승을 선언한다.
1.7. 만약 선수가 골절, 탈골, 염좌 또는 출혈 등의 부상을 당한 것으로 판단될 때에는 주심은 "계시"를 선언하고 1분간 치료를 받게 한다. 주심은 경기 속행 지시를 한 후일 때라도 만약 선수가 이와 같은 부상을 당한 것으로 판단될 때에는 1분의 치료를 받게 조치할 수 있다.
1.8. 부상으로 인한 경기의 중단 : 선수가 골절, 탈골, 염좌 또는 출혈 등의 부상을 당한 것으로 판단될 때에는 주심은 의료진(의무진)의 조언을 구할 수 있다. 만약 선수가 한 경기에서 동일한 부상으로 두 번째 경기를 중단해야 할 경우에는 의료진이 주심에게 경기의 중단을 조언할 수 있으며, 이 때 주심은 상대 선수를 승자로 선언한다.
2. 경기 중 기계 오류로 경기 중단 시 문제 발견 시점부터 해당 경기를 재개한다.

주

주① 부상 또는 응급 사태의 발생으로 경기 진행이 불가능하다고 판단되었을 때 주심은 다음과 같이 처리할 수 있다.
　1. 부상 또는 그 사태가 선수가 의식을 잃고 쓰러져 있는 등 시간을 지체할 수 없는 긴급한 위험 상황이라고 판단될 때는 먼저 선수가 응급처치를 받게 하고 바로 경기를 종결시켜야 한다. 이 때 승패는 :
　　가. 그 행위가 "감점" 행위에 의해 야기된 경우에는 행위자를 패자로 하고, 그 행위가 정상적인 경기진행 중에 일어난 "감점" 행위가 아닌 동작이나 정당한 기술에 의한 것일 경우 경기불능자를 패자로 한다.
　　나. 경기진행과 무관한 경기외적 사태로 말미암은 부상 및 응급상황에서는 양 선수가 그 때까지 받은 점수로 승패를 정한다. 1회전도 끝나지 않았을 때는 그 경기를 무효로 한다.

2. 치료가 필요한 경우 주심은 계시 후 1분의 범위 내에서 응급치료를 받게 한다.
    가. 경기속행의 지시 : 주심은 의료진(의무진)과 상의한 후 선수가 경기를 재개할 수 있을지 없을지 결정한다. 심판은 언제든지 선수에게 1분 이내에 경기를 재개할 것을 지시할 수 있다. 심판은 경기를 재개하라는 지시를 따르지 않는 선수를 경기의 패자로 선언할 수 있다.
    나. 치료 또는 회복을 기다리는 도중에 계시 후 40초가 경과한 때로부터 주심은 5초 간격으로 "00초 경과"를 큰 소리로 알려야 한다. 1분이 되는 순간까지 선수 위치로 돌아오지 못 할 때는 경기 결과를 선언해야 한다.
    다. 1분의 치료 시간 시작은 의료진(의무진)이 매트에 들어 온 순간부터 시작된다. 꼭 의료진(의무진)이 필요한 상황이지만 없을 경우 또는 경미한 부상이나 의료진(의무진)의 치료에 약간의 추가 시간이 필요한 경우에는 주심의 판단에 따라 계시의 진행을 중단할 수 있다.
    라. 1분이 경과하여도 경기진행이 불가능할 경우 승패는 위 "1"의 방법과 같이 결정한다.
3. 양 선수가 모두 경기 불능상태에 빠져 1분 이내에 일어나지 못하거나 즉시 종결 상황에 처했을 때의 승패는 :
    가. 한 편의 선수가 "감점" 행위를 범했을 때는 그 선수를 패자로 하고, 감점 행위가 아닌 행위에 의한 상황일 경우는 그 때까지의 점수로 승패를 정한다. 단, 1회전도 끝나지 않았을 경우는 그 경기를 무효로 하고 대회본부가 정한 시간에 재 대전케 한다. 이때에도 경기의 속행이 불가능한 선수가 있을 때는 기권으로 처리한다.
    나. 양 선수가 모두 "감점" 행위를 범했을 때는 두 선수 모두 반칙패로 선언한다.

주② 본 규정에 명시된 사태 이외 경기 중단 상황은 다음에 따라 처리한다.
1. 부득이한 사정에 의해 경기 진행이 불가능한 상황이 초래되었을 때 주심은 경기를 중단시키고 경기운영본부 회의 지시에 따른다.
2. 2회전 종료 이후에 경기가 중단되었을 때는 그 때까지의 점수로 승패를 정한다.

> 3. 2회전 종료 이전에 경기가 중단되었을 때는 재 대전을 원칙으로 하고 재 대전은 1회전부터 한다.

제20조 (기술임원)

1. 심판원

　1.1. 자격 : 본 회에 등록된 심판자격증 소지자로서 당해연도 겨루기 경기규칙 강습회 수료와 본 회 상임심판원 교육을 이수하고 시험에 합격한 자. 부득이한 상황에는 경기운영본부에서 처리한다.

　1.2. 임무

　　가. 주심

　　　1) 경기 진행에 관한 주도권을 갖는다.

　　　2) 경기의 "시작", "그만", "갈려", "계속", "계시", "시간" 승패의 선언, 감점선언, 퇴장선언을 한다. 모든 선언은 결과가 확인된 후 선언한다.

　　　3) 규정에 따라 판정권을 독자적으로 행사할 수 있다.

　　　4) 원칙적으로 주심은 채점을 하지 않는다. 그러나, 점수가 채점되지 않아서 부심 중 한 명이 손을 들면 주심은 부심들과 협의를 소집하여 2명 이상의 부심이 요청 시 주심은 그 요청을 받아들여 득점으로 인정하며, 3심제의 경우 주·부심 3명중 2명이 동의할 경우 그 결과를 정정할 수 있다.

　　　5) 필요할 경우 본 규칙 제15조에 따라 부심과 함께 연장회전(골든라운드) 후 우세승을 결정한다.

　　나. 부심

　　　1) 득점이라고 인정되면 즉시 채점한다.

　　　2) 주심이 의견을 물었을 때 자기의 소견을 진술한다.

　　다. 영상판독원

　　　영상판독원은 영상판독 요청 시 해당 영상을 판독하고 그 결과를 가급적 30초 이내에 알려준다.

1.3. 심판원 구성

　　심판원 구성은 대회에 따라 3심제, 4심제로 구성할 수 있다.

1.4. 판정의 책임

　　가. 심판 판정은 절대적인 것이며, 경기운영본부에 진술한 내용에 대해 책임을 진다.

　　나. 심판은 영상판독 결과 및 현장판정 결과에 따라 평가를 받는다.

1.5. 복장

　　가. 심판원은 본 회가 정한 복장을 착용하여야 한다.

　　나. 심판원은 경기에 방해가 되는 물건을 휴대할 수 없다.

2. 기록원

2.1. 경기시간, 정지시간 등을 계측하고 득·감점을 기록, 표출한다. 또한 공정한 판정 유지를 위한 모든 기록과 통계를 유지, 관리한다.

2.2. 주심의 계산 착오 시 득·감점과 승패를 교정할 수 있도록 건의할 수 있다.

◀해 설▶

1. 심판원의 선발, 자격, 임무, 권한 등의 제반 내용은 본 회 관련 규정을 따른다.
2. 심판 판정에 오류가 있거나 심판의 불공정한 경기 운영 혹은 납득하기 어려운 실수의 반복 시, 경기운영본부는 심판을 교체 혹은 징계에 회부할 수 있다.
3. 명백한 공격임에도 부심의 판정이 각기 달라 점수로 인정되지 않았을 경우 또는 기록원이 시간, 득점, 벌칙 등에 있어 오류를 범했을 시 부심 누구라도 이의를 제기하면 주심이 "시간"을 신인하여 경기를 중단시키고 부심에게 의견을 물어 번복할 수 있다. 만약, 같은 건에 대해 지도자가 영상판독을 요청할 경우 주심은 우선 부심과 협의를 통해 결정하고 번복이 안 되었을 경우 지도자의 요청을 받아들여 판독의 기회를 준다. 또한 주심의 넉다운 판정에 부심이 이의가 있을 경우 주심이 넷을 계수하기 전에 이의를 제기할 수 있다.

제21조 (소청 및 상벌)

1. 소청은 경기 중 진행되는 영상판독소청과 영상판독시스템이 구비되지 않은 대

회에서의 일반 서면소청으로 구분한다.
  1.1. 영상판독소청 : 경기 중 일어나는 득·감점
  1.2. 일반서면소청 : 영상판독시스템이 구비 되지 않은 대회에서의 소청
2. 영상판독소청
  2.1. 경기 도중 심판원의 판정에 이의가 있는 경우 지도자는 주심에게 즉시 영상판독을 다음과 같은 상황에서 요청할 수 있다.
    가. 상대 선수의 경우 넘어진 행위, 경기장 한계선 밖으로 나간 행위, "갈려" 선언 후 가격 행위, 그리고 넘어진 상대를 가격하는 행위에 따른 "감점" 사항들에서만 즉시 영상판독을 요청 할 수 있다.
    나. 부심의 기술점수
    다. 자기 선수에 대한 모든 "감점" 사항들에 즉시 영상판독을 요청 할 수 있다.
    라. 기계의 결함 사항 및 경기시간 관리의 실수 사항
    마. 주심이 감점 선언 후 관련된 득점을 취소시키지 않은 경우
    바. 부심의 주먹 공격자 청.홍 판별 착오
    사. 채점되지 않은 머리 공격
  2.2. 지도자가 요청하면 주심은 지도자에게 다가가 요청의 사유를 묻는다. 전자호구 사용 여부와 관계 없이 발 공격에 의한 몸통 득점 여부는 영상판독 신청 대상이 아니다. 발 또는 주먹에 의한 몸통 득점 여부 또는 몸통 사용시 발에 의한 득점여부는 이의 신청 대상이 아니다. 머리전자보호대 사용 여부와 상관 없이 지도자는 머리 공격에 대한 영상판독을 요청을 할 수 있다. 영상판독 요청은 한 가지의 행위에 대해서만 할 수 있으며 요청 전 5초 이내에 일어난 행위로만 제한한다. 일단 지도자가 영상판독을 위해 판독요청카드를 들면, 주, 부심의 회의가 동일 건에 해당 되는 경우를 제외하고는 사용된 것으로 간주한다.
  2.3. 주심은 영상판독원에게 즉시 영상판독을 요구한다.
  2.4. 영상판독원은 즉시 영상을 판독한 후 30초 이내에 주심에게 최종 판정을 알린다. 영상판독 시 머리 득점 상황에서는 타격의 강·약을 판단하는게 아니라 터치가 되었는지만 확인한다. 반칙 상황에서는 경·중을 판단하

는게 아니라 반칙행위 여부만 판단하여야 한다.
2.5. 주심은 영상판독원에게 즉시 영상 판독을 요구한다.
   2.5.1 각 라운드 마지막 5초 동안에는, 주심이 다음의 행위에 대한 감점 사항을 체크하기 위하여 영상 판독을 요청할 수 있다.
   - 넘어진 행위
   - 한계선 밖으로 나간 행위
   - 갈려 선언 후 가격 행위
   - 넘어진 상대를 가격하는 행위
   ※ 금지행위가 일어난 후 획득한 점수는 무효 처리된다.
   2.5.2 주심은 2.5.1항의 4가지 사항에 관여된 감점사항을 정확한 상황 판단을 위해 감점 부여 전 영상판독을 요청할 수 있다.
2.6. 지도자는 매 경기마다 1개의 영상판독 요청권을 갖는다. 다만 대회 규모와 성격에 따라 한 선수에 대한 영상판독요청권 수를 대표자회의를 통해 제한 할 수 있다. 판독 요청이 받아들여지고 점수가 시정되는 경우 지도자는 요청권을 해당 경기에서 돌려받는다.
2.7. 영상판독원의 결정은 최종이다. 경기 중 더 이상의 항의나 경기 후 소청은 수용되지 않는다.
2.8. 청, 홍 선수 착오나 채점시스템의 오류 등 명백한 착오 시 심판원들과 지도자 중 누구라도 경기 중 판정의 검토와 정정을 요청할 수 있다. 주·부심이 경기지역을 벗어난 후에는 지도자는 판정의 검토와 정정을 요구할 수 없다.
2.9. 영상 판독 후 심판의 판정이 수정된 경우 경기운영본부는 경기일 종료 후 해당 경기를 조사하고 필요하다면 관련 심판원에 대해 징계 조치를 취할 수 있다.
2.10. 지도자가 영상판독권 여부와 상관없이, 회전 도중 언제라도 부심 중 누구나 기술점수 추가 및 삭제 요청할 수 있다.
3. 즉시 영상판독시스템이 구비되지 않은 대회에서의 소청 절차는 다음과 같다.
   3.1. 판정에 이의가 있을 때는 소청신청서와 20만원의 소청신청료를 경기 종료 후 10분 이내에 수령하고 제출하여야 하며 소청신청료는 반환하지 않

는다.
3.2. 경기운영본부는 소청위원회가 되고 심의 의결은 과반수로 결정한다.
3.3. 소청위원은 필요에 따라 해당 경기에 관련된 심판원을 소환, 진상 문의할 수 있다.
3.4. 소청위원회의 의결은 최종적인 것이며 어느 누구도 이의를 제기할 수 없다.
3.5. 의결을 위한 심의 절차는 다음과 같다.
   가. 소청을 제기하는 소속팀 해당 지도자는 소청위원회에 구두로 간략한 입장 표명을 할 수 있으며 상대 팀의 지도자는 소명의 기회를 갖는다.
   나. 소청이 제기되면 그 내용을 검토하여 '인정'과 '기각'의 형식으로 결정할 수 있게 정리한다.
   다. 필요한 경우, 주·부심의 소견을 청문할 수 있으며, 필요한 청문 대상의 결정을 경기운영본부가 한다.
   라. 필요하다고 판단될 경우, 판정 기록이나 경기 내용 영상 기록을 검토한다.
   마. 끝나면 위원단의 무기명 투표에 의해 다수결로 가부를 결정한다.
   바. 위원장이 소청심의 결과보고서를 작성, 발표한다.
4. 결과의 처리
   1) 경기 결과 처리의 착오 : 점수 계산의 착오나 청,홍 선수의 착각에 의한 경우는 그 결과를 번복한다.
   2) 규칙 적용의 착오 : 심판원이 규칙 적용을 명백히 착오한 것으로 판명되었을 때는 그 결과를 번복하고 주심을 징계한다.
   3) 사실판단의 착오 : 심판원이 타격의 강도, 행위의 정도, 고의성 유, 무 또는 행위의 시간적 유효성 여부 등 사실 판단에 있어 명백한 착오가 있었다고 판단될 때는 그 결과를 번복할 수 없고 오심을 행한 심판원을 징계 한다.

제22조 (불공정 판정 신고 및 처리)
1. 불공정 판정 행위가 발생한 경우, 경기장에서 영상판독 요청, 영상판독장비가 구비되지 않을 경우 일반 서면소청을 통해 정정을 요구할 수 있다.

2. 경기장에서 적절한 조치가 이루어지지 않은 경우, 대회의 주최기관 또는 승인기관에 자료를 첨부하여 신고할 수 있다.
3. 신고를 받은 기관은 불공정 판정 행위의 여부를 조사하고 후속조치를 취하고 신고인에게 통보하여야 한다.

제23조 (징계)
경기장 질서문란행위 등 대회운영과 관련하여 징계가 필요할 경우 본 회 스포츠공정위원회 대회 중 경기장 질서 문란행위에 대한 징계기준에 따른다.

대회 중 경기장 질서 문란행위에 대한 징계기준(제30조 제3항 관련)

1. 일반기준
   가. 징계의 정도에 있어 규정에서 별도로 정한 경우를 제외하고는 이 별표 기준에 따른다.
   나. 위반행위를 불문하고 2회 위반자에 대해서는 해당 징계기준의 2배 이상 가중 처분하며, 3회 위반한 자에 대해서는 제명 또는 파면한다.

제24조 (본 규칙에 명시되지 않은 사태)
본 규칙에 명시되지 않은 사태가 발생하였을 경우 다음과 같이 처리한다.
1. 경기에 관한 사태는 해당 경기 심판원이 협의하여 처리한다.
2. 해당심판원이 처리할 수 없는 경우 또한 그 밖에 경기 이외에 관한 사태는 경기운영본부에서 처리한다.

2. 개별기준

징계대상	위반행위	징계기준
1. 심판 및 임원 (주최자)	가. 심판배정 상 불공정 행위	자격정지 1년 이상
	나. 과실 및 경기진행 미숙	자격정지 1년 이하
	다. 경기장에서의 문란행위(음주, 소란 등)	자격정지 1년 이상
2. 지도자	가. 심판판정 불복(경기지연) 폭언	자격정지 1년 이상
	나. 심판 및 선수에 대한 폭행	자격정지 5년 이상
	다. 부정선수 출전 지시	자격정지 3년 이상
	라. 선수지도 감독 소홀에 의한 물의를 야기한 사람(교사)	자격정지 1년 이상
	마. 물의 야기를 방조한 자	자격정지 6개월 이하
	바. 경기장 집단 폭행사태 가담행위	
	-. 주동자	출전정지 1년 이상
	-. 가담자	출전정지 6개월 이하
	사. 시설 및 기물 파괴	출전정지 6개월 이상 (손해배상 병과)
	아. 경기장에서의 문란행위(음주, 소란 등)	자격정지 1년 이상
3. 선수	가. 심판 판정 불복 폭언	출전정지 6개월 이상
	나. 심판에 대한 폭행	출전정지 2년 이상
	다. 부정선수 출전	출전정지 1년 이상
	라. 선수상호간 폭행	
	-. 주동자	출전정지 1년 이상
	-. 가담자	출전정지 6개월 이하
	마. 시설 및 기물 파괴	출전정지 3개월 이상 (손해뱅상 병과)
	바. 경기장에서의 문란행위(음주, 소란 등)	출전정지 1년 이상

징계대상	위반행위	징계기준
4. 기타 임원 (참가자)	가. 심판 판정 불복(경기지연) 폭언	자격정지 1년 이상
	나. 심판 및 선수 등에 대한 폭행	자격정지 5년 이상
	다. 물의 야기를 방조한 사람	자격정지 6개월 이하
	라. 경기장 집단폭행 사태 가담행위	
	-. 주동자	무기한 자격정지
	-. 가담자	자격정지 5년 이상
	마. 시설 및 기물 파괴	자격정지 1년 이상 (손해배상 병과)
	바. 경기장에서의 문란행위(음주, 소란 등)	출전정지 6개월 이하
5. 단체(팀)	가. 심판불복 경기방해	출전정지 6개월 이하
	나. 경기장 폭행 난동	출전정지 3년 이상

우세판정 카드

경기번호 :

| 주심 | 1부심 | 2부심 | 3부심 | 4부심 |

심판원 성명 :

기록원 집계표

체급/경기번호 : _____   심판명 : _____

청				홍		
경고	−(감점)	+(득점)	회전	+(득점)	−(감점)	경고
			1			
			2			
			3			
			합계			
			결과			
			4			

KO	RSC	기권	실격	반칙	경기불능	득감점	연장전	우세

기록원명 :

경기기록

코트

경기번호 :   번   일시 : 20   년 월 일

체   급 :   급   부별 :   부

청		홍	
소 속	성 명	성 명	소 속
승패			

소 청 서

경기 종료시간	
소청서 발부시간	
소청서 접수시간	

대 회 명 :

참가부문 :

참 가 부 :　　　　선수명 :　　　　(청 : 홍) (소속 :　　　　)

경기번호 :　　　(　코트)

상대선수 :　　　　(소속 :　　　　　)

소청내용 :

- 회전
- 시간
- 세부내용

　　　　　　　　　　　　　20　년　월　일

　　　　　　　　소 청 인　소속 :
　　　　　　　　　　　　직책 : 감독 / 코치
　　　　　　　　　　　　성명 :　　　　　(인)

소청위원회 귀중

영 상 판 독 신 청 서

대회명 :	날짜:	코트:

경기정보 및 심판정보

부:	체급:	강수:	경기번호:
1 2 3 4 회전		분	초

주심	1부심	2부심	3부심

판독사항 (주심 및 지도자)

청 지도자		홍 지도자		주심☞청·홍	
머리·몸통 주먹·회전공격		1점 2점 3점 4점 5점		득점부여 (+)	득점무효 (−)
본인	넘어지는 행위	잡거나 끼는	미는 행위	감점부여 (+)	
	한계선 밖	한발 들었다 연결공격이 없는	3초 이상 허공을 차는		
상대	넘어진 상대를 공격	허리 아래부위를 가격	다리 들어 막거나 차는	감점무효 (−)	
		회피하거나 지연	바람직하지 못한 행위		
	갈려 선언 후 공격	손으로 상대머리 가격	모름 또는 이마로 가격		

주심 의견	
지도자 의견	

판독결과 (영상판독관)

인 정 (○)	기 각 (×)	판독 불가	
영상판독원		1번 영상	2번 영상

경기포기 동의서

소　속 :
부　문 :
이　름 :
생년월일 :

본인은　　　　　　　**이유로 경기를 포기함에 동의합니다.**

20　　년　　월　　일

본　　　인 :　　　　　　(서명)

감독(코치) :　　　　　　(서명)

위 사실을 확인합니다.

(의료진 확인)　　　　(서명)

泣斬馬謖
(읍참마속)

눈물을 흘리면서 마속을 베었다. 기강을 바로잡기 위해 어쩔 수 없이 사랑하는 신하를 법으로 처벌한다. 대의명분을 위해 자기측근을 희생시킴.

참고문헌

- 국기원(2022). 태권도 교본. 도서 출판 다락.
- 김경지(1993). 태권도학 개론. 경운 출판사.
- 김광성, 김경지(1988). 한국 태권도 사. 경운 출판사.
- 김건태(2019). 심판의 자질과 역량 강화. 2019 장애인 스포츠 심판 아카데미.31~40.
- 김교준(1989). 태권도 경기의 심판판정에 대한 조사 연구. 대한 유도대학 논문집, 5.
- 김미숙(2019). 심판제도의 이해. 2019 장애인 스포츠 심판 아카데미. 131~149.
- 김신호, 정현도(2015). 세계 태권도 한마당 국제심판의 심판 판정 공정성에 관한 연구. 세계 태권도 문화학회, 11(4).
- 김영학, 신승호(1999). 검도 심판들의 판정 의식 및 성향 분석. 용인대학교 무도 연구지, 10(1).
- 김종철(1996). 운동경기 심판들의 의식에 대한 조사연구.강원대학교 교육대학원 석사학위 논문.
- 김지묵(2010). 중·고등학교 축구 선수의 심판 판정에 대한 인식도와 운동 스트레스 및 인지된 경기력의 관계. 단국대학교 교육대학원 석사학위 논문.
- 김성연(2022). 유도 시합시 선수들의 심판판정 인식에 따른 심리적 변화 및 경기력에 미치는 영향. 용인대학교 교육대학원 석사학위 논문.
- 김성현(2009). 심판잔정에 대한 휠체어 농구선수들의 인식도 조사. 한국체육대학교 교육대학원 석사학위 논문.
- 김철영(1997). 국기 태권도. 전원문화사.
- 김하성(2003). 태권도 경기의 심판판정 공정성에 관한 연구. 경희대학교 산업정보대학원 석사학위 논문.
- 김홍대(1974). 심판의 태도가 경기에 미치는 영향. 경북대학교 체육대학원 석사학위 논문.
- 김태훈(2015). 농구 선수들이 인식하는 심판판정과 인지된 경기력과의 관계 연구. 조선대학교 대학원 석사학위 논문.
- 구제언(1991). 코칭론. 형설출판사.
- 나현성(1985). 한국체육사. 교학 연구사.
- 대한태권도협회(2024). 대한태권도협회 경기규칙.
- 류호경(2013). 2013 한국대학태권도연맹 심판 교육 자료.
- 박경선(2010). 2010 한국대학태권도연맹 심판 특강 자료.

- 박상록(1996). 심판의 판정에 대한 구기 운동선수들의 의식에 관한 조사분석, 경성대학교 교육대학원 석사학위 논문.
- 박성주, 이세헌(2019). 스포츠와 윤리. 2019 장애인 스포츠 심판 아카데미. 153~172.
- 박한규(1993). 한국 태권도 발달사 고찰. 한국교원대학교 대학원 석사학위 논문.
- 서석룡(2000). 태권도 경기규칙 개정의 비교 분석. 부경대학교 교육대학원 석사학위 논문.
- 안영선(2014). 아마추어 농구 경기에서 환경적 요인이 심판판정에 미치는 영향. 조선대학교 대학원 석사학위 논문.
- 유선욱(1988). 하키 심판의 판정에 관한 연구. 고려대학교 교육대학원 석사학위 논문.
- 유인영, 모창배(2011). 농구 경기 심판판정에 대한 대학 선수들의 인식 조사. 한국 체육교육학 회지. 15(4).
- 유진, 박해용(1999). 축구 심판들의 스트레스 요인과 대처 방안. 한국 스포츠심리학회지, 11(1).
- 이경명(2002). 태권도의 어제와 오늘. 어문각.
- 이경명, 강원식(2002). 우리 태권도의 역사.
- 이경명, 정국현(1994). 태권도 겨루기. 오성출판사.
- 이종목(1991). 태권도 경기에 있어서 심판의 태도가 경기에 미치는 영향. 영남대학교 교육대학원 석사학위 논문.
- 이창후(2003). 태권도의 철학적 원리. 지성사.
- 이충훈, 정현도(2003). 태권도 수련의 이론과 실전. 상아기획.
- 장순권(1990). 태권도 심판 판정에 대한 조사연구. 건국대학교 교육대학원 석사학위 논문.
- 장주호(1995). 태권도 교육의 세계화로 영구 올림픽 채택 방안. 경희대학교 사회체육연구소 체육과학 논총. 8(7).
- 정현도(2011). 태권도 국제심판의 심판판정 인식에 대한 비교 연구. 국기원 태권도 연구, 2(2).
- 정현도(2005). 태권도 경기 심판 판정에 대한 인식 조사. 한국 스포츠리서치, 16(4).
- 정현도(2005). 태권도 선수들의 심판 판정에 관한 조사 연구. 한국 스포츠리서치, 16(3).
- 정현도(2010). A Study on International Taekwondo Referees Decisions. 대한무도학회지, 12(3).
- 정현도(2011). 대학교 태권도 선수들의 심판판정 공정성에 관한 인식 분석. 한국 체육교육학 회지, 16(3).
- 정현도(2002). 태권도, 가라데 및 우슈의 경기 내용 비교 분석. 경남대학교 대학원 박

사학위 논문.
- 정현도(2015). 호신 태권도 교본. 개정 2판. 도서 출판 상아기획.
- 정현도, 임도순(2005). 중학교 태권도 선수의 심판 판정 실태 분석. 중부대학교 예술체육연구소, 12(1)
- 정현도, 이충훈(2000). 우리나라 지방소재 태권도장 운영실태 조사. 제38회한국체육학회 학술 세미나. 951.
- 정찬모(1999). 태권도의 세계화. 태권도 세계화를 위한 세미나. 대한태권도협회.
- 정찬모(1979). 한국 고대 태권도 발달 과정에 관한 고찰. 유림인쇄소.
- 진중의, 이충훈(1999). 한국 태권도의 활성화 방안에 대한 고찰. 용인대학교 체육과학 논총.
- 조은형, 권중호, 차정훈, 김갑수(2005). 태권도 경기 심판 판정의 엄격성 및 일관성. 한국 사회체육학회지. 25(9).
- 최재만(1982). 축구 심판의 판정에 관한 연구. 국민대학교 대학원 석사학위 논문.
- 최영렬(1988). 태권도 겨루기론. 삼학 출판사.
- 최영환(2005). 태권도 심판들의 심판의식 및 심판 장애에 미치는 영향. 경희대학교 테크노경영대학원 석사학위 논문.
- 최종삼(1997). 무도 경기 규정의 변천 과정에 관한 연구. 명지대학교 대학원 박사학위 논문.
- 한순남(2006). 유도 심판에 대한 선수와 심판원의 인식도 차이 분석. 용인대학교 교육대학원 석사학위 논문.
- 한상진(2002). 태권도 심판 지도론. 도서 출판 홍경.
- 홍선희(2016). 농구 경기 심판의 자질향상을 위한 개선 방안. 한세대학교 보건융합대학원 석사학위 논문.